U0504592

国家社科基金后期资助项目
出版说明

后期资助项目是国家社科基金设立的一类重要项目，旨在鼓励广大社科研究者潜心治学，支持基础研究多出优秀成果。它是经过严格评审，从接近完成的科研成果中遴选立项的。为扩大后期资助项目的影响，更好地推动学术发展，促进成果转化，全国哲学社会科学工作办公室按照“统一设计、统一标识、统一版式、形成系列”的总体要求，组织出版国家社科基金后期资助项目成果。

全国哲学社会科学工作办公室

国家社科基金
GUOJIA SHEKE JIJIN HOUQI ZIZHU XIANGMU
后期资助项目

风险投资市场匹配结构理论研究

A Structural Matching Theory For Venture Capital Market

付辉 著

上海三联书店

致　谢

本书稿获得了国家社会科学基金后期资助一般项目（“风险投资市场匹配结构理论”，项目批准号：19FJYB027）的资助；同时，本书稿部分内容也是教育部人文社科青年基金项目“退出不确定性对风险投资的影响机制研究”（项目编号：18YJC790029）和国家自然科学基金青年项目“创投双方匹配结构对企业经济绩效的影响机制及调控政策研究”（项目编号：71903077）的阶段性成果。

内容提要

在经济活动中，交易双方选择符合约束条件的决策行为来最大化自己的效用，并在交易中实现无帕累托改进的状态，这是现代经济学分析的基本范式。但是，这里隐含或者忽略了一个很重要的前提：在交易双方的决策行为之前，双方已经在市场集合中彼此选定了对方作为自己的交易对象。那么，这一“彼此选定”的“黑箱”过程是如何实现的？或者说，是否存在一种交易对象“彼此选定”的市场均衡状态？本书尝试回答风险投资市场中的交易对象“彼此选定”问题：创业企业家和风险投资机构均是具有个体异质性的交易者，这两个群体之间是如何实现匹配的，即风险投资市场中一方的个体是如何与另一方的个体匹配起来的。具体而言，在现实的风险投资市场中，为什么某个创业企业家愿意接受并且获得了某个风险投资机构的投资，而不是彼此放弃当前的合作，分别与其他个体匹配。

在风险投资中，创业企业家和风险投资机构均存在着私人信息，即存在着双边道德风险问题。因此，本书关注具有双边道德风险情境下的稳定匹配问题，这是对 Gale and Shapley(1962)基于完全信息情境下的稳定匹配问题的延续。将稳定匹配的情境条件由完全信息情境拓展到具有双边道德风险情境之下，还需要先回答交易双方的合约关系问题：如何设计双边道德风险情境下创业企业家和风险投资机构之间的合约？以交易双方的最优合约关系作为基本情境条件或者说是共同知识，方可进一步探讨双边道德风险情境下的市场稳定匹配问题。而双边道德风险情境下的合约关系问题，实际上是对 Tirole(2001，2006)的具有单边道德风险的普通企业融资最优合约关系分析框架的延续与拓展。本书也尝试构建具有双边道德风险情境下的合约设计分析框架，以回答双边道德风险情境下创业企业家和风险投资机构之间的合约关系问题。

关于合约关系的研究内容为：本书在经典的委托代理分析框架的基础上，考虑双边道德风险，并加入了一个讨价还价的过程，通过考察条件社会剩余的变化来分析风险投资最优合约的设计。研究发现，创业企业家与风险投资机构之间存在着最优合约集，且均实现了相同的社会次优状态，只是体现了分配方式的差异。在最优合约集中，存在着股权与债务联合形式的最优合约，只有当社会次优状态下的总社会剩余与项目投资额的比值大于某个固定常数时，才存在完全股权性质的最优合约。完全的可转换债券合约，是股权与债务的联合合约形式的一种逼近。

本书将创业企业家与风险投资机构之间的最优合约框架作为共同知识，进一步探讨风险投资市场中的稳定匹配问题，也就是创业企业家群体与风险投资机构群体之间如何实现市场匹配的均衡状态，即实现稳定匹配。同时，创业企业家与风险投资机构之间的讨价还价能力配置问题也是一个内生性的问题，与稳定匹配问题彼此影响、相互决定，从而形成具有双重内生效应的讨价还价能力配置与稳定匹配问题的分析框架。

基于创业企业家与风险投资机构之间最优融资契约和讨价还价分析框架，进一步地构建了存在双边道德风险的风险投资市场匹配模型，本书回答了这样两个相互影响的内生性问题：在风险投资市场中，风险投资机构与创业企业家是如何稳定匹配，以及匹配双方的讨价还价能力是如何决定的。研究表明：(1)风险投资机构与创业企业家之间的最优匹配结果是强者与强者匹配、弱者与弱者结合的“门当户对”式正向选择匹配结构模式。(2)双方的讨价还价能力是由彼此努力水平的产出弹性决定，相对越高的努力水平的产出弹性，意味着越强的讨价还价能力；当双方努力水平的产出弹性相等时，二者的讨价还价能力也是相等的。

最后，本书基于风险投资市场中的稳定匹配结构模式，采用实际的数据样本，对中国风险投资市场匹配结构模式进行实证验证，通过表征风险投资机构资质和创业企业家发展潜力的相关特征指标变量在市场中的排序位置，构建了反映符合正向选择配对的刻度变量。回归结果显示，市场匹配结构模式服从正向选择匹配模式，即这是一种双向的选择行为：高资质的风险投资机构更倾向于选择高发展潜力的创业企业，高发展潜力的创业企业也更倾向于选择高资质的风险投资机构。本书还进一步考察风险投资机构资质和创业企业家发展潜力的相关特征指标变量对创业项目最终产出结果的影响效应，并针对现有文献，侧重于风投增值职能与单边选择效应的分离识别。本书强调匹配结构下双边选择效应与风投增值职能的区分，研究风投增值职能对企业 IPO 结果、IPO 速度、IPO 抑价的作用机制。这一问题与稳定匹配结构模式具有内在一致的经济学内涵，产出决定影响效应的实证模型也考虑到了稳定匹配结构模式所产生的样本选择性问题。

关键词:风险投资;双边道德风险;讨价还价博弈;最优合约;稳定匹配

JEL 分类号:C78; G24; G30; M13.

目　　录

第一章 绪论

亚当·斯密在1776年的著作《国富论》中以"看不见的手"对自由市场的勾勒，标志着古典经济学的划时代开端，之后经大卫·李嘉图、托马斯·马尔萨斯和约翰·穆勒奠定完成了古典经济学框架，再由马歇尔、瓦尔拉斯、阿罗、德布努、麦肯齐等人奠定并完成了以一般均衡分析理论为基础的新古典经济学框架。新古典经济学强调了交易双方在完全信息和完全竞争假设条件下的均衡关系，以及所能实现的帕累托最优状态。但是，在现实生活中，市场并不总是如此完美，经济交易关系中总存在着非对称的信息。以阿克洛夫、斯蒂格利茨、斯宾塞、莫里斯等人为代表的经济学家逐渐形成了统一的委托代理分析模型，建立完善了以信息非对称为显著性特征的信息经济学分析框架。针对这些经济关系的研究框架也可以称为合约理论，其特别强调信息非对称情形下，如存在单边的道德风险情形或逆向选择情形时，交易关系的合约设计问题，以及此时所能实现的社会次优状态。从古典与新古典经济学所描述完美市场中的均衡及所实现的社会最优状态，到合约理论所关注的市场所存在着的非对称信息情形，以及在该情形下最优合约所实现的社会次优状态，成为经济学发展历程中标志性的规范化框架，体现了经济学理论通过不断借鉴、吸收现实经济关系中的显著特征而逐渐丰富与完善。

经济学家一直主要关注古典均衡范式中的完美市场规范性问题的挖掘与讨论，这是自亚当·斯密以来，相当长一段时期里的主旋律。而科斯在1937年关于企业理论的著作中提出：如果市场中的价格体系是完美和有效率的，为什么会存在依赖行政命令的企业这种经济组织形式？由此，经济学界开始了企业理论的问题研究。莫迪利安尼和米勒在1958年提出的MM理论关注企业的资本结构问题，企业资本结构与融资能力等问题成为公司治理与公司金融理论的研究焦点，并较为成熟地建立在(单边的)信息非对称的分析框架之上，特别是建立在委托代理分析框架之上，强调存在单边的信息非对称，如存在单边的道德风险问题。最具代表性的，是梯若尔(Tirole, 2001, 2006)对存在单边的道德风险情形下的公司金融理论的集大成与统一分析范式的归纳,这是委托代理分析框架在公司金融问题中的最充分的应用与体现。

但是,在现实经济关系中,如果交易双方均存在道德风险问题,即存在双边道德风险问题,那么经典的委托代理分析框架是否依然适用?或者说,双边道德风险问题是否会对经典的委托代理分析框架形成致命性的冲击呢?本书着眼于双边道德风险情境,并尝试予以关注与回答。实际上,双边道德风险问题在产品担保合约(Demski and Sappington, 1991)、加盟连锁店合约(Mathewson and Winter, 1985)、供应链合约(Agrawal, 2002)、风险投资(Houben, 2002; Casamatta, 2003; Schmidt, 2003; Hellmann, 1998, 2002, 2006; Repullo and Suarez, 2004; Osintsev, 2010; Fairchild, 2011a; Yousfi, 2013; Fu et al., 2019a)等领域都已有广泛的关注与研究。将合约研究的视角从单边道德风险情形过渡到双边道德风险情形,也符合逻辑范式进一步延伸、拓展的科学发展一般规律与要求。

在风险投资机构与创业企业签订交易合约之前,交易双方是如何在风险投资市场中"彼此选定",从而实现匹配合作的呢?这是本书关注的最核心问题。在风险投资市场中,创业企业与风险投资机构都是具有个体异质性的交易者。这种交易双方个体异质性的特征,意味着交易各方均具有私人信息,即交易双方之间存在着双边道德风险问题。这一情境条件也是本书研究风险投资市场稳定匹配问题的显著特征。自 Gale and Shapley (1962)以来的稳定匹配问题的研究,并没有对信息非对称的经济关系情形给予重视,当然也包括双边道德风险情境。本书关注双边道德风险情境下的稳定匹配问题:风险投资市场中,创业企业和风险投资机构存在着双边道德风险情境,那么两大群体之间是否存在着一种交易对象"彼此选定"的市场均衡状态?即在现实的风险投资市场中,为什么某个创业企业愿意接受并且获得了某个风险投资机构的投资,而不是彼此放弃当前的匹配机会,分别与其他交易对象匹配合作。

本书以典型存在着双边道德风险问题的风险投资作为研究对象,探讨双边道德风险情境下风险投资经济关系中的最优合约关系,以及以此作为共同知识的风险投资市场匹配关系问题。现有的大量文献对风险投资中的双边道德风险问题的研究(Houben, 2002; Casamatta, 2003; Schmidt, 2003; Hellmann, 1998, 2002, 2006; Repullo and Suarez, 2004; Osintsev, 2010; Fairchild, 2011a; Yousfi, 2013),主要尝试通过经典的委托代理分析框架，探讨风险投资机构与创业企业之间的最优合约关系问题；而现有文献对风险投资市场中的双边稳定匹配的研究更是严重不足，最为接近的研究是 Sørensen(2005，2007)的研究工作，但是他关于风险投资市场稳定匹配的情境条件是建立在完全信息情境之下，而非双边道德风险情境，且仅涉及双方的匹配合作，并未关注双方的合约设计问题。本书对最优合约关系和市场稳定匹配问题之间的关系是这样处理的：研究的核心问题是市场匹配问题；而风险投资机构与创业企业之间的最优合约关系，是双方匹配合作时约束双方权利义务关系的合约工具及其均衡结果，其成为本书研究市场稳定匹配问题的共同知识[①]与情境基础。总之，本书的研究工作是尝试在理论上构建风险投资市场稳定匹配的分析框架，而分析风险投资机构与创业企业之间的最优合约关系则是市场稳定匹配分析框架的必要理论性基础。因此，本书将尝试构建双边道德风险情境下风险投资最优合约和风险投资市场稳定匹配两个分析模型。

当然，关于风险投资的研究也具有非常重要的现实意义。风险投资(Venture Capital，也称作创业投资)[②]自 20 世纪 40 年代起源于美国，成功扶植了美国的苹果、微软、英特尔、谷歌等一批新兴的高新技术公司，引领了美国新技术革命的浪潮，并成为推动实体经济发展的重要引擎，从而备受瞩目。随后，许多国家从鼓励自主创新、促进资本市场发展的战略角度出发，也纷纷开始扶植和培育本国的风险投资市场。风险投资已成为全球经济发展创新的最重要的推动力量之一。对于创业企业而言，风险投资并不仅仅是银行融资职能的替代。更重要的是，风险投资偏好于创业企业的高风险度的特质，而且协助企业发展并提供专业化的企业价值增值服务。20 世纪 80 年代，风险投资开始在中国兴起，阿里巴巴、腾讯、京东、拼多多、抖音、百度等国内互联网公司在其早期发展阶段，均有过风险投资(VC)或私募股权投资(PE)[③]机构提供融资服务的经历。风险投资与私募股权投资已成为我国资本市场的重要组成部分。与私募股权投资专注于

---

① 博弈论中的术语"common knowledge"是所有人都知道，所有人都知道所有人都知道，所有人都知道所有人都知道所有人都知道，如此一直循环往复下去。

② "Venture Capital" 直译为风险资本或创业资本，但在国内无论学术界、金融实务界还是媒体都比较主流地将其称作风险投资或创业投资，且其实质上已被赋予了这样一种内涵：风险投资是面向具有融资需求的高风险创业企业，并协助企业发展与价值增值的一种特殊投资形式。

③ 业界并未对风险投资(VC)和私募股权投资(PE) 作严格的区分，二者的区分在于 PE 往往在企业 IPO 之前介入，以帮助企业成功 IPO 为目标，而 VC 则更加专注于向创业企业提供项目融资并扶植企业发展，当然也包括帮助企业成功 IPO。

对企业 IPO 的推动作用不同,风险投资更体现了对创业企业早期发展的孵化作用,从而受到业界与学界的广泛关注。风险投资越来越成为金融市场的重要组成部分,这就很自然产生两个问题:(1)在风险投资市场中,创业企业和风险投资机构之间是如何确定其各自的匹配对象并达成项目合作,共同促进企业发展的?即是否存在着一个交易对象"彼此选定"的过程。(2)二者配对合作时,两者之间的最优合约是什么样的?这是交易对象之间的合作关系问题。这就是本书尝试回答的最核心问题。

1　风险投资的合约关系问题

在经典的委托代理分析框架下,由于委托人或代理人具有"隐藏信息"或者"隐藏行动",并且不为另一方所获知,因此必须对具有"隐藏信息"或者"隐藏行动"的私人信息一方进行激励,以使其"说真话""不偷懒"。无论是代理人还是委托人具有私人信息,交易合约必须体现对具有私人信息的一方施加激励约束条件和对代理人施加参与约束条件,并最大化委托人的(期望)效用,从而使得代理人与委托人达成交易。这是委托代理理论的基本分析框架(Mirrlees, 1971, 1976, 1999; Holmstrom, 1979; Grossman and Hart, 1983; Holmstrom and Milgrom, 1987),也构成了合约理论的核心分析范式(Bolton and Dewatripont, 2004)。因此,在经典的委托代理分析框架下,只有交易双方中的某一方具有私人信息。但是,无论是委托人具有私人信息,还是代理人具有私人信息,都是委托人控制着代理人的决策。委托人具有完全的讨价还价能力,代理人要么接受交易,要么拒绝交易。

创业企业在发展初期,往往严重缺乏资金,也没有足够的可供抵押的固定资产,从而无法通过传统的融资渠道获得足够的项目融资。风险投资区别于传统的投资方式,以其丰富的投资经验和专业的增值服务能力,专注于投资极具发展潜力的创业企业,成为创业企业发展过程中(特别是初期)最主要的融资对象。对创业企业而言,风险投资机构扮演着双重的角色:一方面提供企业发展的融资资金,另一方面又对企业的发展成长提供专业化的扶植与增值服务。在风险投资(Venture Capital)项目确立、实施过程中,创业企业与风险投资机构都需要付出努力来提高项目效益,共同促进企业发展。由于双方努力程度都具有极大的隐藏性,既不便观测,也难以证实,因此极易诱发事后机会主义行为及谋求私人收益,从而产生了双边道德风险问题(Houben, 2002; Casamatta, 2003; Schmidt, 2003; Hellmann, 1998, 2002, 2006; Repullo and Suarez, 2004; Osintsev, 2010; Fairchild, 2011a; Yousfi, 2013; Fu et al., 2019a)。

风险投资机构与创业企业之间存在的双边道德风险问题,导致了交易双方之间蕴含着一种特殊的(实质上是更为广义化的)委托代理关系,这种委托代理关系超越了经典的委托代理分析框架的范式,主要表现为:一方面,风险投资机构与创业企业均具有私人信息,突破了只有某一方具有私人信息的经典委托代理分析模式;另一方面,风险投资机构与创业企业都具有一定的讨价还价能力,挑战了经典的委托代理分析框架下委托人具有完全的讨价还价能力的逻辑前提。因此,双边道德风险和讨价还价成为风险投资机构和创业企业之间显著的特征关系。这两种特征关系突破了经典的委托代理分析框架。

现有文献对于风险投资的双边道德风险问题,主要基于经典的委托代理分析框架①,并集中于两个方面进行研究:一方面,研究创业企业和风险投资机构的信息披露,以缓解道德风险问题;另一方面,从努力激励的角度出发,采用债券、普通股、可转换证券等合约工具及控制权的分配来设计最优合约,以缓解双边道德风险问题。基于委托代理分析框架,剩余索取权、企业控制权、努力水平(或努力行为),以及与此相关的双边道德风险问题,也成为了风险投资研究的热点。

事实上,风险投资机构与创业企业的禀赋因素(双方均具备私人信息并具有一定的讨价还价能力)决定了二者均具有"委托人"与"代理人"的属性特质;从另一个角度阐述就是,双方均既不具有严格的委托人身份,也不具有严格的代理人身份。因此,本书关于此问题的基本逻辑思路是:无论在(单边)道德风险还是在双边道德风险情境下,都可以将交易双方的合作行为看作是一个"做蛋糕、分蛋糕"的博弈过程。第一,在经典的委托代理框架下,委托人提出最优的合约规则是,给予具有私人信息一方激励约束(作为做大"蛋糕"的激励)和代理人的参与约束分配之后,具有完全讨价还价能力的委托人获得全部的剩余蛋糕,这是一个简化的讨价还价博弈;第二,在双边道德风险情境下,具有私人信息的交易双方均具有一定的讨价还价能力,并且均能够影响"蛋糕"的大小,最优合约实质上要反映出交易

① 在这些研究中,往往假定投资者具有完全的讨价还价能力而将其作为"委托人",将企业家作为"代理人";在委托代理分析模型中,最大化"委托人"的效用,并给予参与者相应的激励约束和参与约束。

双方共同努力“做大蛋糕、分享蛋糕”的讨价还价博弈的均衡结果。① 双边道德风险问题已形成了对经典的委托代理框架的冲击，本书第一项核心工作就是尝试通过引入一个纳什程序的讨价还价博弈（Nash，1950，1953；Roth，1979；Binmore et al.，1986）过程来探讨双边道德风险情境下的风险投资合约设计问题，以及交易双方努力水平的博弈均衡结果。

2 风险投资市场的匹配问题

在由风险投资机构（Venture Capitalists）和创业企业（Entrepreneurs）构成的风险投资（Venture Capital）市场中，风险投资机构投资创业企业的创业项目、参与创业企业的发展，并扮演着提供创业项目的融资资金和促进企业产出价值增值的双重重要角色。在创业企业发展过程中，需要创业企业和风险投资机构共同努力，促进企业发展成长。特别地，创业企业通过付出努力来提供企业核心技术创新的价值增值，风险投资机构通过提供专业化的服务来提高企业发展中的公司治理水平和企业市场价值及降低企业营运成本等。但是，创业企业和风险投资机构都只具有部分的最终剩余索取权，而在信息非对称，特别是双方的行为均不可观察、不可证实的情况下，风险投资机构与创业企业的创业合作就会存在双边道德风险问题（Houben，2002；Casamatta，2003；Schmidt，2003；Hellmann，1998，2002，2006；Repullo and Suarez，2004；Osintsev，2010；Fairchild，2011a；Yousfi，2013）。在 Tirole（2001，2006）关于普通企业融资的固定投资分析框架（Fixed-investment Analysis Framework）的假设情境中，只有企业家可能存在（单边）道德风险问题，而投资者市场是完全竞争性的，并且无论企业家还是投资者都是同质性个体。因此，Tirole（2001，2006）关注企业家和投资者之间的最优合约设计，但并不涉及投资者群体与企业家群体之间严格的双边最优匹配问题。② 在风险投资市场中，风险投资机构和创业企业之间存在双边道德风险，并且无论是创业企业还是风险投资

① 在讨价还价博弈中，基于纳什均衡思想，可以得到无穷多个均衡解（任何帕累托有效的分配结果均是均衡解），纳什讨价还价解（Nash Bargaining Solution；Nash，1950，1953）是在一定的公理化条件下讨价还价博弈的唯一均衡解，也是讨价还价博弈模型最常用的公理化的均衡解。

② Tirole（2001，2006）关于企业融资的合约设计分析模型有一个基本结论：如果企业的自有资金规模偏小的话，即使具有非常有前景的项目，也可能无法获得投资者的投资资金，即存在信贷配给现象。信贷配给可以理解为具有初始资金差异的企业家群体与投资者群体之间的匹配模式，而信贷配给现象则反映了部分初始资金较低的企业家群体无法找到匹配对象。

者，都具有异质性的个体特征。因此，创业企业与风险投资机构之间的最优合约设计仅仅是问题之一[①]，由此衍生出的另一个重要问题是：具有若干数量的拥有创业计划的创业企业群体和具有雄厚资金实力的众多风险投资机构群体之间如何实现两两最优稳定匹配，或者说彼此之间是否存在“天生一对”般的完美匹配方式，即为什么某一创业企业 EN_i 最终会选定某一风险投资机构 VC_j，同时风险投资机构 VC_j 也选定了创业企业 EN_i，而不是放弃彼此间的合作匹配机会并分别与其他对象匹配，即创业企业 EN_i 与 VC_j 以外的其他风险投资机构合作匹配，或者风险投资机构 VC_j 与 EN_i 以外的其他创业企业合作匹配。因此，在双边道德风险情境下，风险投资市场中的双边稳定匹配问题将是本书关注的核心问题。

关于双边匹配问题最早、最经典的研究是：Gale and Shapley(1962)就男孩与女孩完美匹配、结成最稳定幸福婚姻关系的问题，提出了一个实现完美匹配的策略(也被称为 Gale-Shapley 算法)。该策略适用于经典的完全信息条件下具有异质性的个体之间的双边匹配问题[②]，其成为双边匹配问题的经典分析框架[③]。由于创业企业和风险投资机构之间存在着双边道德风险且都是独立异质性的个体，因此创业企业群体和风险投资机构群体在风险投资市场中是否存在稳定的匹配结果，正是需要回答的问题。与双边道德风险问题相伴随的，还有匹配双方将会涉及讨价还价问题，其实不同的匹配结果可能涉及不同的讨价还价能力配置结果。实质上，此时的讨价还价能力配置也是一个内生性问题。显然，仅仅基于 Gale-Shapley 算法，无法回答具有双边道德风险的风险投资市场中创业融资项目匹配问题。因此，稳定匹配与讨价还价能力配置是风险投资市场中两个彼此联系的内生性问题，是分析双边匹配竞争性均衡时所必须考虑的。事实上，与本书研究的风险投资匹配问题较为接近的，是 Sørensen(2005，2007)提出风险投资机构对创业企业的发展具有两种效应：势力(Influence)效应和排序选择(Sorting)效应。势力效应反映了高资质的风险投资机构更能够促进创业企业的发展与提供更好的价值增值服务，也更能够提高企业上市的

---

① 实际上，风险投资最优合约问题是下文进一步研究风险投资市场匹配的工具与基础。具体而言，最优合约问题在风险投资市场匹配问题中是作为共同知识的假设前提，正如本书标题“风险投资市场匹配结构理论研究”。本书先回答风险投资最优合约问题，并以最优合约结论为假设基础(共同知识)，开始探讨风险投资市场中的稳定匹配问题。

② 个体之间具有异质性是存在双边匹配问题的必要条件。如果个体之间是同质性的，如 Tirole(2006)的固定投资分析框架(Fixed-investment Analysis Framework)中，企业家个体之间是同质性的，投资者之间是完全竞争的且是同质性的，就不涉及双边匹配问题。

③ Shapley 和 Roth 由于在市场稳定匹配上的学术贡献而获得 2012 年的诺贝尔经济学奖。

成功率;排序选择效应反映了高资质的风险投资机构倾向于选择投资更具发展潜力的创业企业。但是,Sørensen(2005, 2007)的研究基于完全信息的假设条件,并未考虑到双边道德风险问题,其强调了风险投资机构在匹配中的主导性作用,并实证分析了风险投资机构对创业企业的势力效应和排序选择效应的量化效果。当然,Sørensen(2005, 2007)的研究也没有涉及交易双方的讨价还价能力配置问题。

本书的第二项核心工作关注分析双边道德风险情境条件下,风险投资市场中创业企业与风险投资机构之间稳定匹配的存在性与唯一性问题。这一分析是建立在本书第一项核心工作所研究的关于创业企业与风险投资机构的最优合约模型和讨价还价博弈分析框架基础之上的。同时,本书第二项核心工作的分析框架也与讨价还价博弈问题紧密联系。通常在讨价还价博弈中,讨价还价能力是外生给定的(Nash, 1950, 1953; Roth, 1979; Rubinstein, 1982; Binmore et al., 1986),而本书给出了双边道德风险情境下讨价还价能力配置是如何内生决定的分析视角。

本书认为,风险投资的竞争匹配和交易双方讨价还价能力配置结果,是相互作用影响、彼此内生决定的。在分析交易双方讨价还价能力配置问题时,无法回避风险投资市场中的融资项目竞争匹配问题;同样地,在分析融资项目竞争匹配问题时,也要考虑讨价还价能力配置问题。在具有双边道德风险的市场情境下,交易对象之间是存在竞争性匹配的,不同的匹配结果可能会影响到产出效率,并且在确定匹配项目下,不同的讨价还价能力配置也可能会影响产出效率。即在双边道德风险情境下导致了这样的双重内生效应问题:讨价还价能力配置和竞争匹配结果是彼此内生影响的。直到目前,还没有文献涉及对这种双重内生效应问题的正面而直接的回应。本书第二项核心工作是,在纳什程序的讨价还价(Nash, 1950, 1953; Roth, 1979; Binmore et al., 1986)分析框架下,以无时间贴现偏好且交易者风险中性的假设条件,从双边匹配的角度讨论风险投资市场中的竞争匹配问题及其相应的讨价还价能力配置。具体而言,本书第二项核心工作立足于具有双边道德风险情境的风险投资的市场环境,基于本书第一项核心工作所提出的创业企业与风险投资机构之间最优契约分析模型,进一步构建了具有若干数量的创业企业群体和众多风险投资者群体之间的稳定匹配模型,并沿袭、根植于纳什程序下的讨价还价博弈模型体系,形成了具有双重内生效应的讨价还价能力配置与稳定匹配问题的分析框架,从而分析了双边道德风险情境下风险投资市场中的竞争匹配与讨价还价能力配置问题。

3 本书创新之处

本书尝试建立两个分析模型:(1)具有双边道德风险的风险投资最优合约设计的分析模型;(2)具有双边道德风险情境的风险投资市场双边稳定匹配分析模型。同时,本书将这两个分析模型建立在一个统一的分析框架之下。本书基于合作博弈、非合作博弈、公司金融理论、合同理论、稳定匹配等理论,提炼出具有双边道德风险情境的风险投资假设情境,进而构建分析模型。本书中的最优合约设计分析模型,关注创业企业与风险投资机构之间的最优合约设计问题,是对 Tirole(2001, 2006)的具有单边道德风险情境下的普通企业外部融资分析框架的延续与拓展,其也是本书的假设情景与模型设置的重要参考点。本书中的双边稳定匹配分析框架,将具有双边道德风险情境的最优合约设计分析模型作为共同知识,关注具有若干数量的创业企业群体和风险投资机构群体的风险投资市场中稳定匹配问题,是对完全信息情境下 Gale and Shapley(1962)的稳定匹配问题的延续与扩充。

本书的创新之处主要包括:(1)本书尝试在纳什程序的讨价还价博弈(Nash, 1950, 1953; Roth, 1979; Binmore et al., 1986)视角下,通过对 Tirole(2001, 2006)具有单边道德风险的企业融资的固定投资分析框架的扩充与延续,并结合风险投资合约设计的问题,提出双边道德风险情境下的风险投资合约模型。这种分析框架将经典的委托代理模型中委托人具有完全的讨价还价能力的假设,延伸为交易双方均具有一定的讨价还价能力。相较于 Tirole(2001, 2006)的单边道德风险情境下的固定投资分析框架,本书将探讨适应于双边道德风险情境的最优合约设计的分析框架,同时也将体现出交易双方博弈均衡下的最优努力水平与相应激励机制的逻辑联系。(2)本书将创业企业与风险投资机构之间的最优合约框架作为共同知识,进一步探讨风险投资市场中的稳定匹配问题,也就是创业企业群体与风险投资机构群体之间如何实现市场匹配的均衡状态,即实现稳定匹配。同时,创业企业与风险投资机构之间的讨价还价能力配置问题也是一个内生性的问题,与稳定匹配问题彼此影响、相互决定,从而形成具有双重内生效应的讨价还价能力配置与稳定匹配问题的分析框架。这是对完全信息情境下 Gale and Shapley(1962)的稳定匹配问题的延续与扩充,是考虑到双边道德风险问题与讨价还价博弈过程的内涵的更为丰富的分析框架。(3)本书还尝试运用中国的风险投资市场数据,对稳定匹配理论进行实证验证。

4 本书研究框架

本书一共分为十个章节,具体结构安排如下:

第一章为绪论,介绍本书选题的理论与现实意义,同时介绍本书的研究思路、可能的贡献与创新之处。

第二章为文献综述,对研究领域涉及的文献进行梳理与总结,主要围绕两条主线进行综述:一条主线是围绕风险投资合约进行文献梳理归纳,另一条主线是围绕与风险投资市场稳定匹配有关的研究进行文献综述。需要指出的是,这两条主线都涉及了讨价还价博弈问题,两条主线的文献综述分别从不同方面进行了归纳。本章的部分内容发表在 CSSCI 期刊《学海》上(付辉和黄建康,2017)。

第三章为理论源起与逻辑框架,以文字语言对本书的理论模型与逻辑框架进行阐述与梳理,以完成对全文核心内容的概要描述。

第四章是本书的第一个理论分析模型,基于 Tirole(2001,2006)的企业融资的固定投资分析框架,提出了具有双边道德风险的风险投资合约设计模型。本章尝试回答在风险投资项目中,创业企业和风险投资机构之间应该设计怎样的最优合约来缓解双边道德风险问题。本章的部分内容发表在国际知名的 JCR 经济学大类一区 SSCI 刊物 *Small Business Economics* 上(Fu et al., 2019a)。

第五章是本书的第二个理论分析模型,进一步探讨在风险投资市场中,创业企业群体与风险投资机构群体之间是如何实现市场稳定匹配的,即为什么某一个创业企业家与某一个风险投资机构结成创业合作项目,而不是创业企业与另一个风险投资机构结成创业合作项目。也就是说,这种市场均衡的结果是如何存在的。本章的部分内容发表在国际知名的 JCR 经济学大类一区 SSCI 刊物 *Journal of Banking and Finance* 上(Fu et al., 2019b)。

第六章是对本书关于市场稳定匹配理论的进一步数学模型化,抽象并构建一个结构方程模型。该结构方程模型反映出两点:(1)市场匹配结果;(2)匹配后项目产出的结果。这一章的结构方程模型也是第七章的经验分析的计量经济学模型之基础。

第七章采用中国风险投资市场的数据，探讨匹配结构视角下风险投资机构参与被投资企业的 IPO 结果的影响机制。本章的部分内容发表在 CSSCI 期刊《财经研究》上(付辉和周方召，2017)。

第八章采用中国风险投资市场的数据，探讨匹配结构视角下风险投资机构参与被投资企业的 IPO 速度的影响机制。本章的部分内容发表在 CSSCI 期刊《南开经济研究》上(付辉等，2018)。

第九章采用中国风险投资市场的数据，探讨匹配结构视角下风险投资机构参与被投资企业的 IPO 抑价的影响机制。本章的部分内容发表在 CSSCI 期刊《上海财经大学学报》上(付辉，2018)。

第十章是本书的结论，对本书的研究框架进行相应的总结、补充与讨论，同时也探讨了本书研究的不足及进一步研究的方向与展望。

本书涉及公司金融理论、稳定匹配理论、合同理论、博弈论和信息经济学等相关内容。本书有两章的理论推导，不可避免出现较多的数理模型和公式。第四章的内容正是对 Tirole 的普通企业融资模型的扩展，关注具有双边道德风险情境的风险投资机构与创业企业之间的合约设计问题。第五章的内容是将第四章的理论结论作为一个情境基础，构建了风险投资市场中的稳定匹配理论模型，还论证并给出了具体的稳定匹配结构模式的结论。第六章至第九章关注风险投资市场稳定匹配模式的实证分析和产出决定的影响效应。其中，第六章通过对前文的理论结论的归纳与梳理，构建了本书的计量实证模型，偏计量理论方法；第七章至第九章则是对中国风险投资市场稳定匹配模式的直接经验实证。本书第三章的理论源起与逻辑框架，以文字语言对本书的内容进行阐述，结合文献，更多的是归纳、演绎和推理。第三章并不缺少本书的核心观点，而且给出了本书的重要研究结论。

第二章　文献综述

本书的研究工作是尝试通过合约视角来研究风险投资市场中的稳定匹配问题。现有文献或关注风险投资合约的研究，或关注市场稳定匹配问题的研究，目前还未有将这两方面的研究置于一个分析框架之下的研究。因此，这里的文献综述主要围绕风险投资合约设计和风险投资市场匹配两个方面展开。在关于风险投资合约设计的文献综述中，主要梳理委托代理分析框架、双边道德风险问题及讨价还价问题。通过这样的逻辑梳理，笔者旨在阐述这样的观点：双边道德风险问题对经典的委托代理框架形成了冲击，以及讨价还价博弈在双边道德风险问题中已有应用。在关于风险投资市场匹配的文献综述中，主要梳理现有文献关于讨价还价能力作为外生变量的观点、在市场匹配问题中的应用，以及现有文献对市场稳定匹配的研究。这样进行文献梳理的主要原因在于，本书将讨价还价能力与市场稳定匹配同时作为内生问题进行研究。接下来，详细展开本书的文献综述内容。

1　有关风险投资合约设计的研究

正如上一章所指出的，风险投资机构与创业企业之间存在着双边道德风险问题（Houben，2002；Casamatta，2003；Schmidt，2003；Hellmann，1998，2002，2006；Repullo and Suarez，2004；Osintsev，2010；Fairchild，2011a；Yousfi，2013），并导致无论是风险投资机构还是创业企业都不具有完全的讨价还价能力，即交易双方都只具有一定的讨价还价能力；双边道德风险和讨价还价成为风险投资机构与创业企业之间关系的两大特征性因素，而这两大因素又都形成了对经典的委托代理分析框架的冲击。关于委托代理分析框架，Bolton and Dewatripont（2004）进行了经典的阐述，即“合约理论最基本的概念[①]创新：合约的一方（委托人）控制着合约的另一方（代理人）的决策问题”。这里的“控制”意味着，委托人具有完全的讨价还价能力，并提出交易合约，而代理人要么接受（达成交易），要么拒绝（未达成交易）。委托代理理论的核心任务就是，在信息非对称导致了逆向选择或（单边）道德风险问题时，由委托人提出代理人接受的最优合约。依据拥有私人信息的对象的不同（即委托人拥有私人信息，或者代理人拥有私人信息），可以划分为两类情形：第一，作为一类常见的情形，代理人具有私人信息，委托人设计合约时要考虑在满足代理人参与约束和激励约束条件下最大化委托人的（期望）效用；第二，对于另一类情形，如 Spence（1973）的教育信号模型、Tirole（2001，2006）的存在单边道德风险的固定投资分析框架（Fixed-investment Analysis Framework），均是委托人具有私人信息的情形，合约设计要考虑到满足委托人的激励约束和代理人的参与约束条件下最大化委托人的（期望）效用。因此，在委托代理分析框架下，只有交易双方中的某一方具有私人信息，且委托人具有完全的讨价还价能力（即其讨价还价能力为 1），而代理人（即其讨价还价能力为 0）处在完全竞争性的市场环境中。但是，在双边道德风险情形下，交易双方均具有私人信息，且都具有一定的讨价还价能力，从而突破了经典的委托代理分析框架。因此，这里的文献回顾在委托代理分析框架之基础上，重点围绕风险投资中的双边道德风险与讨价还价问题展开。

1.1　双边道德风险问题

Reid（1977）在研究佃农地契承租的分成制合约时，首次提出了双边道德风险问题。Cooper and Ross（1985）在研究商品买卖合约中产品质量与买方努力及产品保证之间的关系时，分析了充分信息（无道德风险）和双边道德风险两种情形，并给出了相应的正式定义：所谓充分信息是指双方的行为都可以被对方观察到，从而双方可以达成合作解，使总效用最大化或总剩余最大化；而双边道德风险是指双方分别追求自己的效用最大化而采取的非合作解。之后，研究逐步扩展到产品担保合约（Demski and Sappington，1991）、加盟连锁店合约（Mathewson and Winter，1985）、供应链合约（Agrawal，2002）等领域，为双边道德风险在经济学研究中的广泛应用奠定了基础。

---

① 国内一些教材资料中存在着一种关于“委托人”与“代理人”的定义，即拥有私人信息的一方为“代理人”，不拥有私人信息的一方为“委托人”。本书延续 Bolton and Dewatripont（2004）对“委托人”与“代理人”的界定。

对于具有双边道德风险的风险投资问题，Houben(2002)、Casamatta(2003)、Schmidt(2003)、Hellmann(1998，2002，2006)、Repullo and Suarez(2004)、Osintsev(2010)、Fairchild(2011a)、Yousfi(2013)等学者从信息披露、合约工具设计、控制权分配等角度来阐述双边道德风险及其激励与风险投资的合约安排之间的关系，特别强调了可转换证券、普通股与债券在合约设计中的差异性作用。他们的研究基本上建立在经典的委托代理框架下，或者假设风险投资机构拥有完全的讨价还价能力，即风险投资机构获得全部的社会剩余；或者假设创业企业拥有完全的讨价还价能力，即风险资本市场是完全竞争性的。相应地，假设风险投资者(或创业企业)拥有完全的控制权，通过参与约束和激励约束条件，并结合融资合约工具的设计，分析双边道德风险问题。延续这一研究路线，张矢的和魏东旭(2008)、郭文新等(2010)、殷林森(2010)、吴斌等(2012)、陈逢文等(2013)也就风险投资中存在的双边道德风险问题进行了激励机制与最优合约设计的研究与讨论。赵西亮(2005)、殷林森(2008)、郭文新(2009)等人在博士学位论文中也延续委托代理分析框架，展开了具有双边道德风险的风险投资融资合约问题研究工作。

1.2 讨价还价问题

Inderst and Muller(2004)和 Hellmann(2006)则将努力的不可观测性作为双边道德风险的重要来源，并强调努力本身的负效用及对产出的积极作用导致了共同利益与个体利益的冲突。在最优合约的设计中，他们考虑到风险投资机构和创业企业的讨价还价能力的问题。他们在讨价还价的合约设计分析中，均事先分别设定了一个固定分配比例参数。这一点与张五常(Cheung，1969)在分析分成制的佃农理论时直接引入一个分成比例参数的处理方法相同。实际上，这都是设计了一种无截距项的线性合约形式(即完全的股权合约)，然后基于股权合约形式来讨论最优合约与帕累托有效合约区间的问题。de Bettignies(2008)用标准的纳什讨价还价博弈(Nash，1950，1953)来分析具有对等讨价还价能力的风险投资机构和创业企业对等分享控制权的情形，这也是完全的股权合约的形式。邓艳红与陈宏民(2006)的风险投资、罗必良与何一鸣(2012)的佃农地契承租、孟卫东等(2013)的供应链联合促销等问题，都是从讨价还价博弈视角来分析存在双边道德风险问题的合约设计安排，且采取相同的处理方式，即设定了分成比例参数，然后讨论交易双方最优努力水平并求解出分成比例参数。

综合起来，已有的风险投资合约设计的研究具有两大方向：第一，在经典的委托代理分析框架下，或者假设风险投资机构具有完全的讨价还价能力，或者假设创业企业家具有完全的讨价还价能力，以分析风险投资的最优合约设计；第二，考虑到讨价还价博弈分析视角，强制性地引入了一个外生的分成比例参数，并考虑最优合约设计问题，但是却没有将风险投资中交易双方都具有一定的讨价还价能力的思想贯彻到底，也没有实现对经典的委托代理分析框架的相应调整。

事实上，如果将讨价还价博弈模型引入双边道德风险问题的研究，那么无法回避这样一个需要调和的问题：讨价还价博弈描述的是交易双方如何分享一块"蛋糕"的合作博弈情形，而双边道德风险所引发的"努力不足（偷懒）"则涉及非合作博弈问题。即在双边道德风险问题中，需要同时处理合作博弈与非合作博弈问题。此外，分成比例参数的假设是否应该放松或替换，也是值得商榷的。现有的将讨价还价博弈模型应用到双边道德风险问题研究的文献，均未提及或者关注这些问题。

总之，将讨价还价博弈分析框架植入双边道德风险问题的研究，必须解决委托代理分析框架下双边"努力不足（偷懒）"的逻辑困局：交易双方都具有一定的讨价还价能力，任何一方都不可能获得全部的社会剩余；努力水平具有不可观测性与不可证实性，且努力水平对自身具有负效用，从而双方均可能存在"努力不足（偷懒）"的动机，那么在最优合约中应体现出协调双方"做大蛋糕、分享蛋糕"的激励性分配机制。因此，这种逻辑困局也是对经典的委托代理分析框架的正面冲击。

本书尝试在纳什程序的讨价还价博弈（Nash，1950，1953；Roth，1979；Binmore et al.，1986）视角下，通过对 Tirole（2001，2006）具有单边道德风险的企业融资的固定投资分析框架进行扩充与延续，并结合风险投资合约设计的问题，提出双边道德风险情境下的风险投资合约模型。这种分析框架将经典的委托代理模型中委托人具有完全的讨价还价能力的假设，延伸为交易双方均具有一定的讨价还价能力（即 $0<\alpha<1$）。相较于 Tirole（2001，2006）的单边道德风险情境下的固定投资分析框架，本书将探讨适应于双边道德风险情境的最优合约设计的分析框架，同时其也将体现出交易双方博弈均衡下的最优努力水平与相应激励机制的逻辑联系。

2　有关风险投资稳定匹配的研究

关于稳定匹配问题的最早研究，是 Gale and Shapley（1962）的稳定匹配的理论研究，他们证明了对于相同人数的男人和女人，总是存在稳定的婚姻组合来解决稳定匹配问题，从而使得所有的结成夫妻关系的婚姻稳定。这是一对一的双边稳定匹配问题，之后大量学者进一步考察一对多与多对多的双边稳定匹配问题，特别是稳定匹配的存在性、策略、匹配结构、集合的性质等问题（Roth，1984，1985；Roth and Sotomayor，1989；Blair，1988；Sotomayor，1999；Martinez et al，2004；Hatfield and Milgrom，2005；Echenique and Oviedo，2006），但鲜有人关注双边道德风险情境下的稳定匹配问题。本书的分析框架将讨价还价博弈与双边匹配问题联结在一起，以分析这样两个内生性的问题：讨价还价能力和稳定匹配问题。截至目前，还未发现同时将这两个内生性问题置于一个分析框架下的文献。关于风险投资中创业企业和风险投资机构之间存在的双边道德风险问题，在一般性的风险投资文献中往往是一个基本情境假设（Houben，2002；Casamatta，2003；Schmidt，2003；Hellmann，1998，2002，2006；Repullo and Suarez，2004；Osintsev，2010；Fairchild，2011a；Yousfi，2013），即现有文献常常认为，创业企业家和风险投资机构的努力水平均是不可观测、不可证实的，他们的不同努力水平可能会导致不同的项目产出效率。这实质上决定了创业企业和风险投资者均具有一定的讨价还价能力。因此，接下来的文献梳理主要围绕讨价还价能力（Bargaining Power）与双边匹配问题展开。

2.1 讨价还价能力的外生性

讨价还价博弈可以追溯到这样一个简单的分蛋糕博弈：交易者 1 和交易者 2 一起分割一块蛋糕，假定由交易者 1（或交易者 2）提出一个分配方案。如果交易者 2（或交易者 1）接受并达成交易，那么按照分配方案执行；如果交易者 2（或交易者 1）不接受，那么交易失败，双方得到蛋糕的份额均为 0。可以证明，任何帕累托有效的分配结果[①](x_1, x_2)都是均衡解，并且可以得到无穷多个均衡解。Nash（Nash，1950，1953）是在一定的公理化条件下提出了讨价还价博弈的唯一均衡解—— 纳什讨价还价解（Nash Bargaining Solution），而这也是讨价还价博弈模型最常用的公理化的均衡解。

讨价还价能力（Bargaining Power）源自纳什（Nash，1950，1953）在合作博弈领域研究中开创性提出的（对称的）纳什讨价还价博弈模型及其对应的纳什讨价还价解（Nash Bargaining Solution）。在一系列公理化的条

---

① 分配结果满足：$x_1 + x_2 = 1$，其中 x_1、x_2 分别表示交易者 1、2 分得的份额。

件基础上,(对称的)纳什讨价还价博弈模型通过最大化交易者双方的效用对的积来表达,即:

$$\max_{x\in[0,1]}[U_1(x)-\bar{U}_1][U_2(1-x)-\bar{U}_2]$$

其中,x 表示交易者 1 分得的份额,$U_1(\cdot)$、$U_2(\cdot)$分别表示二者的效用函数,$\bar{U}_1$、$\bar{U}_2$ 分别表示未达成交易时二者的保留效用或谈判威胁点。(对称的)纳什讨价还价博弈模型也等价于下列变形形式:

$$\max_{x\in[0,1]}[U_1(x)-\bar{U}_1]^{\frac{1}{2}}[U_2(1-x)-\bar{U}_2]^{\frac{1}{2}}$$

此时,交易者 1、2 具有对等的讨价还价能力,即$\left(\frac{1}{2},\frac{1}{2}\right)$。如果二者都是风险中性,且谈判威胁点是各自交易的成本,那么意味着二者分得的剩余份额均为$\frac{1}{2}$。

广义化的纳什讨价还价博弈模型(Roth, 1979; Binmore et al., 1986),是对(对称的)纳什讨价还价博弈模型的发展与广义化,即:

$$\max_{x\in[0,1]}[U_1(x)-\bar{U}_1]^{\alpha}[U_2(1-x)-\bar{U}_2]^{1-\alpha}$$

其中,α、$1-\alpha$ 分别表示交易者 1、2 的讨价还价能力,且 $0<\alpha<1$。当 $\alpha=1-\alpha=0.5$ 时,广义化的讨价还价博弈变为对称的纳什讨价还价博弈模型。交易者的讨价还价能力配置$(\alpha, 1-\alpha)$在这里均是外生表达的参数。在交易者的效用函数 $U_1(\cdot)$、$U_2(\cdot)$是风险中性,且 $\bar{U}_1$、$\bar{U}_2$ 刚好是各自的成本时,纳什讨价还价解刚好反映了按照讨价还价能力配置$(\alpha, 1-\alpha)$的比例来分享社会剩余。

现有的文献关于讨价还价能力配置$(\alpha, 1-\alpha)$的讨论与分析,基本上是立足于讨价还价程序的影响和交易者的信念偏好。Rubinstein(1982)提出的轮流讨价还价博弈分析框架,在一定程度上涉及了特殊情形的讨价还价能力的配置。他构建了交易者 1、2 轮流出价的讨价还价程序,并引入了交易者的时间贴现因子 δ_1、δ_2,从而可以得到交易者 1、2 的轮流出价讨价还价博弈的结果:如果交易者 1 先出价,子博弈完美的纳什均衡解为:$\left(\frac{1-\delta_2}{1-\delta_1\delta_2},\frac{\delta_2(1-\delta_1)}{1-\delta_1\delta_2}\right)$;如果交易者 2 先出价,博弈结果需做相应的调整:$\left(\frac{\delta_1(1-\delta_2)}{1-\delta_1\delta_2},\frac{1-\delta_1}{1-\delta_1\delta_2}\right)$。当 $\delta_1=\delta_2\rightarrow 1$ 时,无论谁先出价,子博弈完美的纳什均衡解均为$\left(\frac{1}{2},\frac{1}{2}\right)$，此时与(对称的)纳什讨价还价博弈模型结果一致。如果将 Rubinstein(1982) 轮流出价的自然整数时间间隔($t=1, 2, 3, \cdots$)标度细化为$t=\Delta, 2\Delta, 3\Delta, \cdots (0<\Delta<1)$，那么当$\Delta \to 0$时，该轮流讨价还价程序结果为同时出价的纳什讨价还价解$\left(\frac{1}{2},\frac{1}{2}\right)$；当$\Delta \to 1$时，该轮流讨价还价程序即为 Rubinstein(1982) 轮流出价情形。Binmore et al. (1986) 在 Rubinstein(1982) 的轮流讨价还价程序之基础上，分别讨论交易者 1、2 的轮流出价的反应时间Δ_1、Δ_2及存在轮流出价谈判破裂的风险对讨价还价能力配置的影响。

Calvo-Armengol(2001)分析并给出了具有时间贴现偏好δ_i的n个参与者两两随机匹配的 Rubinstein 式轮流出价博弈的子博弈精炼均衡解；特别地，当每个个体的时间贴现偏好具有同质性，即$\delta_i=\delta$时，子博弈精炼均衡解为$\left(\frac{1}{1+\delta},\frac{\delta}{1+\delta}\right)$。如果$\delta \to 1$，均衡解即为同时出价的标准化纳什讨价还价解$\left(\frac{1}{2},\frac{1}{2}\right)$。

关于讨价还价博弈分析的最新文献侧重于n人匹配的讨价还价博弈分析，Hart and Mas-Colell (1996)、Miyakawa (2006)、Predtetchinski (2007)、Laruelle and Valenciano(2008)、Britz et al. (2010)、Herings and Predtetchinski(2011)讨论分析了具有时间贴现、信念偏好和谈判破裂风险的讨价还价均衡解的渐进唯一性问题，在某种意义上是对 Rubinstein (1982)、Binmore et al. (1986)、Calvo-Armengol(2001)考虑到时间贴现和谈判破裂风险的分析思路的继续与推进，并将给定匹配结果的两人讨价还价博弈分析推广到随机匹配的n人讨价还价博弈分析。

2.2 讨价还价能力的内生性与双边匹配问题

在本书的分析框架中，讨价还价能力的确定与双边稳定匹配结果是同时内生决定的。关于讨价还价博弈的研究，Nash(1950, 1953)开创性地提出了合作博弈中经典的(对称的)讨价还价博弈模型及其纳什讨价还价解(Nash Bargaining Solution)，随后发展出了广义化的讨价还价博弈模型(Roth, 1979; Binmore et al., 1986)，并外生给定了交易双方的讨价还价能力(α, $1-\alpha$)，特别是可能表现为双方讨价还价能力的非对称性，即$\alpha \neq 1-\alpha$。而关于讨价还价能力(α, $1-\alpha$)是如何确定的，也就是讨价还价能力的均衡配置问题，还未有文献给出正式、明确的回答。Rubinstein(1982) 的研究在某种意义上涉及了特殊情形的讨价还价能力的配置，他通过引入时间贴现因子，得出了轮流讨价还价博弈(Alternative-offer Bargaining)的子博弈精炼均衡解：当双方的时间贴现因子都等于1时，轮流讨价还价博弈均衡解(Rubinstein，1982)与标准的纳什讨价还价结果相同，即双方具有对等的讨价还价能力($\alpha=1-\alpha=0.5$)；当某一方A的时间贴现因子等于0时(另一方B的时间贴现因子大于0)，A方对应的讨价还价能力等于0，B方对应的讨价还价能力等于1。显然，Rubinstein(1982)是在匹配对象确定的情形之下，基于交易双方对时间贴现的忍耐程度来分析讨价还价博弈双方分得的剩余份额，且只涉及了几种特殊情形，并没有足够关注交易双方的讨价还价能力配置甚至内生决定问题。

现有文献研究双边稳定匹配问题时，大致从下面几个视角展开。第一个视角是基于双方的效用函数是否可转换(Transferable or Non-transferable)的性质，研究稳定匹配的结果是否为正(负)选型匹配(Positive(Negative) Assortative Matching，Aumann，1985；Legros and Newman，2007)。正选型匹配意味着高(低)资质的风险投资机构与高(低)质量的创业企业匹配方式，而负选型匹配则意味着低(高)资质的风险投资机构与高(低)质量的创业企业匹配方式。Sørensen(2007)研究风险投资市场中风险投资机构对创业企业的选择效应与价值增值效应的区分和估计识别，其工作并未考虑双边道德风险情形，而是基于完全信息的Gale-Shaply稳定匹配算法来构建风险投资机构单边选择的结构方程模型，其实证结果也显示了风险投资机构的选择符合单边正向选择配对。第二个视角是从双方效用函数满足的性质、匹配的策略方式等角度，分析双边稳定匹配的存在性与唯一性问题(Bloch and Jackson，2006；Chakrabarti and Gilles，2007；Goyal and Vega-Redondo，2007；Hellmann，2013)。这些研究没有涉及双边道德风险情境，而是基于完全信息的假设条件。第三个视角是结合讨价还价博弈(Nash，1950，1953；Roth，1979；Rubinstein，1982；Binmore et al.，1986)来讨论双边稳定匹配问题，主要通过将讨价还价博弈模型引入到双边稳定匹配分析中，以考察双边稳定匹配结果(Wolinsky，1987；Binmore and Herrero，1988)，并主要探讨了这样的问题：当市场交易摩擦消失时，基于讨价还价视角的双边匹配结果是否是市场有效的(Diamond，1971；Gale，1987；De Fraja and Sakovics，2001；Satterthwaite and Shneyerov，2007；Lauermann，2013)。因此，现有的文献对于双边稳定匹配的研究并没有对可能存在的双边道德风险问题给予足够的关注，而双边道德风险问题较为显著、普遍地存在于一些经济关系的双边匹配问题中，如风险投资市场中创业企业与风险投资机构之间的匹配合作问题。文胜(2006)在他的博士毕业论文中探讨了银行信贷市场中的双边稳定匹配问题,并尝试设计匹配机制来提高银行信贷市场中的运行效率。

现有文献建立在谈判程序和交易者信念偏好上的讨论,均表明谈判程序和交易者偏好会影响到剩余分配的均衡结果,进而表现出了讨价还价能力配置结果的变化,并且先验地将社会剩余的分配份额作为讨价还价能力配置的结果。① 可见,这些文献由于没有涉及双边道德风险的情境条件,并且直接建立在不存在竞争匹配问题或总剩余与稳定匹配结果无关的(默认)前提下,因此就只注重了讨价还价程序变化对均衡结果的影响,并自然而然地将交易双方剩余分配结果作为讨价还价能力配置结果,这实质上是将讨价还价能力进行外生化处理。在本书关注的风险投资市场中,创业企业和风险投资机构之间存在双边道德风险,这就决定了双方均具有一定的讨价还价能力。② 因此,在本书的双边道德风险情境下,与谁匹配(稳定匹配模式)及匹配时的讨价还价能力配置,都是市场自由竞争的内生性结果。

3 本章小结

本书关注具有双边道德风险情境的风险投资最优合约与稳定匹配问题,即探讨双边道德风险情境下创业企业与风险投资机构之间的最优合约问题,并以最优合约的博弈均衡结果作为情境基础,进一步探讨风险投资市场中的稳定匹配问题。因此,以双边道德风险为基本情境条件,本书的核心参考文献主要体现为三个方面:

(1) 最优合约设计方面。通过对 Tirole(2001, 2006)的单边道德风险情境下的固定投资分析框架的继承与发展,本书探讨适应于具有双边道德风险情境的风险投资最优合约设计的分析框架,并尝试通过引入一个纳什程序的讨价还价博弈过程来处理风险投资中的双边道德风险问题。

(2) 稳定匹配问题与讨价还价能力双重内生化处理方面。通过对

---

① 然而,在本书的第一项核心工作(风险投资中的最优合约)的风险投资模型中可以看到,在双边道德风险情境下,社会剩余的分配份额由讨价还价能力的配置结果和固定的转移支付两部分决定,这可以作为先验地将社会剩余的分配份额作为讨价还价能力配置结果的质疑反例。

② 事实上,本书的第一项核心工作(风险投资中的最优合约)所提出的风险投资契约设计分析框架发现,当匹配对象确定时,不同的讨价还价能力配置不仅会影响到社会剩余的大小,更会直接影响创业企业和风险投资机构分享到的剩余份额。

Gale and Shapley(1962)在完全信息情境下的稳定匹配理论的继承与发展，本书探讨具有双边道德风险情境的风险投资市场稳定匹配的分析框架。这一过程还结合了风险投资中创业企业与风险投资机构之间最优合约的分析工具。在纳什程序的讨价还价博弈(Nash, 1950, 1953; Roth, 1979; Binmore et al., 1986)中，讨价还价能力一直作为一个外生给定的参数，而本书在探讨稳定匹配问题时，将对交易双方的讨价还价能力进行内生化处理。

(3) 经验实证方面。本书通过借鉴吸收 Sørensen(2005, 2007)关于风险投资市场中风险投资机构在风投项目产出中经济效应的实证分析内容，构建针对本书的双边稳定匹配理论的经验实证分析模型。

上述三个方面的核心参考文献，对本书的研究工作具有非常重要的作用，本书的理论与实证分析的核心内容都与之密不可分。因此，这些核心参考文献是本书理论框架与实证经验分析所不可或缺的基础性文献。

第三章　理论源起与逻辑框架

正如本书的引言和文献综述所反复强调的，本书尝试建立风险投资市场稳定匹配的分析框架。这一框架由两个密切联系的分析模型构成：风险投资机构与创业企业之间的合约关系模型；风险投资机构群体与创业企业群体之间的稳定匹配模型。本章尝试对本书的理论源起与逻辑框架进行阐述，以期对本书关注的核心问题进行脉络梳理，也为下文通过数理化的模型来回答本书关注的核心问题作铺垫、参考和对照。

本书所关注的核心问题，可以阐述成这样两个故事：(1)在一个风险投资市场中，创业企业群体和风险投资机构群体之间是如何“彼此选定”，确定自己的匹配对象的？(2)当创业企业和风险投资机构“彼此选定”来开展项目合作时，双方应该设计怎样的合约来规范和约束彼此的权责义务等合作内容？这是一条自上而下、由宏观到微观，符合演绎推问的逻辑分析路径。本章接下来的内容则是一条相反的，遵循归纳推理的，并且也是本书实际进行的探索路径。写作本章的目的在于，通过文字化的经济学语言来阐述本书的逻辑框架、核心内容与理论结论，以期对全书起到提纲挈领之作用。

1　合约：源起 Tirole 的理论而联结合作博弈

在研究的初始阶段，本书关注的焦点是经济关系中的合约问题。特别是关注到，在 Tirole 的公司金融理论分析框架之中，他以天才般的经济学直觉与归纳能力，统一了公司金融领域浩瀚的理论文献，构建了规范化的分析框架，即固定投资模型(Fixed-investment Model)和可变投资模型(Continuous-investment Model)。Tirole 构建的统一分析框架，很好地回答和解决了普通企业融资问题及相关的公司治理等问题。基于 Tirole 的研究框架，他在普通企业融资合约关系的阐述中，强调了企业家具有(单边)道德风险问题，投资者市场是完全竞争性的。在这样的企业家和投资者的关系中，投资者市场的完全竞争性导致了企业家具有完全的讨价还价能力，投资者并不具备议价能力，从而建立了基于委托代理分析框架的普通企业融资模型，包括固定投资模型和可变投资模型。

本书将 Tirole 的普通企业融资模型中的经济交易关系视作一个特殊的讨价还价博弈行为，其在本质上是这样的单一轮次的讨价还价博弈过程：交易者 1 和交易者 2 通过讨价还价博弈划分一块蛋糕，交易者 1 提出划分方案。若交易者 2 同意，则按照交易者 1 提议的方案分割蛋糕；若交易者 2 不同意，则交易双方均不得到任何份额的蛋糕。在 Tirole 的普通企业融资模型中也是如此：企业家具有道德风险，能够影响产出结果，也就是具备影响蛋糕大小的能力，而投资者仅能够决定是否为企业家提供融资资金。当企业家从投资者那里成功获得融资时，企业家决定蛋糕的大小；当企业家没有获得投资者的融资时，谁也无法获得任何的“蛋糕”份额。

由此，一个直觉的逻辑推演想法得以产生。如果将单一轮次的讨价还价博弈情境更换为交易双方同时出价的纳什程序的讨价还价博弈，那么结果就发生了重大的变化。在纳什程序的讨价还价博弈中，往往默认交易双方具有对等的讨价还价能力，即各自的讨价还价能力均为 0.5，这区别于上面的单一轮次的讨价还价博弈中交易者 1 和交易者 2 分别具有的讨价还价能力为 1 和 0 的情形。进一步推广到广义的纳什程序讨价还价博弈，即设定交易双方分别具有讨价还价能力 α 和 $1-\alpha$ 的情形，其中 $0<\alpha<1$。这些直觉的推广，对于 Tirole 所关注的普通企业融资情境的分析显得有些多余，那么现实的经济关系中是否会有对这样推广的必要和需求呢？

实际上，在经济交易关系中，并不是仅仅只会有某一方具有(单边)道德风险问题，也会存在着交易双方均具有道德风险问题的情形，即可能存在着双边道德风险问题。在双边道德风险情境下，交易双方均具备能够影响蛋糕大小的能力和条件；交易双方也均能够行使否决权，从而使得任何一方都不能够得到任何份额的“蛋糕”；此外，交易双方也都能够通过自己的单边行为来影响“蛋糕”的大小。因此，在本书的写作过程中，笔者坚持的一个很重要的观点就是：在具有双边道德风险情境的经济交易关系中，交易双方均具有一定的讨价还价能力，可以将这种经济关系设定在交易双方同时出价的纳什程序的讨价还价博弈模型的框架之中。在这样的讨价还价博弈过程之中，交易双方的讨价还价能力是外生给定的参数，正如纳什程序的讨价还价博弈模型中的处理方式那样。

然而，这些仅仅是逻辑情境或者说是经济关系情境的基础性构建，那么如何基于这些基础性的情境关系的构架，建立一个理论性的模型来探讨具有双边道德风险情境的交易双方之间最优的合约关系呢？正如 Tirole 的固定投资模型回答普通企业融资情境下企业家和投资者之间的合约关系一样。事实上，在普通企业融资情境中，Tirole 设定的企业家具有完全的讨价还价能力，以及投资者市场的完全竞争性条件，刚好可以延续经典的委托代理分析框架，从而构建固定投资模型，或者说 Tirole 的固定投资模型刚好是一种基于委托代理范式的分析框架。在委托代理分析框架中，代理人的决策是由委托人控制的，委托人具有完全的讨价还价能力，代理人不具有讨价还价能力，其只能接受或拒绝委托人提出的交易合约。正如引言和文献综述所强调的，双边道德风险情境对委托代理分析框架形成了冲击。通过引入广义化的纳什程序的讨价还价博弈过程来分析具有双边道德风险情境的经济交易关系，实际上是对委托代理分析框架的一种扩展。

在委托代理分析模型中，我们是在激励约束和参与约束两大约束条件下考虑最大化委托人的期望效用这一目标函数。本书关注到双边道德风险情境对委托代理分析框架的冲击，尝试引入讨价还价博弈过程来更替委托代理分析框架。通过引入讨价还价博弈模型，最大化交易双方联合效用对（交易双方各自期望效用的 α 和 $1-\alpha$ 次方的乘积），实际上是分别给予双方 α 和 $1-\alpha$ 的比例系数，体现了讨价还价博弈中的不同讨价还价能力。这种转变是对委托代理分析框架中直接最大化委托人期望效用的更替，也是引入讨价还价博弈的过程，更是对委托代理分析框架的一种初步的扩展。这里有三点值得指出：(1)本书中的讨价还价模型对应着委托代理分析框架中的目标函数，这是进一步拓展的核心体现；(2)针对委托代理框架中的第一个约束条件，即参与约束，可以看出文中的讨价还价模型是包含这一参与约束的，即交易双方获得的净效用（社会剩余）均须大于 0；(3)本书的讨价还价模型蕴含着一种基于合作共赢的利益驱动因素，而委托代理分析框架中必须施加激励约束才能达到相应的激励目标。参与约束及激励约束对于分析双边道德风险问题情境下的讨价还价模型同样是存在的，只是讨价还价模型中已经蕴含或者实现了这些约束的要求。

通过引入讨价还价博弈来研究双边道德风险情境下交易双方的合约关系问题，实际上是本书中合约问题的基础模型构建的完成，但这也只是本书在合约问题研究中的第一步。接下来还需要设计一个合约形式并求解出最优合约，而且需证明在这样的合约设计架构下，经济博弈均衡和无帕累托改进的机会已经实现。关于合约设计和最优合约的求解，在讨价还价博弈模型的基础上，本书还引入了一个条件社会剩余的概念。通过考察条件社会剩余的变化来分析风险投资最优合约的设计，本书的分析结果显示：存在着要么股权合约、要么股权和债务联合合约的最优合约集，其中并不存在可转债的合约形式，但可转债合约是对股权和债务联合合约的逼近，而讨价还价的过程有助于最优合约的形成。最优合约集反映了这样的经济学含义：交易双方都能影响"蛋糕"大小。在本书设计的合约形式下，能够实现博弈均衡的产出结果，交易双方分得的"蛋糕"大小由一个固定的分成比例和彼此之间的转移支付两部分构成。其中，分成比例由各自的讨价还价能力参数决定，而转移支付存在着一个区间，即形成了最优合约集。

2　匹配：合作博弈参数与匹配结构双重内生化

关于双边道德风险情境下的交易双方合约关系问题，本书给出了回答。这一回答具体聚焦于具有双边道德风险情境下的风险投资机构与创业企业之间的最优合约关系问题上。既然在双边道德风险情境下，交易双方可以签订一个最优合约关系，那么在一个市场中，两大交易群体之间又是如何"彼此选定"形成匹配的呢？由此，终于引申出本书所关注的最核心的匹配问题。

在进行匹配问题的梳理之前，有必要对经济关系中的最优合约与市场匹配问题之间的关系进行厘清。从表面上看，首先在市场中完成交易对象"彼此选定"的匹配问题，然后才会有完成匹配的交易双方之间的经济合约关系的问题；然而，在本书的逻辑框架中，是先分析交易双方之间的合约关系问题，再来分析市场匹配问题。实际上，关于市场匹配问题的分析，还是以最优合约关系设计为情境基础，或者说是共同知识。如果这一问题不思考清楚，容易误以为是"鸡生蛋"与"蛋生鸡"的循环论证。匹配和合约设计确实发生在不同的阶段，首先发生市场匹配促成交易双方合作关系的确定，然后才会有交易双方的合约设计问题。这可以看作是两个不同的阶段，也可以看作是两个不同的视角维度。匹配是一种市场的宏观维度，合约设计是交易双方关系约定的微观角度。在交易双方合约关系的分析中，无关乎市场匹配问题，或者说对于任何交易双方之间的潜在匹配情形，都可以探讨交易双方合约关系问题；而市场匹配问题则不同，由于存在双边道德风险情境，因此市场匹配问题必须将市场中任意的交易双方之间的最优合约关系作为一个基本情境条件或共同知识。因此，在本书的逻辑框架中，要先探讨交易双方的最优合约关系问题，然后才能解决本书所关注的市场匹配问题。

关于匹配问题最早、最基础的研究，是 Gale and Shapley 于 1962 年提出的稳定婚姻问题，即在 N 男 N 女的情形中，是否存在一种男女配对组合方式可以实现稳定的(伴侣)配对关系？这里稳定配对的意思是，不存在两个非伴侣的异性对彼此的评价同时比对各自伴侣的评价还要高；否则，这两对匹配关系是不稳定的。Gale and Shapley 给出了解决这一问题的一种算法：在每一个轮次，单身的男孩向自己心仪的女孩(不管她是否单身)表白，女孩选择自己最喜欢的男孩并接受为男朋友，直到所有的男孩都找到女朋友。Gale and Shapley 的稳定匹配算法蕴含着这些含义：(1)交易双方信息对称，结成匹配时，蛋糕(净效用)大小是明确的，并不存在着某一方具有影响“蛋糕”大小的私人信息；(2)无帕累托改进的机会与可能，在这些匹配集合中形成了净效用总和(社会剩余总和)的极大化；(3)稳定性，不存在两个非伴侣的异性对彼此的评价比对各自伴侣的评价还要高。

本书关注存在双边道德风险情形下的市场稳定匹配问题，这就导致：(1)交易双方的信息非对称，结成配对时，“蛋糕”大小是不明确的，双方均能够影响“蛋糕”大小；(2)实际上，基于最优合约理论模型所得出的结论，讨价还价能力参数 α 也影响了“蛋糕”大小；(3)交易双方分得的“蛋糕”份额由各自的讨价还价能力参数和固定转移支付区间两部分构成，这也是最优合约理论模型给出的结论。在最优合约问题的讨论中，引入的讨价还价过程及外生给定的讨价还价能力参数，均是基础性的工具；而在匹配问题上，讨价还价能力参数却能够影响到“蛋糕”大小，这意味着在匹配问题的研究中，还需要将交易双方的讨价还价能力参数 $(\alpha,\ 1-\alpha)$ 内生化，与匹配问题一同作为本书关注的核心问题。因此，交易对象之间的讨价还价能力参数和稳定匹配结构，在本书中触及了双重内生化的问题。值得指出的是，讨价还价能力参数一直以来是作为外生给定的参数，还未发现有文献将其进行内生化处理，而本书将正面给出这是如何内生性决定的解释视角。

本书将匹配问题与交易双方讨价还价能力参数进行双重内生化，依然需要遵循基本的稳定匹配原则，即社会剩余总和的极大化和匹配关系的稳定性。在一个稳定的市场匹配模式下，所有配对对象各自实现的蛋糕大小的总和已极大化；并且，匹配是稳定的，即不存在两个非配对的交易个体各自愿意背弃自己的匹配对象而结成新的配对。

本书通过四个命题，完成对稳定匹配结构模式的研究与证明，并同时指出了交易双方的讨价还价能力是如何内生决定的。第一个命题指出了对于任何给定的交易双方，存在着一个确定的讨价还价能力配置（α^*，$1-\alpha^*$），使得这个“蛋糕”（社会剩余）极大化；第二个命题进一步论证了对于任意给定的市场匹配结构，讨价还价能力配置（α^*，$1-\alpha^*$）也会使得所有交易对象分享的“蛋糕”总和（社会剩余总和）极大化。这两个命题联合表明，尽管讨价还价能力参数与匹配结构是双重内生化的，但是讨价还价能力参数的最优配置可以独立于匹配结构。第三个命题进一步证明了，使得社会剩余总和极大化的匹配结构模式是稳定的。这意味着，接下来的任务是只需找出使得社会剩余总和极大化的市场匹配结构模式即可。第四个命题的工作是证明了“门当户对”式的正向选择匹配模式能够使得社会剩余总和极大化。因此，这四个命题回答了本书关于市场稳定匹配结构模式的问题。

3　实证：对 Sørensen 的借鉴与发展

本书给出了风险投资市场中的稳定匹配结构模式的理论结论，也得到了来自中国风险投资市场数据样本的经验验证。在实证分析中，本书借鉴和发展了 Sørensen 的研究，他关注风险投资机构究竟对创业企业是否具有价值增值效应，以及如何将这种效应与风险投资机构的选择排序效应区分开来。他认为，风险投资机构对创业企业具有选择能力，越是高资质的风险投资机构，就具有越高的选择能力，其会选择更好、更具发展潜力的创业企业。在 Sørensen 看来，区分风险投资机构的价值增值效应和排序选择效应是必要的，这也正是他的重要贡献。Sørensen 的处理方法是：构建一个结构方程模型，在第一阶段，提出风险投资机构选择创业企业的匹配模型，以应对风险投资机构的排序选择效应；在第二阶段，构建产出决定模型，以分析影响结成配对的交易个体的产出结果（是否成功 IPO）的因素。他构建的结构方程模型旨在区分并识别可能存在的样本选择问题，以及由此导致的内生性问题。

与 Sørensen 对风险投资机构与创业企业之间是完全信息情境的设定不同，本书关注交易双方之间存在双边道德风险的情境，并在理论上论证了交易双方之间是一种“门当户对”式的正向选择匹配模式。本书构建了 Heckman 两阶段估计模型：

（1）第一阶段是双边选择的匹配模型。区别于 Sørensen 强调风险投资机构资质的选择效应，本书认为决定匹配结构的是风险投资机构与创业企业之间“门当户对”的正向选择的模式。在这样的模式下，资质最高的风险投资机构与最具发展潜力的创业企业匹配合作，资质次高的风险投资机构与发展潜力次好的创业企业匹配合作，以此类推。因此，在本书的实证分析中，笔者并不仅仅关注风险投资机构的资质和创业企业的发展潜力相关度量变量的绝对数值大小，而是更关注风险投资机构和创业企业个体各自在市场中的排序位置，进而基于排序位置的度量指标，构造出衡量风险投资机构和创业企业之间匹配度的新变量。该匹配度指标变量是“门当户对”的正向选择模式的刻度变量。实际上，第一阶段的匹配模型正是对本书市场匹配结构理论的经验验证。

(2) 第二阶段是基于匹配模式的产出决定模型。这是对市场匹配结构的进一步研究工作。在某种意义上，产出决定与市场匹配结构应当具有内在一致的经济学内涵。匹配结构模式正是对影响产出结果的因素的一种市场均衡的描述与反映。在成熟的风险投资市场中，实际的产出决定模型应当要反映出与匹配结构模式相一致的经济学内涵。在产出决定模型中，我们将第一阶段回归计算得到的逆米尔斯比(inverse Mills ratio)作为一个新增的解释变量，以应对结成匹配的数据样本中的样本选择性问题，进而证实在结成配对的风险投资项目中，创业企业和风险投资机构各自对合作项目的产出结果的影响效应。

因此，本书在借鉴了 Sørensen 的相关处理方式的同时，做了大量的创新性工作，提出了创业企业发展潜力的度量指标，还得到了风险投资机构资质变量和创业企业发展潜力度量指标各自在市场中的排序，并构建了风险投资机构与创业企业之间的匹配度指标变量。通过这些新的变量和视角，本书实证分析了中国风险投资市场的匹配结构模式，并基于匹配结构模式，进一步经验分析了风险投资机构和创业企业在决定项目产出中的影响效应。

第四章　风险投资中的最优合约

创业企业和风险投资机构之间的合作关系，首先表现为一种投融资关系。风险投资机构投资创业企业的风险创业项目，创业企业获得风险投资机构的融资资本，这种投融资关系与普通企业通过银行贷款融资具有相似的特征属性。Tirole(2001, 2006)的固定投资模型则主要就普通企业在一般的融资渠道中的信贷配给现象给出了合理的解释，并成为公司金融研究中关于普通企业的融资问题的框架性理论模型。但是，在风险投资项目中，除了投融资关系之外，还存在着超出普通企业投融资关系的特征范畴。风险投资机构还参与创业企业的发展，为创业企业提供专业化的增值服务。具体表现为，风险投资机构能够提供专业化的服务，帮助创业企业降低成本、提高市场价值和改善公司治理水平。可见，在创业企业与风险投资机构合作的风险项目中，无论是创业企业还是风险投资机构，都可能采取只利于自己的机会主义行动，即存在着双边道德风险问题；而普通企业融资的显著性特征是仅存在单边道德风险问题(Tirole, 2001, 2006)。因此，在逻辑思路上，本章坚持创业企业家与风险投资机构之间的投融资关系是普通企业融资情境的一种广义化与延伸。

然而，Tirole(2001, 2006)的固定投资模型正是构建于单边道德风险情境之下的公司金融理论分析框架。这是经典的委托代理分析框架，但并不能很好地适应于具有双边道德风险情境的风险投资项目情境。本章尝试在 Tirole(2001, 2006)的固定投资模型的假设条件基础上进行适当的扩充，以适应双边道德风险的特征：(1)将固定投资模型中只有委托人(企业家)具有单边道德风险(可能“偷懒”以谋求私人收益)的假设，扩展到创业企业和风险投资机构均可能“偷懒”的连续型双边道德风险的情况，这种扩充适应了风险投资的显著特征；(2)将固定投资模型中的“努力”与“偷懒”两种状态转化为以努力水平表征的连续变量形式，这种扩充的必要性特别明显地体现在下文关于最优努力水平的博弈均衡解中。这些假设条件将固定投资模型的框架延伸到风险投资问题中。

首先，本章介绍 Tirole 的企业融资模型的情境假设条件与模型形式，作为本章构建风险投资情境条件的参考与对比；然后，构建风险投资假设情境，构建模型与设计合约形式；最终，对最优合约求解，以及对最优合约经济学含义进行分析。

1 Tirole 的企业融资模型

为了更加清晰鲜明地体现本章的双边道德风险情境的基本假设情境，首先归纳一下 Tirole(2001, 2006)的具有单边道德风险的固定投资模型(Fixed-investment Model)的假设情境①：

- 参与者：企业家(entrepreneur)②和投资者(investor)③。
- 企业家有一个投资项目④，项目需要固定投资 I，企业家拥有初始资产⑤ A。由于 $A<I$，为了实施项目，企业家必须向外部风险投资机构融资 $I-A$。
- 项目投资具有风险：如果实施，可能会成功，也有可能会失败。成功时项目产生 R 的可验证收入(verifiable income)，失败时不产生任何收入。⑥
- 项目成功的概率受到企业家工作努力程度的影响，但企业家的工作努力程度是不可观察的。⑦ 如果企业家尽职(behavior)，那么成功的概率为

---

① 关于 Tirole(2001, 2006)的具有单边道德风险的固定投资模型(Fixed-investment Model)的假设情境与模型形式，引自田存志教授正在编著的《公司金融理论》书稿；Tirole(2001, 2006)以文字语言阐述了固定投资模型的分析要义，但并未明确归纳阐述固定投资模型的假设情境与具体模型形式。

② 也称为内部人、借款者或管理层。

③ 也称为放款者、银行等金融机构。

④ 投资规模是外生给定的，这是本模型的一个关键假设。文献称本章的基本模型为固定投资模型(fixed-investment model)。

⑤ 这里，企业家的初始资产是现金或流动性很好的证券。初始资产也称为净资产，是一个代表企业家资金实力的指标。其他一些指标(如企业家会面临不同的卸责机会)也可以作为企业家实力的代理变量，但不改变分析结果。

⑥ 收入服从两点分布是最简单的情形。更一般的假设应服从连续分布。

⑦ 这里的假设表明，项目受到企业家道德风险的约束。实际上，我们还可以将此假设理解为企业家可以选择项目成功概率比较高的项目，也可以选择成功概率低但是他比较喜欢的项目(易于实施、将来能为企业家派生更多副产品、对朋友有利、产生在职消费等)。总之，道德风险是指企业家采取的降低风险投资机构价值的行动。本模型中的道德风险强调的是利润降低。从数学上看，这是从一阶随机占优的角度而言。事实上，道德风险还有另外一种处理方式。Stiglitz and Weiss(1981)考虑了投资者与企业家之间签定标准的债务合约，其中的道德风险表现为风险投资机构无法观测到企业家所选择的项目风险，因此企业家可能会有激励以牺牲预期利润为代价去选择风险非常高的项目。

$p_H \in (0, 1)$，企业家没有私人收益；如果企业家卸责(misbehavior)[①]，那么成功的概率为 $p_L \in (0, 1)$，私人收益为[②] $B > 0$。令 $\Delta p = p_H - p_L > 0$。

- 企业家和风险投资机构是风险中性的(risk neutrality)。[③]
- 企业家和风险投资机构无时间偏好(time preference)，不妨设无风险收益率为[④] 0。
- 企业家受到有限责任(limited liability)的保护。[⑤]
- 资本市场是完全竞争的[⑥]，放款产生的期望利润为 0。
- 企业家具有完全讨价还价能力，其提出一个"风险投资机构要么接受，要么拒绝"的融资合约。

企业家和外部风险投资机构之间的融资合约这样来设定[⑦]：合约首先规定，项目是否进行融资[⑧]；其次，如果融资成功，那么合约进一步规定企业家和风险投资机构如何分享项目收入 R。不妨设项目成功时，企业家分得 R_b，外部风险投资机构分得 $R_I = R - R_b$；项目失败时，双方各获得 0(不包括过去的投资和私人收益)[⑨]。合约的具体形式为：

$$[(R_b,\ 0);\ (R - R_b,\ 0)]$$

考虑到企业家具有议价权，因此非对称信息下的最优合约是下列最优化问题的解[⑩]：

$$\begin{cases} \max\limits_{R_b} \ p_H \times R_b + (1 - p_H) \times 0 - A \\ s.t \quad (1) \quad p_H \times R_b + (1 - p_H) \times 0 \geqslant p_L \times R_b + (1 - p_L) \times 0 + B \quad (1) \\ \qquad\ \ (2) \quad p_H \times (R - R_b) + (1 - p_H) \times 0 \geqslant I - A \end{cases}$$

---

① 卸责表明企业家在本职工作上投入太少精力，其把主要精力用于其他与项目无关或关系很少的活动。

② 如果用努力来表示，那么私人收益也可以解释为努力的负效用。

③ 这一假设更多地表明，企业家和风险投资机构都是法人，而不是自然人。事实上，在考虑自然人的时候，假设企业家或风险投资机构为风险厌恶较为合适。

④ 或风险投资机构的预期收益率为 0 。

⑤ 这一假设保证了企业家的收入不可能为负。

⑥ 其背后隐含的经济含义是：其一，资本市场存在很多潜在的放贷者，为了贷款给企业家而相互竞争。如果最有吸引力的贷款合同产生正的利润，那么借款者可以转向另外的放贷者，提出稍微低一些的利率。其二，一般而言，放贷者是复数。即使放贷者就整个贷款负责融资，放贷也是一项被动、匿名的行为。事实上，放贷者没有议价权。

⑦ 融资合约实际上是一种关于利润在外部风险投资机构和企业家之间如何进行分配的合约。

⑧ 这里考虑的是确定性的融资合约。

⑨ 由于风险中性，合约形式并不是唯一的。事实上，企业家或风险投资机构真正关心的是期望收益，而不在乎哪一个状态下的支付多一点或少一点。

⑩ 由于企业家尽职时，项目净现值为正，因此合约设计旨在激励企业家尽职。

其中：

- 目标函数为企业家根据合约获得的期望净收益或净效用。①
- 约束条件(1)表示企业家的激励相容约束条件(incentive compatibility constraint)，可以化简为：

$$p_H R_b \geqslant p_L R_b + B \Leftrightarrow (\Delta p) R_b \geqslant B$$

- 约束条件(2)是外部风险投资机构的参与约束条件(participation constraint)或个人理性约束条件(individual rationality constraint)。由于在均衡时该约束条件取等号②，因此又被称为风险投资机构的零期望利润条件(zero profit condition)③。

同时满足以上激励相容约束条件(1)和参与约束条件(2)的所有解被称为“可行合约集”M。最优化问题(1)表明，企业家需要从可行合约集 M 中找出一个使自己获得最大利益的融资协议。

最优化模型(1)可以化简为：

$$\begin{cases} \max\limits_{R_b} \; p_H R_b - A \\ s.t \quad (1)(\Delta p) R_b \geqslant B \\ \qquad (2) p_H (R - R_b) \geqslant I - A \end{cases} \tag{2}$$

上述模型就是 Tirole(2001, 2006)的具有单边道德风险的固定投资模型(Fixed-investment Model)，其以精炼、恰当的假设条件，归纳、反映了普通企业融资的情境设置，构建出了符合经典的委托代理分析框架的合约设计分析模型。

2 风险投资模型与合约设计

2.1 基本假设

基于创业企业与风险投资机构之间的特征关系，本章尝试在 Tirole(2001, 2006)关于普通企业融资的具有单边道德风险的固定投资模型

---

① 企业家的净收益在成功时为 $R_b - A$，在失败时为 $-A$。若企业家卸责，则两种情况下的收益都要加上一个私人收益 B。

② 正式表述是参与约束条件是紧的。

③ 风险投资机构的净收益在成功的时候为 $R_I - (I - A)$，在失败的时候为 $-(I - A)$。

(Fixed-investment Model)之基础上,进一步构建一个存在双边道德风险的风险投资合约模型。这个模型考虑到风险投资机构与创业企业之间关系的两大特征性因素,即二者之间存在着双边道德风险,以及交易双方均具有一定的讨价还价能力。这里首先构造本章的风险投资合约设计的假设情境:

● 参与者:创业企业家和风险投资机构。

● 创业企业拥有一个风险投资项目而没有初始资金,项目需要固定投入资金 F。为了项目实施,创业企业必须向风险投资机构融资 F。

● 项目的产出 R 取决于创业企业家的努力水平 L 和风险投资机构的努力水平 K,以及自然状态[①] ε。具体地,产出[②] $R=R_\varepsilon+c\sqrt{LK}$,记 $R_\varepsilon=\bar{R}+\varepsilon$。其中,$\bar{R}$ 为某一确定的产出水平,$\varepsilon\sim N(0,\ \sigma^2)$,$c$ 为双方努力的合作互补系数,努力水平 L、K 都是不可观察、不可证实的,但是最终的产出 R 是可验证、可观测的。

● 努力成本采用经典的凸函数形式[③],设创业企业家的努力成本为 $g_{en}(L)=\frac{L^2}{2\eta}$,风险投资机构的努力成本为 $g_{vc}(K)=\frac{K^2}{2\theta}$。其中,$\eta$、$\theta$ 分别为创业企业家和风险投资机构的努力效率系数。

● 创业企业家和风险投资机构的讨价还价能力(Bargaining Power)分别记为 α、$1-\alpha$。其中,$\alpha\in(0,1)$[④]。

● 其他假设条件包括:创业企业家和风险投资机构都是风险中性的;创业企业家受有限责任保护;不考虑政府对创业企业的征税及相应的政策补贴;项目投资过程中不考虑时间贴现因子,即跨期贴现率为 1。

因此,本章的风险投资情境是对 Tirole(2001, 2006)的具有(单边)道德风险的经典企业融资情境的继承与发展,并且适应了风险投资所具有的双边道德风险情境。

创业企业家与风险投资机构之间的融资过程如下:签订合约之后,创

---

① 严格地讲,自然状态发生于整个创业项目进展过程中,并体现在项目最终产出中;有些文献将自然状态局限在发生于交易双方作出努力水平决策之前(Casamatta, 2003)。

② 这里的产出函数形式借鉴陈逢文等(2013)的简单处理形式;若根据问题需要,也可以考虑进一步探讨更为丰富的产出函数形式:$R=R_\varepsilon+cL^{\lambda_1}K^{\lambda_2}$。

③ 比较经典的努力成本函数形式,其经济学含义是:随着付出的努力水平的提高,努力的成本递增,即 $g'(\cdot)>0$;努力的边际成本递增,即 $g''(\cdot)>0$。

④ 本书考察的是交易双方均具有一定的讨价还价能力的情形,并不包含 $\alpha=1$ 或 0 的经典委托代理情形,单边道德风险情形。

业企业家和风险投资机构共同参与企业创业；在创业中，创业企业家和风险投资机构付出一定的努力水平，最后按照合约的规定来分配收益。具体的博弈时序如图 1 所示。

图 1　风险投资的时序图

初步地，创业企业与风险投资机构之间的融资合约至少需要设定这样的分配原则：合约须规定企业家和风险投资机构如何分配项目收入 R。不妨设项目成功时，企业家分得 R_{en}，风险投资机构分得 $R_{vc}=R-R_{en}$。这里有两点需要指出：(1) 创业企业和风险投资机构之间最核心的问题是最优合约设计问题，因此在项目初始阶段的缔约内容中，必须首先规定在项目结束时的收益分配原则。然而，在风险投资项目中，交易双方的努力水平不可观察、不可证实，所以还需考虑交易双方在项目实施过程中的双边道德风险问题，并且不同的收益分配原则也会影响交易双方付出的努力程度。可见，涉及收益分配原则的合约设计，可能会影响到双方选择的最优努力水平，所以应该如何设计分配合约是风险投资所关注的问题。(2) 根据企业家受有限责任保护的假设条件，由于自然状态的不可控制性，项目产出 $R=R_{\varepsilon}+c\sqrt{LK}$ 服从正态分布。当 $R\leqslant 0$ 时，意味着项目失败，企业家收益为 0，风险投资机构也无法获得收益；而当 $R\leqslant F+g_{en}(L)+g_{vc}(K)$ 时，即社会剩余 $S\leqslant 0$ 时，项目也是失败的。本章关注的重点是具有盈利前景的风险投资项目，即 $R>F+g_{en}(L)+g_{vc}(K)$ 时，创业企业家和风险投资机构之间的最优合约设计问题。特别是项目成功时的收益分配问题，也是创业企业和风险投资机构在项目初始阶段应当明确缔约的内容。此外，这里的自然状态的功能在于，除了创业企业和风险投资机构的努力水平能够影响项目产出之外，自然状态也是影响项目产出的随机因素，其形成了创业企业和风险投资者之间存在双边道德风险的情境条件基础。故而，本章在接下来的分析中，将重点关注二者在项目成功时关于收益分配的最优合约设计问题，这也是创业企业和风险投资者在项目合作谈判过程中需要明确的最为核心的问题。

本章的风险投资假设情境对 Tirole(2001, 2006)普通企业融资的固定投资模型的延续与扩展，强调了创业企业与风险投资机构之间的两个显著性特征关系，即二者之间存在着双边道德风险问题，以及无论是创业企业还是风险投资机构均具有一定的讨价还价能力。正是考虑到这些特征，本章接下来尝试引入纳什程序的讨价还价模型来构建风险投资中的合约设计问题。

2.2　融资的讨价还价模型

由于假设创业企业是风险中性的，因此其在付出努力水平 L，且按照合约在项目结束后分得收益 R_{en} 时，得到的效用为：

$$U_1(R_{en})=R_{en}-g_{en}(L)$$

而创业企业家的保留效用（或谈判威胁点）为：

$$\bar{U}_1=0$$

风险中性的风险投资机构在付出努力水平 K，且依据合约在项目结束后分得收益 R_{vc} 时，获得的效用为：

$$U_2(R_{vc})=R-R_{en}-g_{vc}(K)$$

而风险投资机构的保留效用为：

$$\bar{U}_2=F$$

综上，创业企业家获得的剩余（净效用）S_{en} 为：

$$S_{en}=U_1(R_{en})-\bar{U}_1=R_{en}-g_{en}(L)$$

风险投资机构获得的剩余（净效用）S_{vc} 为：

$$S_{vc}=U_2(R_{vc})-\bar{U}_2=R-R_{en}-g_{vc}(K)-F$$

总的社会剩余 S 为：

$$S=R-g_{en}(L)-g_{vc}(K)-F$$

由于创业企业家和风险投资机构的讨价还价能力分别为 α、$1-\alpha$，因此得到纳什程序的讨价还价博弈模型：

$$\max_{R_{en}\mid(L,K)}[U_1(R_{en})-\bar{U}_1]^{\alpha}[U_2(R_{vc})-\bar{U}_2]^{1-\alpha}$$

将相应的表达式代入上式，即有：

$$\max_{R_{en}|(L,K)}[R_{en}-g_{en}(K)]^{\alpha}[R-R_{en}-g_{vc}(K)-F]^{1-\alpha} \tag{3}$$

在上式中，通过最大化纳什积联合效用对[①]，构建了纳什程序的讨价还价博弈模型。运用逆向归纳法的思想，该博弈模型的讨价还价解得出了基于实际努力水平(L, K)，以及在最终项目可观测的产出结果下，企业家得到收益R_{en}，那么风险投资机构得到$R_{vc}=R-R_{en}$，即基于讨价还价解，得到了融资合约的分配方式。然后，根据讨价还价解，可以进一步分析创业企业和风险投资机构实际付出努力水平的博弈均衡解。因此，基于讨价还价模型，可以设定风险投资的基本融资合约形式。

本章关注的是$0<\alpha<1$的情形，该情形意味着交易双方均具有一定的讨价还价能力，这与创业企业和风险投资机构之间存在双边道德风险的情境条件相契合。需要指出的是，讨价还价博弈模型实质上是在交易双方均具有一定讨价还价能力情形下对社会剩余的分配，即本章的讨价还价博弈模型考察项目成功时（社会剩余大于零）的收益分配模式。当$\alpha=0$或1时，只有交易中的某一方具有完全的讨价还价能力，该模型退化为经典的委托代理模型中的最大化委托人的（期望）效用的目标函数。此外，这里的纳什讨价还价模型并未对企业家和风险投资机构的净效用分别取期望，是一种更直观的建模，因为最终的产出由自然状态和双方的努力水平决定，是可观测的。以可观测的最终产出作为合约分配的对象，就更直观和具有现实性。当然，在下文中也可以看出，如果对企业家和风险投资机构的净效用分别取期望，也并不改变博弈均衡解，但关于收益分配的结果就具有了统计学上的期望意义，即按照（对自然状况）期望产出进行分配。当$\alpha=0.5$时，非对称的讨价还价博弈退化为对称的讨价还价博弈。

2.3 融资合约基本形式

融资合约基本形式可以通过讨价还价模型式(3)进行推导设定。对于任意的努力水平(L, K)，求出对于努力水平(L, K)下使得目标函数最大化的最优值R_{en}，即求出下面的最优化问题的纳什讨价还价解：

---

① Osborne and Rubinstein(1994)就纳什程序的讨价还价博弈模型为什么用“积”来表示联合效用函数，给出了三点阐述：首先，经济学家将其视为一种技术手段；其次，把“局中人的利益均等”和“整体利益”达到帕累托最优这两个看似对立的事情自然地融合在一起；最后，从确定解的唯一性方面具有更好的性质。

$$\max_{R_{en}}[R_{en}-g_{en}(L)]^{\alpha}[R-R_{en}-g_{vc}(K)-F]^{1-\alpha}$$

基于上式目标函数的一阶条件，可以得到 R_{en} 满足：

$$\begin{cases}R_{en}=\alpha S_T(L, K)+g_{en}(L)\\R_{vc}=R-R_{en}=(1-\alpha)S_T(L, K)+F+g_{vc}(K)\end{cases}\tag{4}$$

其中，$S(L, K)=R-F-g_{en}(L)-g_{vc}(K)=R_{\varepsilon}+c\sqrt{LK}-F\frac{L^2}{2\eta}-\frac{K^2}{2\theta}$ 表示项目结束后的总社会剩余。[①] 即按照讨价还价分析框架式(4)，企业家和风险投资机构的最后收益均分别由两部分构成：成本补偿和社会剩余的分配份额。具体而言，企业家获得的收益包括：付出努力水平 L 的努力成本补偿 $g_{en}(L)=\frac{L^2}{2\eta}$、按照其讨价还价能力获得的社会剩余份额 $\alpha S(L, K)$；风险投资机构获得的收益包括：补偿初始资金投入 F 与付出努力水平 K 的努力成本补偿 $g_{vc}(K)=\frac{K^2}{2\eta}$、按照其讨价还价能力获得的社会剩余份额 $(1-\alpha)S(L, K)$。

但是，在风险投资市场中，创业企业家和风险投资机构之间存在着双边道德风险问题，即二者之间的努力水平不可观测、不可证实。项目的最终产出及交易双方的初始投入是可观测、可证实的，但是存在着这样的问题需要解决：创业企业家和风险投资机构的实际努力水平无法观测、不可证实，他们各自付出的努力成本如何补偿及如何分配社会剩余呢？在本章中，我们提出了条件社会剩余的定义来应对这一问题，即假设在合约中设

---

① 在完全信息下，由于努力水平可观测、可证实，企业家和风险投资机构的努力成本可以分别按照各自的实际努力水平进行补偿，企业家和风险投资机构的实际努力水平必然满足下面的最优化问题：

$$\max_{L, K}\gamma S_T(L, K)=\gamma\left(R_{\varepsilon}+c\sqrt{LK}-F-\frac{L^2}{2\eta}-\frac{K^2}{2\theta}\right)$$

其中，$\gamma=\alpha^{\alpha}(1-\alpha)^{(1-\alpha)}$ 为常数。$S(L, K)$ 的经济学含义是扣除企业家和风险投资机构各自的初始资金投入和努力成本之后的社会总剩余，因此这里是求解使得社会总剩余最大化的努力水平。由其一阶条件，解得最优努力水平为：

$$\begin{cases}L^*=\frac{c}{2}\theta^{\frac{1}{4}}\eta^{\frac{3}{4}}\\K^*=\frac{c}{2}\theta^{\frac{3}{4}}\eta^{\frac{1}{4}}\end{cases}$$

下文的博弈均衡求解章节将详细探讨完全信息的情形，其可以作为本章双边道德风险情形的一个对比参照点。

定创业企业家按照某一固定努力水平 $\hat{L}$ 的成本补偿 $g_{en}(\hat{L})$，风险投资机构按照某一固定努力水平 $\hat{K}$ 的成本补偿 $g_{vc}(\hat{K})$，在最终产出中分别扣除创业企业家的固定成本补偿 $g_{en}(\hat{L})$ 和风险投资机构的初始资金投入 F，固定成本补偿 $g_{vc}(\hat{K})$ 之后的剩余部分，再按照固定比例分配，而这个剩余部分就被称为条件社会剩余。

定义 1 条件社会剩余

从最终产出中扣除风险投资机构初始资金投入及二者分别在某一固定的努力水平 $(\hat{L}, \hat{K})$ 下的努力成本之后的剩余部分，称为在努力水平 $(\hat{L}, \hat{K})$ 下的条件社会剩余，即：

$$S[(L, K) \mid (\hat{L}, \hat{K})] = R - F - g_{en}(\hat{L}) - g_{vc}(\hat{K})$$

当创业企业家和风险投资机构的实际努力水平与合约中设定的固定努力水平分别相等，记为 $(L, K) = (\hat{L}, \hat{K})$，即 $L = \hat{L}$、$K = \hat{K}$ 时，实际社会剩余 $S(L, K)$ 与条件社会剩余 $S[(L, K) \mid (\hat{L}, \hat{K})]$ 是相等的。

因此，基于讨价还价分析框架推导出的式(4)及条件社会剩余的定义，这里以推论的形式给出创业企业家与风险投资机构之间的融资合约的基本形式。

推论 1 创业企业家与风险投资机构之间的融资合约基本形式为：

$$\begin{cases} R_{en} = g_{en}(\hat{L}) + \alpha S[(L, K) \mid (\hat{L}, \hat{K})] \\ R_{vc} = R - R_{en} = F + g_{vc}(\hat{K}) + (1-\alpha) S[(L, K) \mid (\hat{L}, \hat{K})] \end{cases}$$

其中，$g_{en}(\hat{L})$、$g_{vc}(\hat{K})$ 分别是合约中约定的给予创业企业家和风险投资机构的努力成本补偿。

推论 1 表明，创业企业家获得的收益 R_{en} 包括两部分：按照某一固定努力水平 $\hat{L}$ 的成本补偿 $g_{en}(\hat{L})$、按照其讨价还价能力获得的条件社会剩余份额 $\alpha S[(L, K) \mid (\hat{L}, \hat{K})]$；风险投资机构获得的收益也包括两部分：初始资金投入 F、按照某一固定努力水平 $\hat{K}$ 的成本补偿 $g_{vc}(\hat{K})$，以及按照其讨价还价能力获得的条件社会剩余份额 $(1-\alpha) S[(L, K) \mid (\hat{L}, \hat{K})]$。其中，$L$ 和 K 分别表示创业企业家和风险投资机构的实际努力水平。

由此可以给出推论 1 所展示的创业企业与风险投资机构之间融资合约基本形式的另一种更直观的等价形式。

命题 1 创业企业家与风险投资机构之间的融资合约基本形式为：

$$\begin{cases} R_{en}(R, \hat{L}, \hat{K}) = -T(\hat{L}, \hat{K}) + \alpha R \\ R_{vc}(R, \hat{L}, \hat{K}) = T(\hat{L}, \hat{K}) + (1-\alpha)R \end{cases}$$

其中，$T(\hat{L}, \hat{K}) = \alpha F - (1-\alpha) g_{en}(\hat{L}) + \alpha g_{vc}(\hat{K})$，$g_{en}(\hat{L})$、$g_{vc}(\hat{K})$ 分别是合约中约定的给予企业家和风险投资机构的努力成本补偿。

命题 1 展示了创业企业家和风险投资机构之间融资合约的构成要件，即融资合约主要包含两部分：第一部分是固定的转移支付 $T(\hat{L}, \hat{K})$，创业企业家获得 $-T(\hat{L}, \hat{K})$，风险投资机构获得 $T(\hat{L}, \hat{K})$；第二部分是收益分成部分，对最终产出 R 进行分配，创业企业家获得的份额为 αR，风险投资机构获得的份额为$(1-\alpha)R$。

项目产出 R 取决于自然状态 ε，以及创业企业家与风险投资机构在创业过程中实际的努力水平 L、K，这些因素通过影响产出来影响分配结果。因此，ε、L、K 是合约分配结果的条件变量，风险投资合约的基本形式记为：

$$[(R_{en}(R, \hat{L}, \hat{K}); R_{vc}(R, \hat{L}, \hat{K})) \mid (\varepsilon, L, K)]$$

融资合约提出了一种收益分配的基本模式：对于任意前定发生的 ε、L、K，合约体现了基于最终可观测的产出结果 R 的分配方式，这种分配包含了对创业企业家和风险投资机构分别给予某一设定的固定努力水平$(\hat{L}, \hat{K})$下的成本补偿 $g_{en}(\hat{L})$、$g_{vc}(\hat{K})$。考虑到自然状态 ε 的不可观测性，以及且完全外生于创业企业家和风险投资机构的努力行为实际上也体现在固定转移支付 $T(\hat{L}, \hat{K})$中，可以将风险投资合约简记①为：

$$[(R_{en}(R, \hat{L}, \hat{K}); R_{vc}(R, \hat{L}, \hat{K})) \mid (L, K)] \tag{5}$$

3　博弈均衡与最优合约

命题 1 给出了风险投资合约的基本形式，首先是基于项目的可观测产出 R 来按照固定比例分配，其次还包含了一方对另一方的固定转移支付。但是，在风险投资合约的基本形式下，还需考虑创业企业家和风险投资机构如何行动，以及如何影响双边道德风险问题，即衍生出问题 1。

---

① 实际上，自然状态 ε 的主要作用就是提供了产出不可观测的有效随机冲击。从下文中可以看出，通过最优合约结果，包括实际的最优努力水平及最终的产出，可以计算出随机冲击 ε。因此，在融资合约中，可以不关注自然状态 ε。

问题 1　在命题 1 的融资合约基本形式中,创业企业家和风险投资机构实际努力水平(L, K)是否存在博弈均衡情形的最优解?

命题 1 将作用于项目产出效益,进而影响到双方的收益分配结果。即使是产出确定时融资合约中的固定转移支付的不同约定,也会影响到双方的收益分配结果,即衍生出问题 2。

问题 2　在合约协议中,转移支付 $T(\widehat{L}, \widehat{K})$应该如何设定,以及其边界范围是什么?

在命题 1 的融资合约基本形式下,问题 1 和问题 2 分别关注项目产出结果和转移支付的问题,是对最优合约结果的回答,接下来则需关注涉及最优合约性质的问题 3。

问题 3　针对风险投资中存在的双边道德风险问题,命题 1 的融资合约基本形式的最优合约及其性质与经济学含义是什么?

这三个问题也就构成本节的最优合约的求解及其性质分析的重要内容。

3.1　参考点:完全信息下的均衡

在回答上述三个问题之前,先探讨完全信息情形,作为本章双边道德风险情形的一个对比参照点。

在完全信息下,由于努力水平可观测,在合约中规定$(L, K)=(\widehat{L}, \widehat{K})$,融资合约进一步记为:

$$[(R_{en}(R, \widehat{L}, \widehat{K});\ R_{vc}(R, \widehat{L}, \widehat{K})) \mid (\widehat{L}, \widehat{K})] \tag{6}$$

那么,最优合约可以直接通过讨价还价模型式(4)推导出。该问题的求解可分为两个阶段:第一阶段给定任意的努力水平$(\widehat{L}, \widehat{K})$,求出对于努力水平$(\widehat{L}, \widehat{K})$下使得目标函数最大化的最优值 $R_{en}^{*}(\widehat{L}, \widehat{K})$,即求解出纳什讨价还价解;第二阶段求解出使得最优值 $R_{en}^{*}(\widehat{L}, \widehat{K})$满足的最优努力水平 L^{*}、K^{*},该最优努力水平由交易双方博弈的纳什均衡解确定。

第一阶段:对于任何给定的努力水平 $\widehat{L}$、$\widehat{K}$,求解 R_{en} 使得最优化问题成立:

$$\max_{R_{en}}\left[R_{en}-\frac{\widehat{L}^{2}}{2\eta}\right]^{\alpha}\left[R_{\varepsilon}+c\sqrt{\widehat{L}\widehat{K}}-R_{en}-F-\frac{\widehat{K}^{2}}{2\theta}\right]^{1-\alpha} \tag{7}$$

$$R_{en}^{*}-\frac{\widehat{L}^{2}}{2\eta}=\alpha\left(R_{\varepsilon}-F+c\sqrt{\widehat{L}\widehat{K}}-\frac{\widehat{L}^{2}}{2\eta}-\frac{\widehat{K}^{2}}{2\theta}\right) \tag{8}$$

基于上式目标函数的一阶条件，可以得到 R_{en}^* 满足：

$$R - R_{en}^* - F - \frac{\hat{K}^2}{2\theta} = (1-\alpha)\left(R_\varepsilon - F + c\sqrt{\hat{L}\hat{K}} - \frac{\hat{L}^2}{2\eta} - \frac{\hat{K}^2}{2\theta}\right) \quad (9)$$

第二阶段：求解最优的努力水平。将(8)(9)式带入(7)式，上述最优化问题变为：

$$\max_{\hat{L},\hat{K}} \gamma L = c\left(R_\varepsilon - F + c\sqrt{\hat{L}\hat{K}} - \frac{\hat{L}^2}{2\eta} - \frac{\hat{K}^2}{2\theta}\right) \quad (10)$$

其中，$\gamma = \alpha^\alpha(1-\alpha)^{(1-\alpha)}$ 为常数。L 的经济学含义是扣除企业家和风险投资机构各自的初始资金投入和努力成本之后的社会总剩余，因此这里是求解使得社会总剩余最大化的努力水平。

由一阶条件，上式最优化问题是下列联立方程组的解：

$$\begin{cases} \dfrac{\partial L}{\partial \hat{L}} = \dfrac{c}{2}\sqrt{\dfrac{\hat{K}}{\hat{L}}} - \dfrac{\hat{L}}{\eta} = 0 \\ \dfrac{\partial L}{\partial \hat{K}} = \dfrac{c}{2}\sqrt{\dfrac{\hat{L}}{\hat{K}}} - \dfrac{\hat{K}}{\theta} = 0 \end{cases} \quad (11)$$

解得最优努力水平为：

$$\begin{cases} L^* = \dfrac{c}{2}\theta^{\frac{1}{4}}\eta^{\frac{3}{4}} \\ K^* = \dfrac{c}{2}\theta^{\frac{3}{4}}\eta^{\frac{1}{4}} \end{cases} \quad (12)$$

即此时创业企业和风险投资机构获得的社会剩余 S_{en}、S_{vc} 分别为：

$$S_{en}(e^*) = R_{en}^* - \frac{L^{*2}}{2\eta} = \alpha\left(R_\varepsilon + c\sqrt{L^*K^*} - F - \frac{L^{*2}}{2\eta} - \frac{K^{*2}}{2\theta}\right) \quad (13)$$

$$\begin{aligned} S_{vc}(L^*, K^*) &= R_{vc}^* - F - \frac{K^{*2}}{2\theta} \\ &= (1-\alpha)\left(R_\varepsilon + c\sqrt{L^*K^*} - F - \frac{L^{*2}}{2\eta} - \frac{K^{*2}}{2\theta}\right) \end{aligned} \quad (14)$$

这意味着，在完全信息情形下，创业企业家和风险投资机构分别采取

最优努力水平 L^*、K^* 时，社会总剩余达到最大化。最优融资合约是在分别补偿创业企业家和风险投资者的初始资金投入和相应努力成本之后，对社会总剩余按比例分配。创业企业家和风险投资机构获得社会总剩余的比例分别为 α、$(1-\alpha)$ 时，该融资合约是帕累托有效率的。此时，社会总剩余为 $S_T(L^*, K^*)=R_\varepsilon+c\sqrt{L^*K^*}-F-\frac{L^{*2}}{2\eta}-\frac{K^{*2}}{2\theta}=R_\varepsilon-F+\frac{c^2}{4}\theta^{\frac{1}{2}}\eta^{\frac{1}{2}}$；创业企业得到的社会剩余为 $S_{en}(L^*, K^*)=\alpha S_T(L^*, K^*)$；风险投资家得到的社会剩余为 $S_{vc}(L^*, K^*)=(1-\alpha)S_T(L^*, K^*)$。

因此，在信息对称的情境中，最优融资合约为：

$$[(R_{en}(R, L^*, K^*);\ R_{vc}(R, L^*, K^*))\mid(L^*, K^*)] \tag{15}$$

其中，

$$\begin{cases} R_{en}^*=\alpha S_T(L^*, K^*)+\dfrac{L^{*2}}{2\eta} \\ \quad=\alpha R_\varepsilon+\left(\dfrac{1}{8}+\dfrac{\alpha}{4}\right)\theta^{\frac{1}{2}}\eta^{\frac{1}{2}}c^2-\alpha F \\ R_{vc}^*=(1-\alpha)S_T(L^*, K^*)+F+\dfrac{K^{*2}}{2\theta} \\ \quad=(1-\alpha)R_\varepsilon+\left(\dfrac{3}{8}-\dfrac{\alpha}{4}\right)\theta^{\frac{1}{2}}\eta^{\frac{1}{2}}c^2+\alpha F \\ L^*=\dfrac{c}{2}\theta^{\frac{1}{4}}\eta^{\frac{3}{4}} \\ K^*=\dfrac{c}{2}\theta^{\frac{3}{4}}\eta^{\frac{1}{4}} \end{cases} \tag{16}$$

这表明，对于完全信息情形，在最终的项目收益分配中，创业企业家和风险投资机构的收益均由成本补偿和社会剩余分配两部分构成。具体而言，创业企业家的收益由成本补偿 $\frac{L^{*2}}{2\eta}$ 与总社会剩余 $S_T(L^*, K^*)$ 的 α 比例的份额组成；风险投资机构的收益由成本补偿 $F+\frac{K^{*2}}{2\theta}$ 与社会总剩余 $S_T(L^*, K^*)$ 的 $1-\alpha$ 比例的份额组成。在完全信息的情形下，创业企业家和风险投资机构的努力水平是可观察、可证实的，最优融资合约既包括给予交易双方相应的成本补偿，又包括对社会总剩余按固定比例进行剩余分配。

3.2　关注点:双边道德风险下的均衡

接下来,我们正式关注具有双边道德风险的风险投资合约设计的博弈均衡问题。下面的命题将回答问题 1,即讨论创业企业家和风险投资机构的实际努力水平(L, K)的博弈均衡问题,以及其与合约约定中努力成本补偿$g_{en}(\hat{L})$、$g_{vc}(\hat{K})$的独立性。

命题 2　对于双边道德风险情境,在命题 1 的融资合约基本形式下,创业企业家与风险投资机构的最优努力水平为:

$$\begin{cases}\widetilde{L}=\dfrac{c}{2[(1-\alpha)\theta]^{\frac{1}{4}}(\alpha\eta)^{\frac{3}{4}}}=(1-\alpha)^{\frac{1}{4}}(\alpha)^{\frac{3}{4}}L^{*}\\ \widetilde{K}=\dfrac{c}{2[(1-\alpha)\theta]^{\frac{3}{4}}(\alpha\eta)^{\frac{1}{4}}}=(1-\alpha)^{\frac{3}{4}}(\alpha)^{\frac{1}{4}}K^{*}\end{cases}$$

其中,完全信息情境下的最优努力水平如下:

$$\begin{cases}L^{*}=\dfrac{c}{2}\theta^{\frac{1}{4}}\eta^{\frac{3}{4}}\\ K^{*}=\dfrac{c}{2}\theta^{\frac{3}{4}}\eta^{\frac{1}{4}}\end{cases}$$

下面分两种方法来证明上述命题。证明方法之一,是借鉴古诺模型的均衡思想,分别构建交易双方的反应函数,求解出各自的最优努力水平。证明过程如下:

证明　根据命题 1 所示的融资合约基本形式,合约设定的固定努力水平为$(\hat{L}, \hat{K})$。对于任意的努力水平 L、K,创业企业家将得到:

$$R_{en}=\alpha S[(L, K)\mid(\hat{L},\hat{K})]+\frac{\hat{L}^{2}}{2\eta}$$

创业企业家此时的努力成本为:

$$g_{en}(L)=\frac{L^{2}}{2\eta}$$

创业企业家得到的社会剩余为:

$$R_{en}-g_{en}(L)=\alpha S[(L, K)\mid(\hat{L}, \hat{K})]+\frac{\hat{L}^{2}}{2\eta}-\frac{L^{2}}{2\eta}$$

同理,风险投资机构在此情形下获得的社会剩余为:

$$R_{vc}-F-g_{vc}(K)=(1-\alpha)S[(L,K)\mid(\hat{L},\hat{K})]+\frac{\hat{K}^2}{2\theta}-\frac{K^2}{2\theta}$$

因此,理性的创业企业家和风险投资机构都会分别选取使得自己所获得的社会剩余最大化的努力水平 $\widetilde{L}$、$\widetilde{K}$,即:

$$\begin{cases}\widetilde{L}=arg\max\limits_{L}\alpha S[(L,K)\mid(\hat{L},\hat{K})]+\dfrac{\hat{L}^2}{2\eta}-\dfrac{L^2}{2\eta},\forall K\\ \widetilde{K}=arg\max\limits_{K}(1-\alpha)S[(L,K)\mid(\hat{L},\hat{K})]+\dfrac{\hat{K}^2}{2\theta}-\dfrac{K^2}{2\theta},\forall L\end{cases}$$

由其一阶条件,可以求得均衡解:

$$\begin{cases}\widetilde{L}=\dfrac{c}{2}[(1-\alpha)\theta]^{\frac{1}{4}}(\alpha\eta)^{\frac{3}{4}}=(1-\alpha)^{\frac{1}{4}}(\alpha)^{\frac{3}{4}}L^*\\ \widetilde{K}=\dfrac{c}{2}[(1-\alpha)\theta]^{\frac{3}{4}}(\alpha\eta)^{\frac{1}{4}}=(1-\alpha)^{\frac{3}{4}}(\alpha)^{\frac{1}{4}}K^*\end{cases}$$

即得证。

证明方法之二,是基于经济学直觉,将交易双方各自努力的经济效应分解为两部分:收入效应和替代效应。理性的经济人会权衡使得自己的收入效应与替代效应综合最大化的努力水平,即努力的均衡状态。证明过程如下:

证明 对于双边道德风险的情形,当创业企业家(或风险投资机构)采取低于 $\hat{L}$(或 $\hat{K}$)的努力水平时,一方面会导致条件社会剩余 $S((L,K)\mid(\hat{L},\hat{K})$ 的减小,这一损失由双方共同承担;另一方面,创业企业家(或风险投资机构)的努力成本也相应降低,这一收益由努力不足的创业企业家(或风险投资机构)享有。因此,在创业企业家和风险投资机构的努力水平不可观察的情形下,创业企业家和风险投资机构在付出的努力水平的选择上可能是采取低于完全信息情境下最优努力水平的"搭便车"行为。

由于存在道德风险问题,对于采取任意的努力水平 L,基于推论 1,创业企业将得到:

$$R_{en}=g_{en}(\hat{L})+\alpha S[(L,K)\mid(\hat{L},\hat{K})] \tag{17}$$

对于创业企业家而言,当采取低于合约规定的努力水平 $\hat{L}$ 的实际努力水平 L 时,虽然使得条件社会剩余 $S[(L,K)\mid(\hat{L},\hat{K})]$ 减少,进而导致创业企业家分得的份额降低,是一种"偷懒的惩罚",但是实际付出努力水平 L 却得到了更高的 $\hat{L}$ 的努力成本补偿,实质上是一种"偷懒的补贴"。

当创业企业采取高于合约规定的努力水平 $\hat{L}$ 的实际努力水平 L 时，会使得条件社会剩余 $S[(L, K) \mid (\hat{L}, \hat{K})]$ 增加，进而导致企业家分得份额增加，是一种“勤奋的补贴”；但是，实际付出的努力水平 L 却得到了更低的 $\hat{L}$ 的努力成本补偿，实质上是一种“勤奋的惩罚”。因此，创业企业家会在“偷懒”的得失与“勤奋”的得失之间权衡，当“偷懒”优于“勤奋”时，其采取实际努力水平 L 低于合约规定的努力水平 $\hat{L}$ 是因具有激励性而发生的。

实际上，创业企业家和风险投资机构的实际努力水平 L、K 对合约规定的努力水平 $\hat{L}$、$\hat{K}$ 的偏离，即无论努力不足（实际努力水平低于合约规定的努力水平）还是努力过度（实际努力水平高于合约规定的努力水平），都会产生这两种影响方向相反的效应：

（1）收入效应 Δinc：当创业企业家（或风险投资机构）努力不足时，会导致条件社会剩余的减少，造成了自己获得的相应份额的降低；而努力过度时，会导致条件社会剩余的增加，获得的相应份额也会增加。其中，对于风险投资机构任意的努力水平，创业企业家实际努力水平 L 对合约规定的努力水平 $\hat{L}$ 的偏离所产生的收入效应为 $\Delta inc_{en} = \alpha c(\sqrt{LK} - \sqrt{\hat{L}K})$；对于创业企业任意的努力水平，风险投资机构努力不足（过度）所产生的收入效应为 $\Delta inc_{vc} = (1-\alpha)c(\sqrt{LK} - \sqrt{L\hat{K}})$。

（2）替代效应 Δsub：当创业企业家（或风险投资机构）努力不足时，实际努力水平低于合约规定的努力水平，但其却得到合约规定的努力水平的努力成本的补偿，出现了努力成本补偿过度；当创业企业家（或风险投资机构）努力过度时，实际努力水平高于合约规定的努力水平，但其却只得到合约规定的努力水平的努力成本的补偿，出现了努力成本补偿不足。其中，创业企业家获得的替代效应为 $\Delta sub_{en} = \frac{1}{2\eta}\hat{L}^2 - \frac{1}{2\eta}L^2$，投资者获得的替代效应为 $\Delta sub_{vc} = \frac{1}{2\theta}\hat{K}^2 - \frac{1}{2\theta}K^2$。

因此，创业企业家和风险投资机构在决定实际的努力水平时，会综合权衡收入效应和替代效应。理性的创业企业家和风险投资机构都会分别选取使得自己的收入效应与替代效应之和 $\Delta inc_{en} + \Delta sub_{en}$、$\Delta inc_{vc} + \Delta sub_{vc}$ 最大化的努力水平 $\tilde{L}$、$\tilde{K}$，即：

$$
\begin{cases}
\tilde{L} = arg\max\limits_{L} \alpha c(\sqrt{LK} - \sqrt{\hat{L}K}) + \frac{1}{2\eta}\hat{L}^2 - \frac{1}{2\eta}L^2, \forall K \\
\tilde{K} = arg\max\limits_{K} (1-\alpha)c(\sqrt{LK} - \sqrt{L\hat{K}}) + \frac{1}{2\theta}\hat{K}^2 - \frac{1}{2\theta}K^2, \forall L
\end{cases}
\tag{18}
$$

由其一阶条件构成方程组，解得博弈均衡解：

$$\begin{cases}\widetilde{L}=\dfrac{c}{2}[(1-\alpha)\theta]^{\frac{1}{4}}(\alpha\eta)^{\frac{3}{4}}=(1-\alpha)^{\frac{1}{4}}(\alpha)^{\frac{3}{4}}L^{*}\\ \widetilde{K}=\dfrac{c}{2}[(1-\alpha)\theta]^{\frac{3}{4}}(\alpha\eta)^{\frac{1}{4}}=(1-\alpha)^{\frac{3}{4}}(\alpha)^{\frac{1}{4}}K^{*}\end{cases}$$

因此，在双边道德风险情境下，创业企业家和风险投资机构分别采取的努力水平 $\widetilde{L}$、$\widetilde{K}$ 是博弈均衡的，且该博弈均衡解与合约设定的固定努力水平$(\widehat{L}, \widehat{K})$无关。这意味着在合约协议中，创业企业家与风险投资机构一致同意的固定努力水平$(\widehat{L}, \widehat{K})$可以根据其他需要设定，也就是说给予创业企业家和风险投资机构的努力成本补偿 $g_{en}(\widehat{L})$、$g_{vc}(\widehat{K})$的不同设定结果，并不会对实际努力水平(L, K)的博弈均衡解产生影响。

推论 2 创业企业家和风险投资机构分别采取最优努力水平$(\widetilde{L}, \widetilde{K})$时的产出与合约分配结果为：

(1) 项目的产出：

$$R=R(\widetilde{L}, \widetilde{K})=R_{\varepsilon}+\frac{c^{2}}{2}[\theta\eta(1-\alpha)\alpha]^{\frac{1}{2}}$$

(2) 项目中创造的总社会剩余：

$$S(\widetilde{L}, \widetilde{K})=R_{\varepsilon}+\frac{3c^{2}}{8}[\theta\eta(1-\alpha)\alpha]^{\frac{1}{2}}-F$$

(3) 创业企业和风险投资机构分别获得的收益：

$$\begin{cases}R_{en}(R, \widehat{L}, \widehat{K})=-T(\widehat{L}, \widehat{K})+\alpha R(\widetilde{L}, \widetilde{K})\\ R_{vc}(R, \widehat{L}, \widehat{K})=T(\widehat{L}, \widehat{K})+(1-\alpha)R(\widetilde{L}, \widetilde{K})\end{cases}$$

(4) 创业企业家和风险投资机构分别获得的社会剩余：

$$\begin{cases}S_{en}(R, \widehat{L}, \widehat{K})=\alpha S(\widetilde{L}, \widetilde{K})-T(\widehat{L}, \widehat{K})+T(\widetilde{L}, \widetilde{K})\\ S_{vc}(R, \widehat{L}, \widehat{K})=(1-\alpha)S(\widetilde{L}, \widetilde{K})+T(\widehat{L}, \widehat{K})-T(\widetilde{L}, \widetilde{K})\end{cases}$$

证明 由命题 2，即可证明上述结论。

3.3 可行合约的边界

接下来探讨问题 2，即在合约协议中，转移支付 $T(\widehat{L}, \widehat{K})$的边界问题。但是，在讨论边界问题之前，我们先分析几种特殊情形的转移支付结果。

推论 3 在合约协议中，若设定 $(\widehat{L}, \widehat{K})=(\widetilde{L}, \widetilde{K})$，即对创业企业家

和风险投资机构分别按照双边道德风险情境下的最优努力水平$(\widetilde{L}, \widetilde{K})$进行固定努力成本补偿，则转移支付 $T(\widetilde{L}, \widetilde{K})=\alpha F$；若设定$(\widehat{L}, \widehat{K})=(0, 0)$，即对创业企业家和风险投资者均不给予固定成本的补偿，则转移支付 $T(0, 0)=\alpha F$；若设定$(\widehat{L}, \widehat{K})=(L^*, K^*)$，即对创业企业家和风险投资机构分别按照完全信息情境下的最优努力水平(L^*, K^*)进行固定努力成本补偿，则转移支付 $T(L^*, K^*)=\alpha F+(2\alpha-1)\dfrac{c^2}{8}\theta^{\frac{1}{2}}\eta^{\frac{1}{2}}$。

证明　由命题 1 对 $T(\widetilde{L}, \widetilde{K})$表达式的定义，即可得证。

推论 4　在命题 1 所示的合约协议中，若转移支付 $T(\widehat{L}, \widehat{K})=\alpha F$，则创业企业家和风险投资机构分别获得的社会剩余为：

$$\begin{cases} S_{en}(R, \widehat{L}, \widehat{K})=\alpha S(\widetilde{L}, \widetilde{K}) \\ S_{vc}(R, \widehat{L}, \widehat{K})=(1-\alpha)S(\widetilde{L}, \widetilde{K}) \end{cases}$$

其中，$S(\widetilde{L}, \widetilde{K})=R-F-g_{en}(\widetilde{L})-g_{vc}(\widetilde{K})=R_\varepsilon+\dfrac{3c^2}{8}[\theta\eta(1-\alpha)\alpha]^{\frac{1}{2}}-F$ 为总的社会剩余。

证明　由命题 1、命题 2 和推论 2 的结论，即可得证。

其实，若在合约协议中设定$(\widehat{L}, \widehat{K})=(\widetilde{L}, \widetilde{K})$，即对创业企业家和风险投资机构分别按照双边道德风险情境下的最优努力水平$(\widetilde{L}, \widetilde{K})$进行成本补偿，则此时条件社会剩余与实际社会剩余相等，是一种公平①的合约形式。尽管合约公平与否并不影响合约效率，但是由推论 2、推论 3 和推论 4 也可以看出，若在合约协议中约定转移支付 $T(\widehat{L}, \widehat{K})=\alpha F$，则对应的条件社会剩余与实际社会剩余相等，均实现了公平合约的结果。

更为具体地，接下来将给出 $T(\widehat{L}, \widehat{K})$的边界范围的命题。

命题 3　在命题 1 所示的合约协议中，创业企业家与风险投资机构之间的转移支付 $T(\widehat{L}, \widehat{K})$的边界为：

$$\alpha F-(1-\alpha)S(\widetilde{L}, \widetilde{K})<T(\widehat{L}, \widehat{K})<\alpha F+\alpha S(\widetilde{L}, \widetilde{K})$$

---

① 根据推论 1 中创业企业家和风险投资者之间的融资合约基本形式，交易双方按照合约内容获得的收益包括两部分：按照固定努力水平给予成本补偿、按照固定比例对条件社会剩余进行分配。当条件社会剩余等于实际社会剩余时，交易合约的公平性体现在，各自固定成本补偿刚好等于各自的实际努力成本和初始投资成本之和（对创业企业家按照实际努力成本补偿；对风险投资者按照实际努力成本和初始投资 F 之和补偿）。因此，此处的"公平"体现了交易双方之间转移支付的公平性，是对双方真实的成本的补偿。因此，这种"公平"仅仅体现在对双方的实际成本补偿的角度上。

其中，$S(\widetilde{L},\widetilde{K})=R-F-g_{en}(\widetilde{L})-g_{vc}(\widetilde{K})=R_{\varepsilon}+\frac{3c^2}{8}[\theta\eta(1-\alpha)\alpha]^{\frac{1}{2}}-F>0$ 为总的社会剩余。

证明 由 $S(\widetilde{L},\widetilde{K})>0$ 及命题 1 所给出的融资合约基本形式可知，转移支付 $T(\hat{L},\hat{K})$必然使得企业家和风险投资机构所获得的社会剩余大于 0，即由推论 2 可得：

$$\begin{cases}S_{en}(R,\hat{L},\hat{K})=\alpha S(\widetilde{L},\widetilde{K})-T(\hat{L},\hat{K})+T(\widetilde{L},\widetilde{K})>0\\S_{vc}(R,\hat{L},\hat{K})=(1-\alpha)S(\widetilde{L},\widetilde{K})+T(\hat{L},\hat{K})-T(\widetilde{L},\widetilde{K})>0\end{cases}$$

结合推论 3 并整理上式则有：

$$\begin{cases}T(\hat{L},\hat{K})>\alpha F-(1-\alpha)S(\widetilde{L},\widetilde{K})\\T(\hat{L},\hat{K})<\alpha F+\alpha S(\widetilde{L},\widetilde{K})\end{cases}$$

即得证。

3.4 最优合约集及其性质

下面的命题和推论将回答问题 3。基于命题 1、命题 2 和推论 2，可以得出本章的最优合约结果，并以命题的形式进行展示，而在此之前先给出合约集的定义。

定义 2 在风险投资市场中，如果创业企业家和风险投资机构之间签订的合约满足：

$$[(R_{en}(R,\hat{L},\hat{K});R_{vc}(R,\hat{L},\hat{K}))\mid(L,K)]$$

其中，

$$\begin{cases}R_{en}(R,\hat{L},\hat{K})=-T(\hat{L},\hat{K})+\alpha R\\R_{vc}(R,\hat{L},\hat{K})=T(\hat{L},\hat{K})+(1-\alpha)R\\T(\hat{L},\hat{K})=\alpha F-(1-\alpha)g_{en}(\hat{L})+\alpha g_{vc}(\hat{K})\end{cases}$$

记 $H^*=\{(\hat{L},\hat{K})\mid\alpha F-(1-\alpha)S(\widetilde{L},\widetilde{K})<T(\hat{L},\hat{K})<\alpha F+\alpha S(\widetilde{L},\widetilde{K})\}$，则称为可行合约集 $M(H^*)$。

命题 4 在风险投资市场中，根据命题 1 所示的合约协议，可行合约集 $M(H^*)$是最优合约集。对于创业企业家和风险投资机构签订的任何一个合约 m，只要 $m\in M(H^*)$，则 m 是最优合约，并且将实现命题 2 和推论 2 所示的社会次优状态。

证明 由命题 1、命题 2、推论 2 的结论及定义 2 的表述，命题即可得证。

定义 3　基于定义 2 和命题 4，进一步将最优合约集划分为四个最优合约子集：

(1) 记 $H_1^* \equiv \{(\hat{L}, \hat{K}) \mid \alpha F < T(\hat{L}, \hat{K}) < \alpha F + \alpha S(\tilde{L}, \tilde{K})\}$ 时，称为最优合约子集 $M(H_1^*)$；

(2) 记 $H_2^* \equiv \{(\hat{L}, \hat{K}) \mid T(\hat{L}, \hat{K}) = \alpha F\}$ 时，称为最优合约子集 $M(H_2^*)$；

(3) 记 $H_3^* \equiv \{(\hat{L}, \hat{K}) \mid \alpha F - (1-\alpha)S(\tilde{L}, \tilde{K}) < T(\hat{L}, \hat{K}) < \alpha F$，$T(\hat{L}, \hat{K}) \neq 0\}$ 时，称为最优合约子集 $M(H_3^*)$；

(4) 记 $H_4^* \equiv \{(\hat{L}, \hat{K}) \mid T(\hat{L}, \hat{K}) = 0 \cap H^*\}$ 时，称为最优合约子集 $M(H_4^*)$。

引理 5　集合 $H^* = H_1^* \cup H_2^* \cup H_3^* \cup H_4^*$。

证明　由定义 2 和定义 3，命题即可得证。

引理 6　当且仅当 $S(\tilde{L}, \tilde{K}) < \dfrac{\alpha F}{1-\alpha}$ 时，集合 $H_4^* = \varnothing$；而 H_1^*、H_2^*、H_3^* 均恒不为空集。

证明　由定义 3，命题即可得证。

推论 7　最优合约集与最优合约子集的关系是：

(1) 当 $0 < S(\tilde{L}, \tilde{K}) < \dfrac{\alpha F}{1-\alpha}$ 时，有：

$$M(H^*) = M(H_1^*) \cup M(H_2^*) \cup M(H_3^*)$$

(2) 当 $S(\tilde{L}, \tilde{K}) \geqslant \dfrac{\alpha F}{1-\alpha}$ 时，有：

$$M(H^*) = M(H_1^*) \cup M(H_2^*) \cup M(H_3^*) \cup M(H_4^*)$$

证明　由定义 2 和定义 3，命题即可得证。

推论 8　最优合约集 $M(H_2^*)$、$M(H_3^*)$、$M(H_4^*)$ 满足，创业企业家获得收益所占份额 $R_{en}(R, \hat{L}, \hat{K})/R(\tilde{L}, \tilde{K})$ 严格低于创业企业家获得的社会剩余份额 $S_{en}(R, \hat{L}, \hat{K})/S(\tilde{L}, \tilde{K})$。

证明　由推论 2 的两个结论：

$$\begin{cases} R_{en}(R, \hat{L}, \hat{K})/R(\tilde{L}, \tilde{K}) = -T(\hat{L}, \hat{K})/R(\tilde{L}, \tilde{K}) + \alpha \\ R_{vc}(R, \hat{L}, \hat{K})/R(\tilde{L}, \tilde{K}) = T(\hat{L}, \hat{K})/R(\tilde{L}, \tilde{K}) + (1-\alpha) \end{cases}$$

$$\begin{cases} S_{en}(R,\hat{L},\hat{K})/S(\widetilde{L},\widetilde{K})=\alpha-T(\hat{L},\hat{K})/S(\widetilde{L},\widetilde{K})+T(\widetilde{L},\widetilde{K})/S(\widetilde{L},\widetilde{K}) \\ S_{vc}(R,\hat{L},\hat{K})/S(\widetilde{L},\widetilde{K})=(1-\alpha)+T(\hat{L},\hat{K})/S(\widetilde{L},\widetilde{K}) \\ \qquad\qquad -T(\widetilde{L},\widetilde{K})/S(\widetilde{L},\widetilde{K}) \end{cases}$$

以及由推论 3 关于 $T(\widetilde{L},\widetilde{K})=\alpha F$ 的结论,可知:

$$\begin{cases} S_{en}(R,\hat{L},\hat{K})/S(\widetilde{L},\widetilde{K})=\alpha-T(\hat{L},\hat{K})/S(\widetilde{L},\widetilde{K})+\alpha F/S(\widetilde{L},\widetilde{K}) \\ S_{vc}(R,\hat{L},\hat{K})/S(\widetilde{L},\widetilde{K})=(1-\alpha)+T(\hat{L},\hat{K})/S(\widetilde{L},\widetilde{K})-\alpha F/S(\widetilde{L},\widetilde{K}) \end{cases}$$

从上面的结论可以看出:(1) 创业企业家获得收益所占份额 $R_{en}(R,\hat{L},\hat{K})/R(\widetilde{L},\widetilde{K})$ 由两部分构成:一部分是 α;另一部分是转移支付占产出的比例的负数,即 $-T(\hat{L},\hat{K})/R(\widetilde{L},\widetilde{K})$。(2) 创业企业家获得的社会剩余份额 $S_{en}(R,\hat{L},\hat{K})/S(\widetilde{L},\widetilde{K})$ 由三部分构成:第一部分是 α;第二部分为转移支付占社会剩余的比例的负数,即 $-T(\hat{L},\hat{K})/S(\widetilde{L},\widetilde{K})$;第三部分为 αF 占社会剩余的比例,即 $\alpha F/S(\widetilde{L},\widetilde{K})$。

对于合约子集 $M(H_2^*)$、$M(H_4^*)$,其转移支付取值均是固定的,分别为 $T(\hat{L},\hat{K})=\alpha F$、$T(\hat{L},\hat{K})=0$,此时均有:

$$S_{en}(R,\hat{L},\hat{K})/S(\widetilde{L},\widetilde{K})<R_{en}(R,\hat{L},\hat{K})/R(\widetilde{L},\widetilde{K})$$

因此,对于合约子集 $M(II_2^*)$、$M(II_4^*)$,收益所占份额均是线性的,且与 α 是正比例关系,同时满足“收益所占份额”低于“剩余所占份额”。

对于合约子集 $M(H_1^*)$、$M(H_3^*)$,其转移支付取值并不是固定的,而是集合的形式,各自的取值区间分别为:$\alpha F<T<\alpha F+\alpha S$ 和 $\{\alpha F-(1-\alpha)S<T<\alpha F\}\cap T\neq\varnothing$。“收益所占份额”和“剩余所占份额”分别简记为:

$$\frac{R_{en}}{R}=-\frac{T}{R}+\alpha$$

$$\frac{S_{en}}{S}=\alpha-\frac{T}{S}+\frac{\alpha F}{S}$$

(1) 对合约子集 $M(H_3^*)$,即满足 $\{\alpha F-(1-\alpha)S<T<\alpha F\}\cap T\neq\varnothing$,有:

$$\frac{S_{en}}{S}-\frac{R_{en}}{R}=\frac{-T}{S}+\frac{T}{R}+\frac{\alpha F}{S}=\frac{\alpha F-T}{S}+\frac{T}{R}>0$$

(2) 对合约子集 $M(H_1^*)$，即满足 $\alpha F < T < \alpha F + \alpha S$，有：

$$\frac{S_{en}}{S} - \frac{R_{en}}{R} = \frac{-T}{S} + \frac{T}{R} + \frac{\alpha F}{S} = \frac{T}{R} + \frac{\alpha F - T}{S} > \frac{T}{R} - \alpha$$

又由于 $T < \alpha F + \alpha S < \alpha R$，即 $\frac{T}{R} - \alpha < 0$，则有 $\frac{S_{en}}{S} - \frac{R_{en}}{R}$ 大于一个小于零的数值。这意味着，此时企业家“收益所占份额”并不严格低于其“剩余所占份额”。

因此，最优合约集 $M(H_2^*)$、$M(H_3^*)$、$M(H_4^*)$ 均满足企业家“收益所占份额”严格低于其“剩余所占份额”。

命题 5　当创业企业家与风险投资机构签订的合约 $m \in M(H^*)$，对于下列情形：

(1) 若 $m \in M(H_4^*) \neq \varnothing$，该合约存在，且是完全的股权合约形式；

(2) 若 $m \in M(H_1^*) \cup M(H_2^*) \cup M(H_3^*)$，该合约是股权与债务的联合合约形式；

(3) 若 $m \in M(H_1^*)$，意味着对创业企业家努力成本的补偿不足，而对风险投资机构的努力成本补贴过度，存在着对风险投资机构的交叉补贴(Cross-subsidization)；若 $m \in M(H_2^*)$，创业企业家与风险投资机构之间不存在交叉补贴，是一种公平最优合约；若 $m \in M(H_3^*) \cup M(H_4^*)$，意味着对创业企业家努力成本的补贴过度，而对风险投资机构的努力成本补偿不足。

证明　由命题 1、命题 2、定义 2 和定义 3，命题即可得证。

可以发现：在子集 H_3^* 中，转移支付 $T(\hat{L}, \hat{K})$ 可以是正数或负数。因此，根据转移支付的符号，它可以将子集 H_3^* 分为两个子集：$H_{31}^* \equiv \{(\hat{L}, \hat{K}) \mid 0 < T(\hat{L}, \hat{K}) < \alpha F\}$ 和 $H_{32}^* \equiv \{(\hat{L}, \hat{K}) \mid \alpha F - (1-\alpha)S(\tilde{L}, \tilde{K}) < T(\hat{L}, \hat{K}) < 0\}$。如果 $H_{32}^* \neq \varnothing$，风险投资与创业企业之间可以签订这样一个状态依存合约$[(m_1, m_2) \mid R]$：

若项目产出 $R < R^*$，执行合约 m_1；若项目产出 $R \geq R^*$，执行合约 m_2。其中，合约 $m_1 \in M(H_1^*) \cup M(H_2^*) \cup M(H_{31}^*)$，合约 $m_2 \in M(H_{32}^*)$，R^* 为合约约定的产出水平。

这是一个依赖于产出结果的状态依存合约形式，其经济学含义是：(1)当项目产出 $R \geqslant R^*$ 时，项目产出结果较为理想，所执行的合约 m_2 中的转移支付为负数，可以理解为对赌协议中风险投资机构在企业良好绩效表现时对企业家的奖励，所以体现为风险投资对创业企业的补偿支出；(2)当项目产出 $R \leqslant R^*$ 时，项目产出结果较为糟糕，所执行的合约 m_1 中的转移支付为正数，可以理解为对赌协议中企业家对风投机构的补偿。这种状态依存合约形式符合风险投资实务中较为经典的对赌协议形式。当然，实务中，对赌协议的内容更为广泛，可能还包括企业控制权、企业发展状况及上市结果等。

这种状态依存的合约结构，类似于近年来在中国的私募股权融资和并购（M&A）中出现的估值调整机制（VAM）。VAM 本质上是融资或并购合同中的一种或有准备预案，即在某些条件下（通常是被投资公司的未来财务绩效指标），投资者可以行使调整估值的权利。

根据状态依存的合约结构$[(m_1, m_2)|R]$，在良好的状态下，即$R \geqslant R^*$时，可执行合约m_2中的转移支付是负的，其可以被视为是 VC 对企业良好业绩表现而基于 VAM 机制给予企业家的奖励。在其他状态下，即当$R < R^*$时，执行合约m_1中的转移支付是正数，代表企业家对 VC 的某种补偿。因此，该状态依存的合约结构与已在私募股权投资中获得一定知名度的 VAM 一致，但它不会改变包括双方努力和社会剩余在内的均衡结果。

推论 7 和命题 5 表明，在$0 < S(\widetilde{L}, \widetilde{K}) < \frac{\alpha F}{1-\alpha}$时，创业企业家和风险投资机构之间会签订股权与债务的联合合约形式；当$S(\widetilde{L}, \widetilde{K}) \geqslant \frac{\alpha F}{1-\alpha}$时，创业企业家与风险风险投资机构之间除了可以签订股权与债务的联合合约形式之外，还可以签订完全的股权合约。在现有文献中，Fenn，Liang and Prowse（1998）发现，天使投资人由于投资资本F较小，往往与创业企业家签订股权合约；Kaplan and Stromberg（2003）则指出，风险投资机构与创业企业家之间往往会签订可转换债券的合约形式；Casamatta（2003）综合前述观点并指出，当风险投资者投入的资本F较大时，会与创业企业家签订可转换债券的合约形式，而当投入的资本F较小时，会与创业企业家签订股权的合约形式。

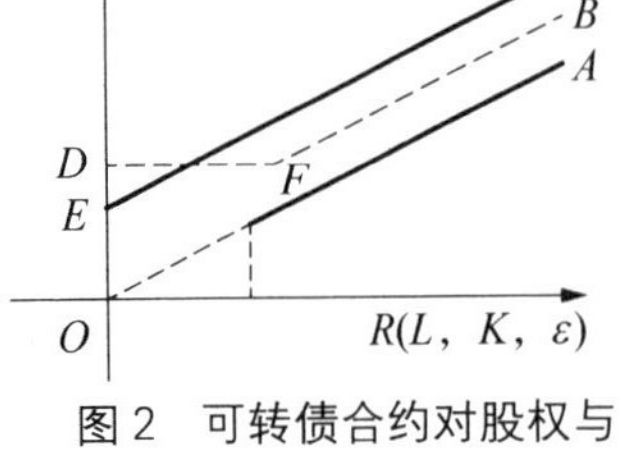

图 2　可转债合约对股权与债务联合合约的逼近

上述观点与本章推论 7 和命题 5 的基本结论比较接近。当$0 < S(\widetilde{L}, \widetilde{K}) < \frac{\alpha F}{1-\alpha}$时，在股权与债券的联合合约形式中，债券部分远远大于股权部分，此时的股权与债券的联合合约形式近似于可转债的合约形式。正如图 2 所示，横轴表示项目产出结果$R(L, K, \varepsilon)$，纵轴表示风险投资机构按照合约规定所获得的收益R_{vc}，OA表示在完全的股权合

约中不同的产出水平下风险投资机构所获得的收益，EC 表示在某一确定的股权与债务联合合约中不同的产出水平下风险投资机构所获得的收益。在本章的最优合约集中存在着 OA、EC 这样的最优合约，并且在 EC 左方区域及 OA 与 EC 之间区域也均可能存在着股权与债务的联合合约。分段线型 DFB 表示某一个确定的可转债合约中不同的产出水平下风险投资机构所获得的收益，其显然会与本章的最优合约集中的不同最优合约相交，并与某一最优合约相逼近，但是分段线型 DFB 所表示的可转债合约并不存在于本书的最优合约集中。

随着 $S(\widetilde{L}, \widetilde{K})$ 的增大，或者当 F 相对于 $S(\widetilde{L}, \widetilde{K})$ 较小时，股权部分远远大于债券部分，此时的债权与股权的联合合约形式主要体现出股权的合约性质。本章最优合约集中并不存在完全的可转债合约形式，这是与 Casamatta(2003)的最大分歧。原因在于，Casamatta(2003)虽然考虑到了创业企业家和风险投资机构之间的双边道德风险问题，但是他又设定了创业企业家为委托人、风险投资机构为代理人，并将分析模型建立在经典的委托代理分析框架之下。本章的基本观点是，双边道德风险导致交易双方均具有影响项目产出效益的能力，即双方均具有一定的讨价还价能力，对双方的激励需要股权成分。如果在项目产出较低时，创业企业家或风险投资机构只获得债权，那么无法保证克服其道德风险的激励。

3.5　最优合约集及其子集的几何表达

本节通过二维几何图形来展示最优合约集及其子集之间的关系。实际上，最优合约集与最优合约子集的关系是由转移支付 $T(\hat{L}, \hat{K})$ 决定的。由于 $T(\hat{L}, \hat{K})=\alpha F-(1-\alpha)g_{en}(\hat{L})+\alpha g_{vc}(\hat{K})$，因此可以构建以创业企业家的固定成本补偿 $g(\hat{L})$ 为横轴、风险投资机构的固定成本补偿 $g(\hat{K})$ 为纵轴的二维坐标系，以展示 $T(\hat{L}, \hat{K})$ 的不同取值情形。如图 3 和图 4 所示，AB 表示 $T(\hat{L}, \hat{K})=\alpha F-(1-\alpha)S(\widetilde{L}, \widetilde{K})$ 的直线轨迹，其右下侧就表示 $T(\hat{L}, \hat{K})>\alpha F-(1-\alpha)S(\widetilde{L}, \widetilde{K})$ 的区域，其中 A 点坐标为 $(0, S(\widetilde{L},\widetilde{K}))$；$DE$ 表示 $T(\hat{L}, \hat{K})=\alpha F+\alpha S(\widetilde{L}, \widetilde{K})$ 的直线轨迹，其左上侧就表示 $T(\hat{L}, \hat{K})<\alpha F+\alpha S(\widetilde{L}, \widetilde{K})$ 的区域，其中 D 点坐标为 $(S(\widetilde{L}, \widetilde{K}), 0)$；虚线 OC 表示 $T(\hat{L}, \hat{K})=\alpha F$ 的直线轨迹；虚线 $O'C'$ 表示 $T(\hat{L}, \hat{K})=0$ 的直线轨迹，其中 O' 点坐标为 $\left(\frac{\alpha F}{1-\alpha}, 0\right)$。当 $S(\widetilde{L}, \widetilde{K})>\frac{\alpha F}{1-\alpha}$ 时，虚线 $O'C'$ 位于 DE 左侧，即 $M(H_4^*)\neq\varnothing$；当 $S(\widetilde{L}, \widetilde{K})\leqslant\frac{\alpha F}{1-\alpha}$ 时，虚线 O'

C'或者与 DE 重合，或者位于 DE 右侧，即 $M(H_4^*)=\varnothing$。

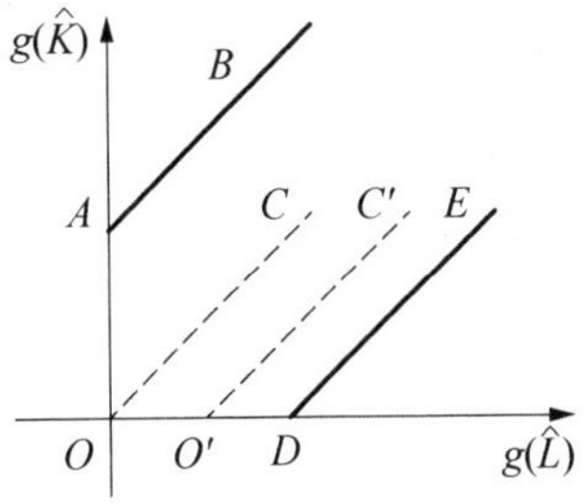

图 3　$M(H_4^*)\neq\varnothing$ 的情形

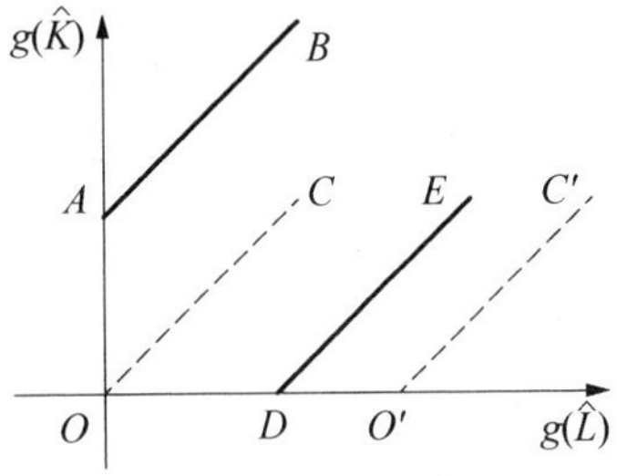

图 4　$M(H_4^*)=\varnothing$ 的情形

图 3 和图 4 分别展示了 $M(H_4^*)$是否为空集，即 $S(\widetilde{L},\widetilde{K})$与$\frac{\alpha F}{1-\alpha}$呈现不同大小关系时，最优合约集与最优合约子集之间的关系。在上述两幅图中，$BAODE$ 所包含的区域表示最优合约集 $M(H^*)$；$BAOC$ 所包含的内部区域（不包括边界）表示最优合约子集 $M(H_1^*)$；OC 表示最优合约子集 $M(H_2^*)$；$O'C'$表示最优合约子集 $M(H_4^*)$。当 $O'C'$位于 $BAODE$ 区域内部时，最优合约子集 $M(H_4^*)$ 不为空集，且除去 $O'C'$的 $CODE$ 区域所包含的内部（不包括边界）表示最优合约子集 $M(H_3^*)$；当 $O'C'$ 位于 $BAODE$ 区域外部或与 DE 重合时，最优合约子集 $M(H_4^*)$为空集，$CODE$ 区域所包含的内部（不包括边界）表示最优合约子集 $M(H_3^*)$。在 $BAODE$ 所包含的区域内部，射线 $O'C'$表示完全的股权合约，其他区域均表示股权与债务的联合合约形式。对于股权与债务的联合合约形式，在 $BAOC$ 区域（不包括边界），意味着对创业企业家努力成本的补偿不足，以及对风险投资者的努力成本补贴过度，即存在着对风险投资机构的交叉补贴；在射线 OC 上，表示创业企业家与风险投资机构之间不存在交叉补贴，是一种公平最优合约；在 $CODE$ 区域，当然也包括图 3 中的射线 $O'C'$部分，则意味着对创业企业家努力成本的补贴过度，以及对风险投资机构的努力成本补偿不足，即存在着对创业企业家的交叉补贴。因此，在最优合约集中，存在着股权与债务联合形式的最优合约子集，而只有当 $S(\widetilde{L},\widetilde{K})>\frac{\alpha F}{1-\alpha}$，即双边道德风险情境下的社会剩余大于临界值 $\frac{\alpha F}{1-\alpha}$ 时，最优合约集中才会存在着完全的股权合约。需要指出的是，在本章的最优合约集中，风险投资机构的收益由固定转移支付部分 $T(\hat{L},\hat{K})$和确定的股权部分$(1-\alpha)R$ 构成；而可转换债券合约则是分段线性的合约形式，即在一定的产出水平范围内表现为债权合约，只有在较高的产出水平下才会转换为

股权。因此,可转换债券并不存在于本章的最优合约集之中。

4　数值算例与图示

为了用数字方式来说明模型中的一些结果,我们省略了随机的自然状态。① 在本节中,我们的主要目的是直观地展示企业和风投之间的相对议价能力(当 α 在 0.01 和 0.99 之间变化时)如何影响其最优努力水平、项目产出,以及双方的收益和社会剩余的分享份额。在数值计算中,相关基本参数设置如下:$\theta=\eta=1$, $c=1$, $R_\varepsilon=1$, $F=0.2$, α 的取值为 0.01 到 0.99 之间的 99 个数值。

基于这些参数设置,首先考察双边道德风险情境下的最优合约集所实现的创业企业家和风险投资机构的最优努力水平的数值结果。由命题 2 所给出的最优努力水平是讨价还价能力 α 的函数,即分别计算出在不同的 α 取值情形下,创业企业家的最优努力水平 $\widetilde{L}$ 和风险投资机构的最优努力水平 $\widetilde{K}$,结果如图 5 所示。从图 5 可以看出,二者的最优努力水平与其各自的讨价还价能力并非严格的单调变化关系。当其讨价还价能力较弱时,其讨价还价能力的增强对应着更高的最优努力水平;但是,当其讨价还价

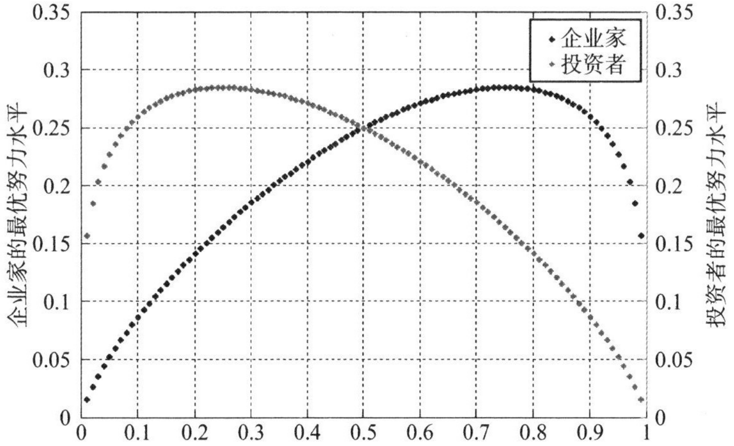

图 5　创业企业(左)和风险投资机构(右)的最优努力水平

① 严格地讲,由于自然状态的随机性。R_ε 是不可观测的。为了直观地比较创业企业和风险投资机构的最优努力水平及相应的社会剩余,此处特别取 $R_\varepsilon=1$。这样处理并不意味着违背 R_ε 的不可观测性及事后存在的属性,只是简化分析的处理方式。在创业初期,创业企业提出具有前景和吸引力的创业项目,风险投资机构提供主要的创业资金,因此取 $F=0.2>0$。

能力达到一定强度之后，其讨价还价能力的提高则对应着更低的最优努力水平。因此，议价能力与最佳努力水平之间的这种非线性关系，反映了双边道德风险的影响。由于项目的产出取决于双方共同努力，因此如果一方在讨价还价能力方面占绝对优势，那么双方的努力程度会恶化，从而造成经济效率趋降。

图6展示了在不同的讨价还价能力情形下，最优合约集所实现的项目产出和总社会剩余的数值结果。当创业企业家与风险投资机构的讨价还价能力完全对等，即 $\alpha=0.5$ 时，项目产出和总社会剩余达到最大值。虽然这些数值结果是基于具体的成本函数和参数设定，但是经济含义与解释是明确的。在双边道德风险的情境下，讨价还价能力确实会影响项目产出和社会剩余，但讨价还价能力确定后，最优合约集中的任何具体合约子集都会导致相同的最优努力水平和社会次优状态。在本章的模型设定下，项目产出和社会剩余均在 $\alpha=0.5$ 时达到最大值，其政策含义意味着，创投双方具有对等的讨价还价能力是有益的，可以促使双方都具有足够的动力为项目努力付出，从而尽量减少（双边）道德风险所造成的社会福利损失。

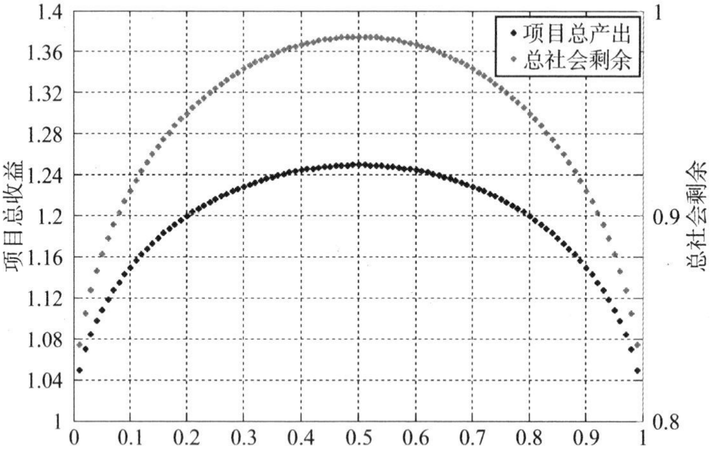

图6　最优合约集实现的项目产出情况

一般来说，创业企业家和风险投资机构之间的最佳讨价还价能力分配（最大化社会剩余），取决于生产函数中的产出弹性。在前文的研究中，假设双方的努力具有相等的产出弹性，这表明任何一方将努力水平增加1%会导致产出增加0.5%，因此对等的讨价还价能力是最佳的。如果输出弹性不同，如 $R=R_{\varepsilon}+cL^{\alpha}K^{\beta}$，那么最佳讨价还价能力分配是 α 和 β 的一个函数。换句话说，讨价还价能力取决于产出对创业企业和风险投资机构努力水平变化的反应能力。努力水平具有更大产出弹性的一方，应该有更大的讨价还价能力。然而，如图 6 所示，如果一方拥有主导的议价能力，那么双方的努力就会恶化，从而导致效率下降。作为一般的实际建议，在为创业项目寻找合作伙伴时，企业家或风投应谨慎评估双方的相对贡献。理想情况下，项目结果应该对双方的努力水平具有同样（至少相似）的敏感程度。如果一个项目过分依赖某一方的投入，那么这不是一种富有成效的合作。

在文献中，也有其他形式的产出函数形式（Casamatta，2003；De Bettignies and Brander，2007；de Bettignies，2008），如采用努力水平可加或互补的函数形式。虽然使用不同的生产函数形式不会改变我们的核心结果（合约形式、最优合约集等），但是它可能会导致与从图 5 和图 6 中观察到的结果不同。本书认为，在描述风险投资机构与创业企业之间的合作关系时，Cobb-Douglas 生产函数形式比其他函数更适合，因为它抓住了企业与风险投资机构在彼此努力水平上的合作与互补关系。

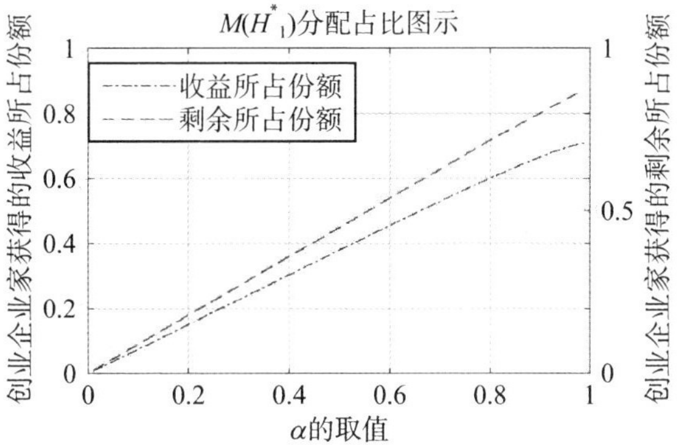

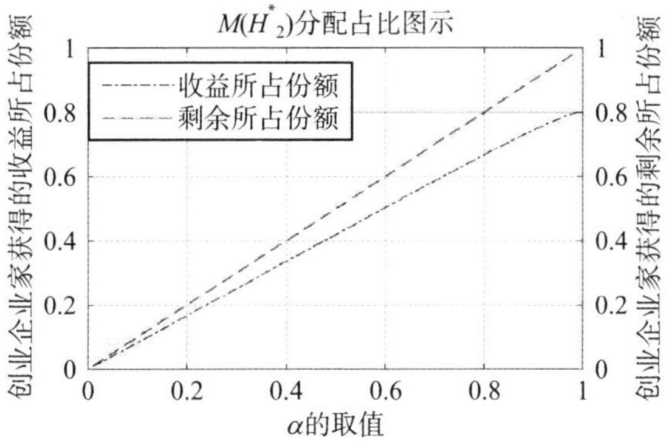

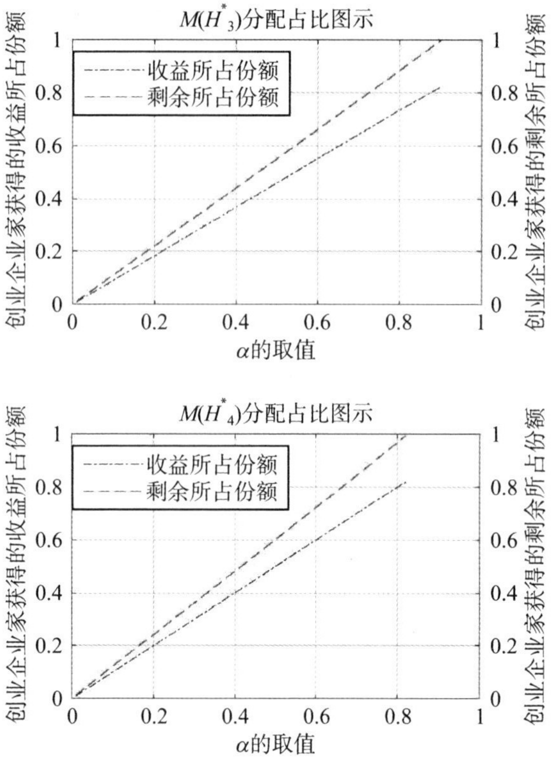

图 7　最优合约子集中企业家获得的收入和社会剩余份额

图 7 描述了企业家在不同合约子集中获得的收入和社会剩余。其中，我们设定四个合约子集的转移支付分别等于：在合约子集 $M(H_1^*)$ 中，$T(\hat{L}, \hat{K}) = 1.5 \times \alpha F = 0.15$；在合约子集 $M(H_2^*)$ 中，$T(\hat{L}, \hat{K}) = \alpha F = 0.1$；在合约子集 $M(H_3^*)$ 中，$T(\hat{L}, \hat{K}) = 0.5 \times \alpha F = 0.05$；在合约子集 $M(H_4^*)$ 中，$T(\hat{L}, \hat{K}) = 0 \times \alpha F = 0$。我们可以看到，在合约子集 $M(H_2^*)$ 中，企业家获得的社会剩余份额与其议价能力 α（斜率为 1）成正比，因此 VC 所获得的份额也与其议价能力 $1-\alpha$ 成正比。企业家获得的项目产出份额的斜率小于 1，这表明风险投资家获得的份额大于其讨价还价能力。$M(H_2^*)$ 是公平合理的最佳合约，因为双方均按其实际成本进行补偿。由于风险投资公司一次性支付了一笔投资，因此其在项目产出中所占的份额反映了对该投资的补偿。

在合约子集 $M(H_4^*)$①中，企业家获得的社会剩余份额的斜率大于 1，这意味着风投获得的份额与其讨价还价能力不成比例。$M(H_4^*)$ 代表一

---

① 子集 $M(H_4^*)$ 排除了由于社会剩余为负而使 α 在 0.83 和 0.99 之间的情况。

组纯股权融资合同，其中企业家和风险投资公司根据其议价能力 α 和 $1-\alpha$ 共享项目产出，从而没有任何转移支付。因此，风险投资人对其最初的一次性投资和劳动成本补偿不足，这实际上代表了向企业家的转移支付。

最优合约子集 $M(H_1^*)$ 和 $M(H_3^*)$①被子集 $M(H_2^*)$ 分隔。在 $M(H_1^*)$ 中，由于企业家向 VC 转移支付，企业家获得的社会剩余和项目产出的份额小于 $M(H_2^*)$。在 $M(H_3^*)$ 中存在相反的情况，其中存在向企业家的转移支付。由于 $M(H_1^*)$ 和 $M(H_3^*)$ 都是转移支付落入一定范围内的合约集，因此如图 7 所示，转移支付分别选取了最优合约子集 $M(H_1^*)$ 和 $M(H_3^*)$ 中的特定情况，即 $T(\hat{L}, \hat{K})$ 分别等于 $1.5\alpha F$ 和 $0.5\alpha F$。总体而言，图 7 提供了命题 5 的结论之直观示例。

5　小结与讨论

本章就风险投资中存在的双边道德风险问题，提出了创业企业家和风险投资机构之间的融资合约模型，给出了二者之间的合约基本形式。研究发现，在风险投资中存在着最优合约集，最优合约集中的不同最优合约子集均可以实现相同的社会次优状态②，只是反映了不同的合约性质，即要么是完全的股权性质，要么是股权与债务的联合形式。在完全的股权性质的合约中，对风险投资机构的初始投入和成本补偿不足，实质上存在着风险投资机构对创业企业的交叉补贴。在股权与债务的联合合约形式中，既存在着风险投资机构对创业企业家的交叉补贴的情形，又存在着创业企业家对风险投资机构的交叉补贴的情形，还存在着二者之间无交叉补贴的公

---

① 子集 $M(H_3^*)$ 排除了由于社会剩余为负而使 α 在 0.91 和 0.99 之间的情况。

② (1) 最优合约集中的每一个具体合约，均会导致命题 2 所示的最优努力水平，这是博弈均衡的结果，即最优合约集中的任何一个合约，均会导致相同的命题 2 中最优努力水平结果；而由推论 2 所示，总社会剩余由自然状态和交易双方的最优努力水平共同决定，即在给定的自然状态下，社会剩余完全由交易双方的最优努力水平(博弈均衡的结果)决定。所以，最优合约集实现了相同的总社会剩余。(2) 至于社会次优状态，则是相对于完全信息条件下的社会最优状态而言的。在双边道德风险情境下，交易双方最优努力水平实现的社会剩余是次优(second best)的；在完全信息情境下，交易双方的最优努力水平(不同于双边道德风险的情境)实现的社会剩余是最优(first best)的。本章"完全信息下的均衡"那一节也给出了完全信息情境下最优努力水平结果，命题 2 也给出了这两种情境下最优努力水平之间的联系。(3) 所以，最优合约集中任何具体一个合约，都会导致相同的最优努力水平，从而决定了总社会剩余是相同的(在给定的自然状态下)；相比于完全信息情境，这是社会次优状态，即实现相同的社会次优状态。

平合约情形。此外，反映了完全的股权合约情形的最优合约子集也存在空集的可能，即最优合约集中可能并不存在完全的股权合约的形式，只有当 $S(\widetilde{L}, \widetilde{K}) > \frac{\alpha F}{1-\alpha}$，也就是风险投资项目产生的总社会剩余大于项目投资额 F 的 $\frac{\alpha}{1-\alpha}$ 倍时，最优合约集中才存在完全的股权性质的合约形式。研究还发现，最优合约集并没有完全的可转换债券合约形式，但是可转换债券与最优合约集中股权与债务的联合合约具有一定的逼近度。最优合约集中并不存在可转换债券的合约形式，主要是由于当 $S(\widetilde{L}, \widetilde{K}) < \frac{\alpha F}{1-\alpha}$，即项目投资额 F 相对较大或项目产出相对较小时，可转换债券更多的是体现债券性质，从而可能导致风险投资机构的努力激励不足。在实际的风险投资市场中，风险投资机构与创业企业家之间常常采用的是普通股、可转换证券等合约工具，特别是这些合约工具在项目产出相对远大于项目投资额，即 $S(\widetilde{L}, \widetilde{K}) > \frac{\alpha F}{1-\alpha}$ 时，可转换债券体现出了股权分成特征，与本章的最优合约集的性质基本吻合。

正如前文所述，双边道德风险问题起源于 Reid(1977)对佃农地契承租合约的分析。关于佃农地契承租合约设计中的分成制、(固定)工资制、(定额)租金制的大讨论，本质上是对双边道德风险情境下的最优合约设计的分析。在完全信息的古典经济学的边际分析框架下，分成制的分配方式看上去与从价税相类似，即认为分成制比工资制、租金制的效率要低。张五常(Cheung, 1969)在分成租佃理论研究中提出，在完全竞争和零交易成本下，分成合约与其他形式的合约一样，也会产生有效率的结果。从委托代理的分析框架出发，通过激励与合约设计的视角，可以给出更多的对分成制具有经济效率的支撑与解释，这一点在大量文献中已形成了共识。本章提出的风险投资的最优合约集也是具有分成性质的合约形式，是对上述分析思路在双边道德风险情境下合约效率的进一步支撑与佐证。需要指出的是，无论是古典分析框架、张五常的分成佃农理论，还是委托代理分析框架下的分成合约，都是对最终可观测产出按照固定比例进行分配的。上述框架下的分成合约都是严格分成制的，且分成性质是外生给定的假设条件。① 在本章的最优合约集中，不同的合约子集或者是反映完全的股权性

① 比如，相关文献通常假定交易的一方获得产出的 α 比例的分成，另一方获得 $1-\alpha$ 比例的产出分成。

质，或者是股权与债务的联合形式，分成性质更为丰富。在现实中，风险投资具有非常明显的股权融资的性质，本章融资合约的分成性质也为现实中风险投资普遍具有股权融资的性质提供了理论解释基础。

本章延续和发展了现有的关于普通的企业融资模型（固定投资模型）的假设情境和基本分析框架，特别是引入了代表双边道德风险的情境条件，是对存在单边道德风险的固定投资模型（Tirole，2001，2006）的继承、发展与广义化。基于经典的委托代理分析视角，现有文献关于普通企业融资的研究相对是比较系统、成熟的。风险投资是一种特殊的企业融资模式，且具有一些新的特征，从而使之继承于普通企业融资的固定投资模型的分析框架，符合逻辑性和科学范式发展的一般规律。

存在事后（单边）道德风险的固定投资模型是在委托代理分析框架下的经典模型，本章在固定投资模型的基础上进行了扩充，使之适应于双边道德风险。而双边道德风险对委托代理分析框架形成了冲击，本章通过讨价还价能力这个重要参数，并基于讨价还价的博弈分析，尝试对经典的委托代理分析框架进行扩充。具体地，本章假设创业企业家和风险投资机构的讨价还价能力分别为 α、$1-\alpha$（其中，$0<\alpha<1$），并且讨价还价能力决定了交易双方在最终合约中的分成比例。实质上，当某一方的讨价还价能力为 1，即具有完全的讨价还价能力时，其便扮演了委托代理分析框架中的“委托人”角色，此时问题回归到经典的委托代理分析框架之下。因此，本章是对委托代理分析框架的一种初步的扩展。这里有三点值得指出：(1) 文中的讨价还价模型对应着委托代理分析框架中的目标函数，这是进一步拓展的核心体现；(2) 针对委托代理框架中的第一个约束条件，即参与约束，可以看出文中的讨价还价模型是包含这一参与约束的，即无论是创业企业家还是风险投资机构，获得的社会剩余均须大于 0。(3) 在本章讨价还价模型的博弈均衡分析中，实际努力水平的纳什均衡解蕴含着一种自动实现的“自激励”（self-enforce）因素，而委托代理分析框架必须施加激励约束才能达到相应的激励目标。参与约束和激励约束对于分析双边道德风险问题情境下的讨价还价模型同样是要求满足的，只是本章模型中已经蕴含或自实现了这些约束的要求。

本章的研究基于相对比较简单、易于处理的假设条件，如风险中性、融资过程无时间期限、讨价还价能力外生确定、创业企业和风险投资机构努力的产出弹性系数相等且规模报酬不变等，而对假设条件的适当放松及建立更加一般化的分析模型，可以作为进一步研究的方向。在本章假设条件下，可以进一步验证：当创业企业和风险投资机构的讨价还价能力完全对等，即 $\alpha=0.5$ 时，项目总收益和社会总剩余均实现了社会次优状态下的极大化。这意味着，风险投资中的双边道德风险问题虽然会造成不同程度的社会福利损失，但是当 $\alpha=0.5$ 时，这种福利损失降至了最低。因此，可以在更为宽松的假设条件下，譬如在更为一般化的产出函数形式下，考虑创业企业与风险投资机构之间不同的讨价还价能力分配所导致的社会福利损失情况，甚至是讨论讨价还价能力的竞争性均衡问题，而这正是下一章将要关注的内生性问题之一。

第五章　风险投资市场中的稳定匹配

在由风险投资机构(Venture Capitalists)和创业企业(Entrepreneurs)构成的风险投资(Venture Capital)市场中,风险投资机构投资创业企业的创业项目、参与创业企业的发展,并扮演着提供创业项目的融资资金和促进企业产出价值增值的双重重要角色。在创业企业的发展过程中,需要创业企业和风险投资机构共同努力,促进企业发展成长。特别地,创业企业通过付出努力来提供企业核心技术创新的价值增值,风险投资机构通过提供专业化的服务来提高企业发展中的公司治理水平和企业市场价值及降低企业营运成本。但是,由于创业企业和风险投资机构都只具有部分的最终剩余索取权,而在信息非对称时,特别是在双方的行为均不可观察、不可证实的情况下,风险投资机构与创业企业的创业合作就会存在双边道德风险问题(Houben, 2002; Casamatta, 2003; Schmidt, 2003; Hellmann, 1998, 2002, 2006; Repullo and Suarez, 2004;Osintsev, 2010; Fairchild, 2011a; Yousfi, 2013)。在Tirole(2001, 2006)关于普通企业融资的固定投资分析框架(Fixed-investment Analysis Framework)的假设情境中,只有企业家可能存在(单边)道德风险问题,而投资者市场是完全竞争性的,并且企业家与投资者都是同质性个体。[①] 因而,Tirole(2001, 2006)关注普通企业家和投资者之间的最优合约设计,但并不涉及风险投资机构群体与创业企业群体之间的双边最优匹配问题。

在风险投资市场中,风险投资机构和创业企业之间存在双边道德风险,并且创业企业与风险投资机构都具有异质性的个体特征,由此衍生出这样两个问题:(1) 创业企业群体与风险投资机构群体之间是如何实现最优匹配的,或者说彼此之间是否存在"天生一对"般的完美匹配模式或结

① 企业家群体除了自有资金可能存在差异之外,其他各方面因素均是同质性的。正是由于创业企业自有资金可能存在的差异,才导致"信贷配给"现象的发生。信贷配给实质上也是某种意义上的市场匹配结果的描述,即部分自有资金不足的企业无法获得投资,也就是没有投资者愿意提供融资。

构？(2) 创业企业和风险投资机构之间完成匹配进行项目合作时，应该如何设计最优合约？上一章通过对 Tirole(2001, 2006)的固定投资分析框架的拓展与延伸，并结合讨价还价博弈分析视角，构建了双边道德风险情境下创业企业和风险投资机构之间的融资合约模型，求解出了双方努力水平的博弈均衡解，并在模型中给出了双方签订的合约形式及最优合约结果，特别是最终的社会剩余和交易双方各自获得的社会剩余份额，从而已经回答了创业企业与风险投资机构项目合作时的最优合约设计问题。由此，本章进一步关注风险投资市场中创投双方的最优匹配问题：若干数量的拥有创业计划的创业企业和具有雄厚资金实力的众多风险投资机构之间是如何稳定匹配来实现合作的，即为什么某一创业企业 EN_i 最终会选定某一风险投资机构 VC_j，而且风险投资机构 VC_j 也选定了创业企业 EN_i。也就是说，他们为什么没有放弃彼此间的合作匹配机会并分别与其他对象匹配，即创业企业 EN_i 与 VC_j 以外的其他风险投资机构合作匹配，或者风险投资机构 VC_j 与 EN_i 以外的其他创业企业合作匹配。因此，本章将探讨在双边道德风险情境下，风险投资市场中的双边稳定匹配问题。

1 竞争匹配情境与基本假设

延续 Tirole(2001, 2006)关于普通企业融资的固定投资分析框架与上一章的创业企业和风险投资机构之间融资合约分析模型及其情境条件，进一步构建本章的风险投资市场情境条件。在一个由创业企业群体和风险投资机构群体组成的风险投资市场中，构建如下的基本情境假设：

- 在风险投资市场中，具有有限数量的创业企业集合 $EN=\{en_1, en_2, \cdots, en_N\}$，以及有限数量的风险投资机构集合 $VC=\{vc_1, vc_2, \cdots, vc_N\}$。在自由竞争匹配组合中，每一个创业企业均有一个创业项目且只能与一个风险投资机构[①]组合，每一个风险投资机构也只能参与一个创业企业家的项目。如果创业企业 EN_i 和风险投资机构 VC_j 形成一个匹配组合 $\mu(i, j) \in M=I \times J$，那么该创业项目记为 P_{ij}。其中，$i \in I=\{1, 2, \cdots, N\}$，$j \in J=\{1, 2, \cdots, N\}$。
- 当创业企业 EN_i 与风险投资机构 VC_j 匹配合作时，组成创业项目

① 实务中非常典型地存在着多个风投机构联合投资一家企业的情形，此时我们可以选取一家风投领投者作为代表。

P_{ij}，风险投资机构 VC_j 向创业企业 EN_i 提供固定投资 F_i。

- 项目 P_{ij} 最终产生可验证产出 R_{ij}，其取决于创业企业 EN_i 的努力水平 L_i 和风险投资机构 VC_j 的努力水平 K_j，以及自然状态 ε_i。具体地，产出 $R_{ij}=R_{\varepsilon_i}+(e_iL_i)^{\lambda}(v_jK_j)^{1-\lambda}$。其中，$0<\lambda<1$，$R_{\varepsilon_i}=\bar{R}+\varepsilon_i$，$\bar{R}$ 为某一确定的产出水平，$\varepsilon_i\sim N(0,\sigma^2)$，$e_i$、$v_j$ 分别为创业企业 EN_i 和风险投资机构 VC_j 的产出效率系数，λ、$1-\lambda$ 分别是创业企业 EN_i 和风险投资机构 VC_j 努力水平的产出弹性系数。创业企业和风险投资机构的努力水平是不可观察且不可证实的，但是最终的产出 R_{ij} 是可观察的。

- 创业企业和风险投资机构的努力效率系数均具有绝对的异质性，即 $e_1>e_2>\cdots>e_N>0$，$v_1>v_2>\cdots>v_N>0$。

- 创业企业 EN_i 和风险投资机构 VC_j 的努力成本采用经典的凸函数形式①，设创业企业 EN_i 的努力成本为 $g(L_i)=\frac{L_i^2}{2\eta}$，风险投资机构 VC_j 的努力成本为 $g(K_j)=\frac{K_j^2}{2\theta}$。其中，$\eta$、$\theta$ 分别为创业企业和风险投资机构努力的效率系数。

- 其他假设条件包括：创业企业和风险投资机构都是风险中性的；创业企业受有限责任保护；不考虑政府对创业企业的征税及相应的政策补贴；项目投资过程中不考虑时间贴现因子，即跨期贴现率为 1。

在上述假设条件中，除了关于创业企业 EN_i 和风险投资机构 VC_j 的讨价还价能力变为内生性决定的参数之外，大部分假设条件延续了上一章的风险投资合约设计的假设陈述。同时，进一步地，本章构造了一个具有创业企业群体和风险投资机构群体的双边竞争匹配的风险投资市场环境情境，这些情境条件对于创投双方而言是共同知识。

针对竞争性的风险投资市场环境，可以得出这样的逻辑性结论：假如创业企业 EN_i 和风险投资机构 VC_j 匹配合作，组成创业合作项目 P_{ij}，那么对于任意给定的讨价还价能力参数组合 $(\alpha_{ij},1-\alpha_{ij})$，本章的竞争性的风险投资市场环境中的创业项目 P_{ij} 就变为上一章的风险投资情境。因此，本章正是在上一章的风险投资合约设计理论框架之基础上，以创业企业和风险投资机构之间的最优合约关系为基础与前提，分析风险投资市场中创业企业群体和风险投资机构群体的双边稳定匹配问题，以及稳定匹配

---

① 比较经典的努力成本函数形式，其经济学含义是：随着付出的努力水平的提高，努力的成本递增，即 $g'(\cdot)>0$；努力的边际成本递增，即 $g''(\cdot)>0$。

项目中的交易双方的讨价还价能力配置的竞争性均衡问题。具体的博弈时序图见图 8。

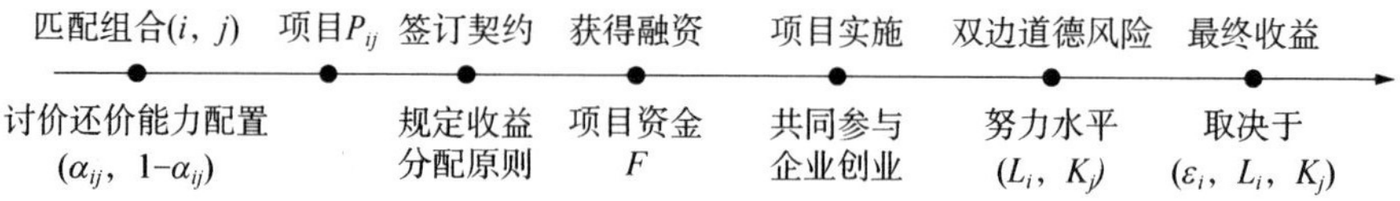

图 8　风险投资项目 P_{ij} 的博弈时序图

可以这样标记创业企业与风险投资机构之间的匹配：I 表示创业企业集合，J 表示风险投资机构集合，风险投资市场中所有潜在的匹配组合的集合记为 $M=I\times J$。其中，$i\in I=\{1, 2, \cdots, N\}$，$j\in J=\{1, 2, \cdots, N\}$，风险投资市场中的最终匹配结果 $\mu\subset M$，创业企业 EN_i 的匹配对象记为 $\mu(i)$，风险投资机构 VC_j 的匹配对象记为 $\mu(j)$。创业企业 EN_i 与风险投资机构 VC_j 之间的匹配可以通过下面三种等价的方式进行描述：$(i, j)\in\mu$，$j=\mu(i)$，$i=\mu(j)$。进一步地，对于创业企业 EN_i 与风险投资机构 VC_j 匹配组合形成的创业项目 P_{ij}，基于上一章的风险投资合约设计的分析框架①，以及对于任意给定的讨价还价能力参数组合 $(\alpha_{ij}, 1-\alpha_{ij})$，可以分别得出完全信息②和双边道德风险情境下风险投资项目 P_{ij} 的博弈均衡与最优合约结果。

引理 9　对于匹配组合 $(i, j)\in\mu$ 所对应的创业项目 P_{ij}，在完全信息情境下实现的社会剩余 $S_T(i, j)$ 为：

$$S_T(i, j)=R_\varepsilon-F+\frac{1}{2}(e_i^2\eta\lambda)^\lambda[v_j^2\theta(1-\lambda)]^{1-\lambda} \tag{19}$$

其中，创业企业 EN_i 和风险投资机构 VC_j 获得的社会剩余 $S_{en}(i)$、$S_{vc}(j)$ 分别为：

$$S_{en}(i)=\alpha_{ij}S_T(i, j)=\alpha_{ij}\left[R_\varepsilon-F+\frac{1}{2}(e_i^2\eta\lambda)^\lambda[v_j^2\theta(1-\lambda)]^{1-\lambda}\right]$$

$$S_{vc}(j)=(1-\alpha_{ij})S_T(i, j)=(1-\alpha_{ij})\left[R_\varepsilon-F+\frac{1}{2}(e_i^2\eta\lambda)^\lambda[v_j^2\theta(1-\lambda)]^{1-\lambda}\right]$$

---

① 本章将上一章的风险投资合约模型中的产出函数假设形式 $R=R_\varepsilon+c\sqrt{LK}$ 扩展为更一般化的形式，即 $R_{ij}=R_{\varepsilon i}+(e_iL_i)^\lambda(v_jK_j)^{1-\lambda}$。

② 在融资项目 P_{ij} 中，创业企业和风险投资机构的努力水平均是不可观察、不可证实的，存在着双边道德风险问题。考察完全信息情景的目的主要在于，相对于，双边道德风险问题的研究，提供一个完美的参照点。

引理 10　对于匹配组合 $(i, j) \in \mu$ 所对应的创业项目 P_{ij}，在双边道德风险情境下，最优合约集实现相同的社会次优状态，即实现的社会剩余 $S_T(i,j)$ 为：

$$S_T(i, j) = R_\varepsilon - F + (e_i^2 \eta\lambda)^\lambda [v_j^2 \theta(1-\lambda)]^{1-\lambda}]\phi(\alpha_{ij}) \qquad (20)$$

其中，$\phi(\alpha_{ij}) = \alpha_{ij}^\lambda (1-\alpha_{ij})^{1-\lambda} \left[1 - \frac{\lambda\alpha_{ij}}{2} - \frac{(1-\lambda)(1-\alpha_{ij})}{2}\right]$。创业企业 EN_i 和风险投资机构 VC_j 获得的社会剩余 $S_{en}(i)$、$S_{vc}(j)$ 分别为：

$$S_{en}(i) = \alpha_{ij} [R_\varepsilon - F + (e_i^2 \eta\lambda)^\lambda [v_j^2 \theta(1-\lambda)]^{1-\lambda} \varphi(\alpha_{ij})] - T_{ij}$$
$$S_{vc}(j) = (1-\alpha_{ij})[R_\varepsilon - F + (e_i^2 \eta\lambda)^\lambda [v_j^2 \theta(1-\lambda)]^{1-\lambda} \varphi(\alpha_{ij})] + T_{ij}$$

其中，T_{ij} 表示创业企业与风险投资机构之间的固定支付。[①]

引理 9 和引理 10 中，社会剩余的差异体现为公式结果中的最后一部分，一个是 $\frac{1}{2}$，一个是 $\phi(\alpha_{ij})$。我们在后文的数值模拟中也可以看出，$\phi(\alpha_{ij})$ 一直小于 $\frac{1}{2}$，所以它们的差异反映了道德风险所导致的社会剩余损失。这一研究结果与 Holmstrom(1982)关于完全信息情形下无社会福利损失的研究结论相一致。

此外，创业企业 EN_i 和风险投资机构 VC_j 在完成匹配并签订合约之前，引理 10 的结果和风险投资市场的基本假设情境均是共同知识。在风险投资市场中，对于每一个创业企业而言，均可能与任何一个风险投资机构匹配组合；同样，对于任何一个风险投资机构而言，均可能与任何一个创业企业匹配组合。无论是创业企业 EN_i，还是风险投资机构 VC_j，均会考量在与不同的潜在对象匹配时所获得的净收益(社会剩余份额)，从而形成了创业企业和风险投资机构均完全理性的风险投资市场，如图 9 所示。

创业企业 EN_i 和风险投资机构 VC_j 形成匹配 $(i, j) \in \mu \subset M = I \times J$。在集合 M 中，存在着 $N! = N \times (N-1) \times \cdots \times 3 \times 2 \times 1$ 种潜在的市场匹配组合方式(其中的任意一种可以简记为 μ)，最终在市场中结成 N 对风险投资机构与创业企业匹配合作项目。

---

① 在上一章的风险投资合约模型中，我们讨论了最优合约集中不同最优合约子集 $M(H_1^*)$、$M(H_2^*)$、$M(H_3^*)$、$M(H_4^*)$ 的性质。在最优合约子集 $M(H_2^*)$ 中，创业企业与风险投资机构之间不存在转移支付，是一种公平的合约，即二者之间的固定支付 $T_{ij} = 0$；而在最优合约子集 $M(H_1^*)$、$M(H_3^*)$、$M(H_4^*)$ 中，均存在一方对另一方的固定支付，即 $T_{ij} \neq 0$。

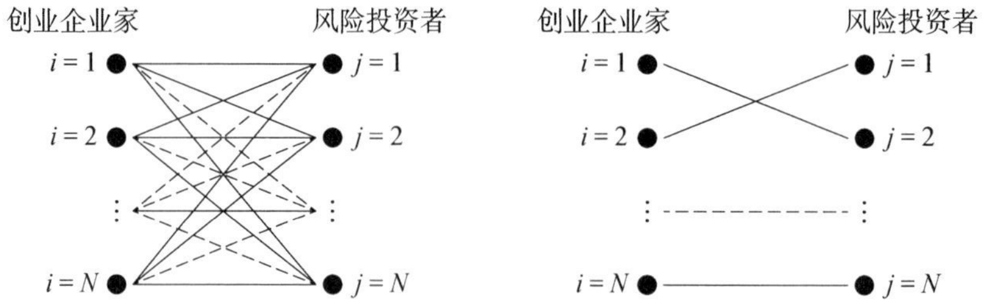

图 9　市场潜在匹配组合图(左)和市场匹配结果假想图(右)

2　市场中的双边匹配模型

基于引理 10 的结论可以看出,对于任意的创业企业 i(如创业企业 $i=1$),若与不同的风险投资机构 j(其中,$j \in J$)匹配组合,创业企业和风险投资机构共同创造的社会总剩余及二者各自分得的社会剩余均可能有所不同。影响总剩余的因素是创业企业和风险投资机构的产出效率系数 (e_i, v_j) 及二者的讨价还价能力 $(\alpha_{ij}, 1-\alpha_{ij})$ 的具体配置,因此影响创业企业和风险投资机构分别获得的社会剩余的因素是总剩余的大小和讨价还价能力 $(\alpha_{ij}, 1-\alpha_{ij})$ 的具体配置。从社会最优的角度看,如果创业企业和风险投资机构群体存在这样的匹配组合集合 $\mu=\{(1, \mu(1)), (2, \mu(2)), \cdots, (N, \mu(N))\}$,那么就使得这 N 个创业融资项目产生的社会剩余总和最大化了,即:

$$\max \sum_{(i, \mu(i)) \in \mu} S_T(i, \mu(i)) > \max \sum_{(i, j') \notin \mu} S_T(i, j') \tag{21}$$

同时,匹配组合集合 μ 也是稳定的(Gale and Shapley, 1962),即任何一个创业企业或风险投资机构均不愿离开当前的匹配组合,从而就实现了竞争匹配的均衡结果,μ 中的任何一对匹配组合均是有效率且稳定的匹配,我们称之为“天生一对”般的完美匹配。

如果对于匹配组合集合 μ,存在这样的稳定匹配均衡结果,那么每一个创业企业均成功融资并实施了创业项目,而每一个风险投资机构也均找到创业项目并给予了投资。伴随着稳定匹配均衡结果的实现,在每一个由创业企业和风险投资机构合作的风险投资项目中,二者的讨价还价能力 $(\alpha_{ij}, 1-\alpha_{ij})$ 的配置是否也是作为稳定匹配均衡结果而确定的呢?稳定匹配组合 $\mu=\{(1, \mu(1)), (2, \mu(2)), \cdots, (N, \mu(N))\} \subset M$,以及完成匹配后相应的讨价还价能力组合 $\{(\alpha_{ij}, 1-\alpha_{ij}), i \in I, j \in J\}$，将是本章所关注的风险投资市场中的核心问题。因此，本章接下来将关注"天生一对"般的完美匹配集 μ 是否存在及其具体形式，以及同为内生性结果的完美匹配下的讨价还价能力配置问题。

事实上，在风险投资市场中，如果存在匹配集 μ，使得匹配集中的所有项目的社会剩余总和极大化了，且讨价还价能力配置 $\{(\alpha_{ij}, 1-\alpha_{ij}), i \in I, j \in J\}$ 也使得项目 P_{ij} 的社会剩余极大化了，那么匹配集 μ 就是"天生一对"般的完美匹配，讨价还价能力配置 $\{(\alpha_{ij}, 1-\alpha_{ij}), i \in I, j \in J\}$ 也是最优均衡配置。基于上一节的假设条件和情景设置，风险投资市场中存在着两个内生性问题，即双边稳定匹配及相应的讨价还价能力配置，而这些将是本章关注的重点问题。不同的匹配组合，以及讨价还价能力的不同配置，均会影响到匹配项目的社会剩余和交易双方获得的社会剩余份额，进而导致 N 个创业融资项目产生的社会剩余总和的变动。因此，在考察稳定匹配和讨价还价能力配置这两个内生性问题时，均会涉及如何影响社会剩余的问题。由此，引申出这样三个问题：

问题 4　对于任意给定的创业合作项目 $P_{ij}(i, j=1, 2, \cdots, N)$，什么样的讨价还价能力配置组合能使得社会剩余 $S_T(i, j)$ 最大化？

问题 5　对于所有的创业合作项目 P_{ij}，其中 $i \in I, j \in J$，使得社会剩余 $S_T(i, j)$ 最大化的讨价还价能力配置，是否最终使得总的社会剩余极大化了？

问题 6　如果找到这样的 N 个创业合作项目 $P_{1\mu(1)}$、$P_{2\mu(2)}$、…、$P_{N\mu(N)}$，使得这 N 个项目的社会剩余总和达到极大值，那么是否意味着任何一个创业企业和风险投资机构均无通过更换匹配对象来达到帕累托改进的机会，即是否 $\mu=\{(1, \mu(1)), (2, \mu(2)), \cdots, (N, \mu(N))\}$ 是稳定匹配的？

由引理 10 可以得到下面的命题，该命题将回答问题 4。

命题 6　对于创业合作项目 P_{ij}，令双边道德风险情境下的社会剩余 $S_T(i, j)$ 最大化的讨价还价能力配置 $(\alpha_{ij}, 1-\alpha_{ij})$ 使得如下值最大化：

$$\phi(\alpha_{ij})=\alpha_{ij}^{\lambda}(1-\alpha_{ij})^{1-\lambda}\left[1-\frac{\lambda\alpha_{ij}}{2}-\frac{(1-\lambda)(1-\alpha_{ij})}{2}\right]$$

解得：当 $\lambda=\dfrac{1}{2}$ 时，$\alpha_{ij}=\alpha^*=\dfrac{1}{2}$；当 $\lambda \neq \dfrac{1}{2}$ 时[①]，$\alpha_{ij}=\alpha^*=$

① 运用 Matlab 软件，通过 solve 命令求得显示解。

$$\frac{\lambda-\sqrt{\lambda^4-2\lambda^3-\lambda^2+2\lambda}+\lambda^2}{4\lambda-2}。$$

命题 6 表明，对于创业合作项目 P_{ij}，创业企业和风险投资机构努力水平的产出弹性系数 λ、$1-\lambda$ 决定着最优的讨价还价能力配置（α^*，$1-\alpha^*$）。图 10 给出了 λ 取值从 0.01 到 0.99，步长为 0.01，共 99 种情形下的最优讨价还价能力配置结果。从图中可以看出，讨价还价博弈的非对称是由于在双边道德风险的情境条件下，创业企业和风险投资机构努力水平的产出弹性系数的非对等造成的（即 $\lambda \neq 1-\lambda$），并且与双方的努力效率系数 e_i、v_j 无关。当创业企业和风险投资机构努力水平的产出弹性系数相等，即 $\lambda=1-\lambda$ 时，二者的讨价还价能力是对等的（即 $\alpha^*=1-\alpha^*=0.5$），此时就为标准的纳什讨价还价博弈情形（Nash，1950，1953）。

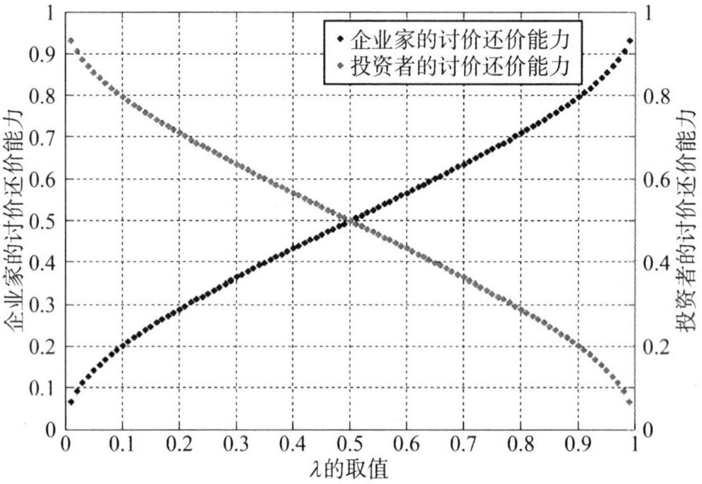

图 10　创业企业和风险投资机构的讨价还价能力配置图

对于问题 5，可以由下面的命题给出回答。

命题 7　对于所有的创业合作项目 P_{ij}，其中 $i \in I$，$j \in J$，令社会剩余 $S_T(i, j)$ 最大化的讨价还价能力配置，必然也使得总的社会剩余极大化。

证明　对于任意的创业合作项目 P_{ij}，若 $\alpha_{ij}=\alpha^*$ 使得社会剩余 $S_T(i, j)$ 极大化，即：

$$S_T(i, j \mid \alpha^*)=R_\varepsilon-F+(e_i^2\eta\lambda)^\lambda[v_j^2\theta(1-\lambda)]^{1-\lambda}]\varphi(\alpha^*)$$

则对于所有的创业合作项目 P_{ij}，其中 $i \in I$，$j \in J$，总的社会剩余也必然极大化了，即：

$$\max \sum_{(i,\ j)\in\mu} S_T(i,\ j \mid \alpha^*)$$

命题 6 和命题 7 联合表明，令创业合作项目 P_{ij} 的社会剩余最大化的讨价还价能力配置结果，独立于创业企业与风险投资机构之间的稳定匹配结果$(i,\ j)$，即对于任何匹配集 μ'，均存在着唯一的讨价还价能力配置$(\alpha^*,\ 1-\alpha^*)$，并且与匹配结果 μ' 无关。这意味着，对于给定的匹配集 μ'，使得总的社会剩余最大化的讨价还价能力配置恒为$(\alpha^*,\ 1-\alpha^*)$。因此，接下来的工作就是寻找在给定讨价还价能力配置$(\alpha^*,\ 1-\alpha^*)$时，是否存在某一个稳定匹配集 μ，使得总的社会剩余最大化，即探讨问题 6。

对于问题 6，可以由下面的命题给出回答。

命题 8　如果存在某一个匹配集 $\mu=\{(1,\ \mu(1)),\ (2,\ \mu(2),\ \cdots,\ (N,\ \mu(N)))\}$，形成这样 N 个创业合作项目：$P_{1\mu(1)}$、$P_{2\mu(2)}$、…、$P_{N\mu(N)}$，使得 N 个项目的社会剩余总和达到极大值，那么匹配集 μ 是稳定匹配集，匹配集中的任何一对匹配均是“天生一对”般的完美匹配。

证明　假设对于创业企业 i^* 和风险投资机构 $\mu(i')$，且 $i'\neq i^*$，二者愿意匹配组合在一起，而原来的匹配项目 $P_{i^*\mu(i^*)}$、$P_{i'\mu(i')}$ 则均遭到瓦解。但是，此种情况的发生必须具备这样的前提：创业企业 i^* 和风险投资机构 $\mu(i')$通过匹配都实现了帕累托改进。由于在原来 $P_{i^*\mu(i^*)}$、$P_{i'\mu(i')}$ 的组合下，社会剩余总和极大化了，因此如果创业企业 i^* 和投资者 $\mu(i')$匹配在一起，那么创业企业 i' 和风险投资机构 $\mu(i^*)$获得的社会剩余总和必然降低，且此时的社会剩余总和也低于 $P_{i^*\mu(i^*)}$、$P_{i'\mu(i')}$ 组合下的社会剩余总和。这也意味着，在新组合下，创业企业 i^* 和风险投资机构 $\mu(i')$增加的社会剩余要小于创业企业 i' 和风险投资机构 $\mu(i^*)$的福利损失。如果创业企业 i' 给予风险投资机构 $\mu(i')$某一固定的转移支付 TF_1，风险投资机构 $\mu(i^*)$给予创业企业 i^* 某一固定的转移支付 TF_2，刚好弥补创业企业 i^* 和风险投资机构 $\mu(i')$相互匹配带来的帕累托改进份额，那么原来的项目组合 $P_{i^*\mu(i^*)}$、$P_{i'\mu(i')}$ 就不会发生瓦解。因此，满足社会剩余总和极大化的匹配集 $\mu=\{(1,\ \mu(1)),\ (2,\ \mu(2)),\ \cdots,\ (N,\ \mu(N))\}$ 是稳定和有效率的，即匹配集中任何一对组合均是“天生一对”般的完美匹配。

正如上一章的研究所证实的：风险投资机构和创业企业之间的转移支付并不影响项目效率和社会剩余。如果没有其他的不同匹配情形能够实现更高的总社会剩余，那么当前的匹配就是稳定的。在大学入学模型中，一个匹配是稳定的，当且仅当所有匹配组合都是稳定的(Roth and Sotomayor, 1992)。本章模型是大学入学模型的一个类似案例，具有相同的适用原理。因此,最大化总社会剩余的匹配情形是稳定的,且每一对匹配组合情形也都是完美匹配。

命题 6、命题 7、命题 8 分别回答了本节开始部分的问题 4、问题 5 和问题 6,那么接下来的任务是找到使得社会剩余总和最大化的匹配组合。命题 7 还表明,在项目 P_{ij} 下,影响总社会剩余 $S_T(i, j)$ 大小的因素也包括创业企业和风险投资机构的努力效率系数 e_i、v_j。努力效率系数 e_i、v_j 越大,总剩余 $S_T(i, j)$ 也会越大,进而也会影响到创业企业和风险投资机构各自得到的社会剩余。在讨价还价能力配置 $(\alpha^*, 1-\alpha^*)$ 确定的情形下,需要从努力效率系数 e_i、v_j 的角度来考察创业企业和风险投资机构的竞争性匹配及匹配效率问题。因此,接下来的命题 9 将探讨 $N\times N$ 的风险投资市场竞争匹配模型中,使得社会剩余总和最大化的匹配组合问题。

命题 9 在 $N\times N$ 的风险投资市场中,匹配组合 $\mu^1=\{(1, 1), (2, 2), \cdots, (N, N)\}$ 实现了所有项目社会剩余总和的极大化。

证明 (1) 首先探讨 2×2 的竞争匹配情形

对于只有两个风险投资机构和两个创业企业的风险投资市场,基于上一节风险投资市场竞争匹配的假设情境,可知存在这样两种可能的匹配组合:$\mu^1=\{(1, 1), (2, 2)\}$ 或 $\mu^2=\{(1, 2), (2, 1)\}$,则 $M=\{\mu^1, \mu^2\}$,即相应的项目为 $\{P_{11}, P_{22}\}$ 或 $\{P_{12}, P_{21}\}$,并且它们的努力效率系数满足:$e_1>e_2$、$v_1>v_2$。稳定匹配 μ 必然使得:

$$\mu=\max\sum_{(i, j)\in\mu\subset M} S_T((i, j)\mid(\alpha^*, 1-\alpha^*)) \tag{22}$$

在匹配组合 $\mu^1=\{(1, 1), (2, 2)\}$ 下,两个融资项目的社会剩余总和为:

$$S_T(1, 1)+S_T(2, 2)=[(e_1^\lambda v_1^{1-\lambda})^2+(e_2^\lambda v_2^{1-\lambda})^2](\eta\lambda)^\lambda[\theta(1-\lambda)]^{1-\lambda}\phi(\alpha^*)$$

在匹配组合 $\mu^2=\{(1, 2), (2, 1)\}$ 下,两个融资项目的社会剩余总和为:

$$S_T(1, 2)+S_T(2, 1)=[(e_1^\lambda v_2^{1-\lambda})^2+(e_2^\lambda v_1^{1-\lambda})^2](\eta\lambda)^\lambda[\theta(1-\lambda)]^{1-\lambda}\phi(\alpha^*)$$

可以验证:

$[S_T(1, 1)+S_T(2, 2)]-[S_T(1, 2)+S_T(2, 1)]=(e_1^{2(1-\lambda)}-e_2^{2(1-\lambda)})(v_1^{2(1-\lambda)}-v_2^{2(1-\lambda)})(\eta\lambda)^\lambda[\theta(1-\lambda)]^{1-\lambda}\phi(\alpha^*)$;而 $e_1>e_2$、$v_1>v_2$,则 $(e_1^{2(1-\lambda)}-e_2^{2(1-\lambda)})(v_1^{2(1-\lambda)}-v_2^{2(1-\lambda)})>0$,得到:$[S_T(1, 1)+S_T(2, 2)]-[S_T(1, 2)+S_T(2, 1)]>0$。

即匹配组合 $\mu^1=\{(1,1),(2,2)\}$ 实现了社会剩余总和的极大化。基于命题 8 可知,实现社会剩余总和极大化的匹配组合 $\mu=\mu^1=\{(1,1),(2,2)\}$ 是稳定的。

(2) 然后探讨 3×3 的竞争匹配情形。

对于有三个风险投资机构和三个创业企业的风险投资市场,稳定匹配 μ 必然使得:

$$\mu=\max\sum_{(i,j)\in\mu\subset M}S_T((i,j)\mid(\alpha^*,1-\alpha^*)) \tag{23}$$

其中,存在着六种潜在的市场匹配组合:$\mu^1=\{(1,1),(2,2),(3,3)\}$,$\mu^2=\{(1,2),(2,1),(3,3)\}$,$\mu^3=\{(1,3),(2,1),(3,2)\}$,$\mu^4=\{(1,1),(2,3),(3,2)\}$,$\mu^5=\{(1,2),(2,3),(3,1)\}$,$\mu^6=\{(1,3),(2,2),(3,1)\}$,即 $M=\{\mu^1,\mu^2,\mu^3,\mu^4,\mu^5,\mu^6\}$。

由于创业企业和风险投资机构的努力效率系数分别满足 $e_1>e_2>e_3$、$v_1>v_2>v_3$,因此在匹配组合 μ^1、μ^2、μ^3、μ^4、μ^5、μ^6 下,相应融资项目的社会剩余总和分别为:

$$S_T(1,1)+S_T(2,2)+S_T(3,3)=[(e_1^\lambda v_1^{1-\lambda})^2+(e_2^\lambda v_2^{1-\lambda})^2+(e_3^\lambda v_3^{1-\lambda})^2]\Phi(\alpha^*)$$
$$S_T(1,2)+S_T(2,1)+S_T(3,3)=[(e_1^\lambda v_2^{1-\lambda})^2+(e_2^\lambda v_1^{1-\lambda})^2+(e_3^\lambda v_3^{1-\lambda})^2]\Phi(\alpha^*)$$
$$S_T(1,3)+S_T(2,1)+S_T(3,2)=[(e_1^\lambda v_3^{1-\lambda})^2+(e_2^\lambda v_1^{1-\lambda})^2+(e_2^\lambda v_3^{1-\lambda})^2]\Phi(\alpha^*)$$
$$S_T(1,1)+S_T(2,3)+S_T(3,2)=[(e_1^\lambda v_1^{1-\lambda})^2+(e_2^\lambda v_3^{1-\lambda})^2+(e_2^\lambda v_2^{1-\lambda})^2]\Phi(\alpha^*)$$
$$S_T(1,2)+S_T(2,3)+S_T(3,1)=[(e_1^\lambda v_2^{1-\lambda})^2+(e_2^\lambda v_3^{1-\lambda})^2+(e_2^\lambda v_1^{1-\lambda})^2]\Phi(\alpha^*)$$
$$S_T(1,3)+S_T(2,2)+S_T(3,1)=[(e_1^\lambda v_3^{1-\lambda})^2+(e_2^\lambda v_2^{1-\lambda})^2+(e_2^\lambda v_1^{1-\lambda})^2]\Phi(\alpha^*)$$

其中,$\Phi(\alpha^*)=(\eta\lambda)^\lambda[\theta(1-\lambda)]^{1-\lambda}\phi(\alpha^*)$。

接下来验证匹配组合 $\mu^1=\{(1,1),(2,2),(3,3)\}$ 实现了社会剩余总和的极大化,即 $\mu=\mu^1$。

(i) 比较匹配 μ^1 与 μ^2

$$\begin{aligned}&S_T(1,1)+S_T(2,2)+S_T(3,3)-S_T(1,2)-S_T(2,1)-S_T(3,3)\\&=[S_T(1,1)+S_T(2,2)]-[S_T(1,2)+S_T(2,1)]>0\end{aligned}$$

此时,比较形式变成 2×2 竞争匹配模型的情形,μ^1 与 μ^4、μ^6 的比较形式也是如此。

(ii) 比较匹配 μ^1 与 μ^3

$$\begin{aligned}&S_T(1,1)+S_T(2,2)+S_T(3,3)-S_T(1,3)-S_T(2,1)-S_T(3,2)\\&=[e_1^{2\lambda}(v_1^{2(1-\lambda)}-v_3^{2(1-\lambda)})+e_2^{2\lambda}(v_2^{2(1-\lambda)}-v_1^{2(1-\lambda)})+e_3^{2\lambda}(v_3^{2(1-\lambda)}-v_2^{2(1-\lambda)})]\Phi(\alpha^*)\end{aligned}$$

$$> [e_1^{2\lambda}(v_1^{2(1-\lambda)} - v_3^{2(1-\lambda)}) + e_1^{2\lambda}(v_2^{2(1-\lambda)} - v_1^{2(1-\lambda)}) + e_1^{2\lambda}(v_3^{2(1-\lambda)} - v_2^{2(1-\lambda)})]\Phi(\alpha^*) = 0$$

(iii) 比较匹配 μ^1 与 μ^5

$$S_T(1, 1) + S_T(2, 2) + S_T(3, 3) - S_T(1, 2) - S_T(2, 3) - S_T(3, 1)$$
$$= [e_1^{2\lambda}(v_1^{2(1-\lambda)} - v_2^{2(1-\lambda)}) + e_2^{2\lambda}(v_2^{2(1-\lambda)} - v_3^{2(1-\lambda)}) + e_3^{2\lambda}(v_3^{2(1-\lambda)} - v_1^{2(1-\lambda)})]\Phi(\alpha^*)$$
$$> [e_3^{2\lambda}(v_1^{2(1-\lambda)} - v_3^{2(1-\lambda)}) + e_3^{2\lambda}(v_2^{2(1-\lambda)} - v_1^{2(1-\lambda)}) + e_3^{2\lambda}(v_3^{2(1-\lambda)} - v_2^{2(1-\lambda)})]\Phi(\alpha^*) = 0$$

因此,匹配组合 $\mu^1 = \{(1, 1), (2, 2), (3, 3)\}$ 是所有匹配可能组合中社会剩余总和极大化的结果。基于命题 8 可知,匹配组合 $\mu^1 = \{(1, 1), (2, 2), (3, 3)\}$ 也是稳定的。

(3) 探讨 $N \times N$ 的竞争匹配情形

对于有 N 个风险投资机构和 N 个创业企业的风险投资市场,基于上一节风险投资市场竞争匹配的假设情境,可知存在这样 $N! = N(N-1)\cdots 3 \times 2 \times 1$ 种可能的匹配组合,即 $M = \{\mu^1, \mu^2, \cdots, \mu^{N!}\}$。例如,其中有一种组合 $\mu^1 = \{(1, 1), (2, 2), \cdots, (N, N)\}$,则相应的项目为 $\{P_{11}, P_{22}, \cdots, P_{NN}\}$。两大群体之间的努力效率系数分别满足 $e_1 > e_2 > \cdots > e_N$、$v_1 > v_2 > \cdots > v_N$。竞争匹配的最优结果必然使得:

$$\mu = \max \sum_{(i, j) \in \mu \subset M} S_T((i, j) \mid (\alpha^*, 1-\alpha^*)) \tag{24}$$

此时,可以采用数学归纳法证明。对于 $N \times N$ 的竞争匹配,在所有的可能匹配组合与 $\mu^1 = \{(1, 1), (2, 2), \cdots, (N, N)\}$ 的对比中,有 $N! - N$ 种组合可以变成 2×2、3×3、…、$(N-1)\times(N-1)$ 的情形。基于数学归纳法的思想,只需证明 μ^1 与剩余的 $(N-1)$ 种可能的匹配组合:$\mu^2 = \{(1, 2), (2, 3), \cdots, (N-1, N), (N, 1)\}$、$\mu^3 = \{(1, 3), (2, 4), \cdots, (N-1, 1), (N, 2)\}$、…、$\mu^N = \{(1, N), (2, 1), \cdots, (N-1, N-2), (N, N-1)\}$。

比较 μ^1 与 $\mu^k (k = 2, 3, \cdots, N)$ 的大小就可以得到结论:

$$\sum_{(i, j) \in \mu^1} S_T(i, j) - \sum_{(i, j) \in \mu^k} S_T(i, j)$$
$$= \sum_{i=1}^{N-k+1} e_i^{2\lambda}(v_i^{2(1-\lambda)} - v_{k+i-1}^{2(1-\lambda)}) + \sum_{i=N-k+2}^{N} e_i^{2\lambda}(v_i^{2(1-\lambda)} - v_{i-(N-k+2)+1}^{2(1-\lambda)})$$
$$> e_{N-k+1}^{2\lambda} \sum_{i=1}^{N-k+1} (v_i^{2(1-\lambda)} - v_{k+i-1}^{2(1-\lambda)}) + e_{N-k+2}^{2\lambda} \sum_{i=N-k+2}^{N} (v_i^{2(1-\lambda)} - v_{i-(N-k+2)+1}^{2(1-\lambda)})$$

$$> e_{N-k+2}^{2\lambda}\sum_{i=1}^{N-k+1}(v_i^{2(1-\lambda)}-v_{k+i-1}^{2(1-\lambda)})+e_{N-k+2}^{2\lambda}\sum_{i=N-k+2}^{N}(v_i^{2(1-\lambda)}-v_{i-(N-k+2)+1}^{2(1-\lambda)})$$
$$=0$$

此外，利用排序不等式的性质（苏农和刘玲，2011）也可以验证出，匹配组合 $\mu^1=\{(1, 1), (2, 2), \cdots, (N, N)\}$ 实现了社会剩余总和的极大化。因此，匹配组合 $\mu^*=\mu^1=\{(1, 1), (2, 2), \cdots, (N, N)\}$ 是所有匹配可能组合中社会剩余总和极大化的结果。基于命题 8 可知，匹配组合 $\mu^1=\{(1, 1), (2, 2), \cdots, (N, N)\}$ 也是稳定的。

因此，命题 9 构建了 2×2、3×3、$N\times N$ 的风险投资市场竞争匹配模型，证明了使得社会剩余总和最大化的匹配组合可以实现稳定匹配的结论，并得出了稳定匹配的方式是风险投资机构与创业企业呈现出强者与强者匹配、弱者与弱者结合的“门当户对”式的正向选择配对（Positive Assortative Matching）方式的结论，即按照风险投资机构与创业企业在各自市场中的排序位置进行对等匹配。根据命题 8，这样的匹配不仅是稳定的，而且是完美的。

本章的模型对 Sørensen（2007）在完全信息情形下的风险投资正向排序效率提供了理论洞见。Sørensen（2007）强调了风险投资机构在匹配合作关系中对被投资企业后续成功 IPO 发挥的影响作用，并且还发现了高资质的风险投资机构更具有挑选高发展潜力的创业企业的能力。但是，Sørensen（2007）忽略了创业企业在双方匹配中的作用。本书坚持风险投资机构和创业企业均具有选择行为及两者在双边匹配中的作用，并且理论证明了在市场维度上，两大群体之间的正向选择匹配是有效率和稳定的，这为理解创业企业在匹配过程中的情境提供了全新的视角。我们的研究结果也有助于理解 Cumming and Dai（2013）的实证发现，即高（低）质量的创业企业若与低（高）声誉的风险投资机构匹配合作，则在接下来的融资轮次中，维持这种匹配关系的可能性将降低。

由于竞争性和资源的有限性，创业企业一般都倾向于寻求与更高声誉的风险投资机构匹配，但是大部分创业企业都难以有这样的机会。本章则指出，创业企业根据自己在市场中的排序位置，寻找与自己排序位置对等的风险投资机构，可能更为合适。

受市场竞争的驱动，我们研究了交易双方最优讨价还价能力配置和稳定匹配的问题。最直接的政策应用是，降低市场进入门槛，提高信息效率，有助于改善双边道德风险情境下市场参与者的理性决策。总体而言，所有市场参与者的选择和决策，最终会导致社会福利最大化下的市场均衡状态。

3 进一步的分析

上一节论证的第一个重要结论是，对于任何的匹配项目 P_{ij}，风险投资机构 j 和创业企业 i 的最优讨价还价能力配置为$(\alpha^*, 1-\alpha^*)$。其中，当 $\lambda=\frac{1}{2}$ 时，$\alpha^*=\frac{1}{2}$；当 $\lambda \neq \frac{1}{2}$ 时，$\alpha^*=\frac{\lambda-\sqrt{\lambda^4-2\lambda^3-\lambda^2+2\lambda}+\lambda^2}{4\lambda-2}$。该最优讨价还价能力配置结果意味着，在其他给定的条件下，讨价还价能力配置$(\alpha^*, 1-\alpha^*)$实现了项目 P_{ij} 的社会剩余最大化。因此，只要项目 P_{ij} 是市场竞争匹配的最终结果，那么$(\alpha^*, 1-\alpha^*)$也将作为最终讨价还价能力配置的均衡结果而出现。第一个结论在广泛意义上回答了最优讨价还价能力配置问题，进而只需考虑竞争市场的最优匹配问题。最优匹配问题涉及产出效率与匹配的稳定性两个问题，而基于命题 8，最优匹配问题转化为了只需关注社会最优效率的问题。紧接着，在分别讨论了 2×2、3×3、$N\times N$ 的风险投资市场竞争匹配模型情境后，得出的最有效率的匹配组合是风险投资机构与创业企业分别按照其各自的产出效率系数 v_j、e_i 的大小，选择“强强匹配”“弱弱结合”的正向选择配对方式，即创业企业与风险投资机构的匹配组合为 $\mu^1=\{(1, 1), (2, 2), \cdots, (N, N)\}$。

有一个问题需要指出，在本章的基本假设中，项目产出对于创业企业和风险投资机构的努力水平是规模报酬不变的，即产出 $R_{ij}=R_{\varepsilon_{ij}}+(e_iL_i)^{\lambda}(v_jK_j)^{1-\lambda}$。而命题 6 也表明，最优的讨价还价能力配置结果仅仅由努力的产出弹性系数 λ 决定。在此，进一步讨论规模报酬可变的情形，即将该假设调整为 H_M:$R_{ij}=R_{\varepsilon_{ij}}+(e_iL_i)^{\lambda_1}(v_jK_j)^{\lambda_2}$。其中，$0<\lambda_1<1$、$0<\lambda_2<1$。那么，此时的讨价还价能力配置结果是一个需要重新考虑的问题。①

引理 11 在调整的假设条件 H_M 下，创业合作项目 P_{ij} 令双边道德风险情境下的社会剩余 $S_T(i, j)$最大化的讨价还价能力配置$(\alpha^*, 1-\alpha^*)$使得如下值最大化：

$$\phi(\alpha_{ij})=\alpha_{ij}^{\lambda_1}(1-\alpha_{ij})^{\lambda_2}\left[1-\frac{\lambda_1\alpha_{ij}}{2}-\frac{\lambda_2(1-\alpha_{ij})}{2}\right]$$

---

① 当然，从上一节关于竞争市场的最有效率的匹配组合分析过程可以看出，这里的对规模报酬可变的产出设定，并不影响最优效率的匹配组合结果。

解得:(1) 当 $\lambda_1 = \lambda_2$ 时,有 $\alpha^* = \frac{1}{2}$;(2) 当 $\lambda_1 \neq \lambda_2$ 时①,有 $\alpha^* =$

$$\frac{3\lambda_1 + \lambda_2 - \sqrt{\lambda_1^4 - 2\lambda_1^3 + 2\lambda_1^2\lambda_2^2 - 6\lambda_1^2\lambda_2 + \lambda_1^2 - 6\lambda_1\lambda_2^2 + 14\lambda_1\lambda_2 + \lambda_2^4 - 2\lambda_2^3 + \lambda_2^2 - 2\lambda_1\lambda_2 + \lambda_1^2 - \lambda_2^2}}{2\lambda_1^2 + 2\lambda_1 - 2\lambda_2^2 - 2\lambda_2}$$

。

引理 11 表明,对于匹配项目 P_{ij},创业企业和风险投资机构努力水平的产出弹性系数 λ_1、λ_2 决定着最优的讨价还价能力配置(α^*, $1-\alpha^*$)。图 11 分别给出了在 λ_1、λ_2 取值从 0.01 到 0.99,步长为 0.01,共 99×99 种情形下的最优讨价还价能力配置结果中创业企业的讨价还价能力 α^*(见图 11 左图)、风险投资机构的讨价还价能力 $1-\alpha^*$(见图 11 右图)的两幅三维立体图。从图 11 中的左图可以看出,在给定风险投资机构的产出弹性系数 λ_2 时,创业企业的最优讨价还价能力随着其产出弹性系数 λ_1 的增加而递增;在给定创业企业的产出弹性系数 λ_1 时,创业企业的最优讨价还价能力随着风险投资者产出弹性系数 λ_2 的增加而递减。图 11 中的右图则反映了风险投资机构的最优讨价还价能力与其自己的产出弹性系数 λ_2 呈正向变化,而与创业企业的产出弹性系数 λ_1 呈反向变化。当 $\lambda_1 + \lambda_2 = 1$ 时,图 11 中的左、右图分别退化为图 10 中的两条散点式线型图。当创业企业和风险投资机构努力水平的产出弹性系数相等,即 $\lambda_1 = \lambda_2$ 时,二者的讨价还价能力是对等的,即 $\alpha^* = 1 - \alpha^* = 0.5$。

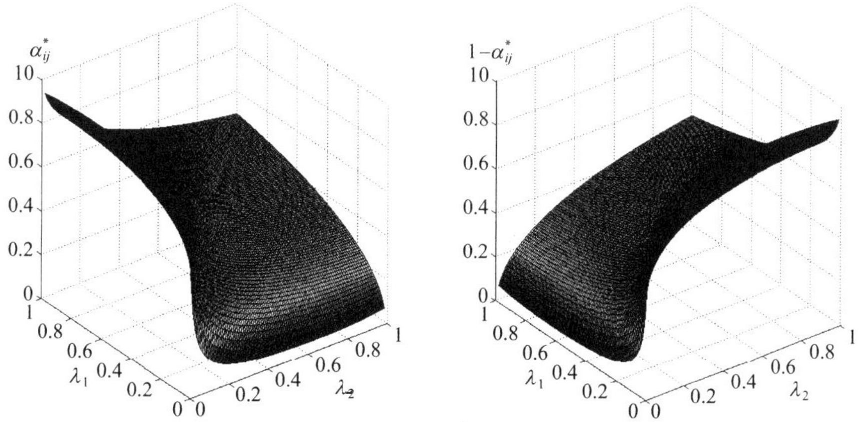

图 11　创业企业 E_i(左)和风险投资机构 V_j(右)的讨价还价能力

① 运用 Matlab 软件,通过 solve 命令求得显示解。

创业企业和风险投资机构通过匹配组合,共同促进创业合作项目的发展成长,二者的最优讨价还价能力配置由各自努力水平的产出弹性系数 λ_1、λ_2 决定。只有当 $\lambda_1 = \lambda_2$ 时,才是标准的纳什讨价还价博弈;否则,就是非对称的讨价还价博弈。因此,讨价还价博弈的非对称是由于在双边道德风险的情境条件下,创业企业和风险投资机构努力水平的产出弹性系数的非对等造成的,即 $\lambda_1 \neq \lambda_2$。

4 数值算例模拟

为了更直观地展示风险投资市场的竞争匹配结果与讨价还价能力的最优配置,这里以 2×2 的竞争匹配模型作为数值算例的对象。此时,市场的基本情境为:在风险投资市场中,风险投资机构 $j=1$、2 与创业企业 $i=1$、2,两两无重复地自由匹配组成创业合作项目 P_{ij},项目产出 $R_{ij}=R_{\varepsilon_i}+(e_iL_i)^{\lambda}(v_jK_j)^{1-\lambda}$,且创业企业和风险投资机构的产出效率系数分别满足 $e_1>e_2$,$v_1>v_2$。创业企业 EN_i 和风险投资机构 VC_j 的努力成本函数分别为 $g(L_i)=\frac{L_i^2}{2\eta}$、$g(K_j)=\frac{K_j^2}{2\theta}$。在数值计算中,相关参数设置如下:$\theta=\eta=1$,$R_{\varepsilon_{ij}}=1$,$F=0.2$,$e_1=\sqrt{2}$,$e_2=\frac{1}{\sqrt{2}}$,$v_1=\sqrt{2}$、$v_2=\frac{1}{\sqrt{2}}$。

首先,基于引理 10 可知,对于创业合作项目 P_{ij},在双边道德风险情境下,最优融资合约实现的社会剩余 $S_T(i,j)$ 为:

$$S_T(i,j)=0.8+(e_i^2\eta\lambda)^{\lambda}[v_j^2\theta(1-\lambda)]^{1-\lambda}]\phi(\lambda,\alpha_{ij}) \tag{25}$$

其中,$\phi(\lambda,\alpha_{ij})=\alpha_{ij}^{\lambda}(1-\alpha_{ij})^{1-\lambda}\left[1-\frac{\lambda\alpha_{ij}}{2}-\frac{(1-\lambda)(1-\alpha_{ij})}{2}\right]$。

基于命题 8 和命题 9 可知,最优的匹配结果是:形成创业合作项目 P_{11}、P_{22},以及相应的讨价还价能力配置为 $(\alpha^*,1-\alpha^*)$。其中,$\alpha_{11}=\alpha_{22}=\alpha^*=\frac{\lambda-\sqrt{\lambda^4-2\lambda^3-\lambda^2+2\lambda}+\lambda^2}{4\lambda-2}$。

在此基础上,进一步分析在不同的 λ 取值情形下,最优讨价还价能力配置结果 $(\alpha^*,1-\alpha^*)$ 与最优创业合作项目 P_{11}、P_{22} 下的社会剩余,以及创业企业 1、2 和风险投资机构 1、2 各自分别获得的社会剩余。为了对比的需要,我们也分析了在创业合作项目 P_{12}、P_{21} 下的社会剩余,以及创业企业 1、2 和风险投资机构 1、2 各自分别获得的社会剩余(具体数值结果见表 1)。基于表 1,可以归纳出这样几点结论:

表 1　数值算例模拟结果

λ	0.1	0.2	0.3	0.4	0.5	0.6	0.7	0.8	0.9
α^*	0.202	0.290	0.364	0.433	0.5	0.567	0.636	0.710	0.798
$1-\alpha^*$	0.798	0.710	0.636	0.567	0.5	0.433	0.364	0.290	0.202
$S_T(1, 1)$	1.117	1.047	1.011	0.993	0.988	0.993	1.011	1.047	1.117
$S_{en}(1, 1)$	0.226	0.304	0.368	0.430	0.494	0.563	0.643	0.744	0.891
$S_{vc}(1, 1)$	0.891	0.744	0.643	0.563	0.494	0.430	0.368	0.304	0.226
$S_T(2, 2)$	0.879	0.862	0.853	0.848	0.847	0.848	0.853	0.862	0.879
$S_{en}(2, 2)$	0.178	0.250	0.310	0.367	0.423	0.481	0.542	0.612	0.701
$S_{vc}(2, 2)$	0.701	0.612	0.542	0.481	0.423	0.367	0.310	0.250	0.178
$\sum S_T$	1.996	1.909	1.864	1.841	1.834	1.841	1.864	1.909	1.996
$S_T(1, 2)$	0.891	0.882	0.880	0.884	0.894	0.911	0.939	0.987	1.076
$S_{en}(1, 2)$	0.180	0.256	0.320	0.383	0.447	0.516	0.597	0.701	0.858
$S_{vc}(1, 2)$	0.711	0.626	0.560	0.501	0.447	0.394	0.342	0.286	0.218
$S_T(2, 1)$	1.076	0.987	0.939	0.911	0.894	0.884	0.880	0.882	0.891
$S_{en}(2, 1)$	0.218	0.286	0.342	0.394	0.447	0.501	0.560	0.626	0.711
$S_{vc}(2, 1)$	0.858	0.701	0.597	0.516	0.447	0.383	0.320	0.256	0.180
$\sum S_T'$	1.967	1.869	1.819	1.795	1.788	1.795	1.819	1.869	1.967
ΔS_T	0.029	0.040	0.045	0.046	0.047	0.046	0.045	0.040	0.029
$\frac{\Delta S_T}{\sum S_T}$	1.47%	2.10%	2.39%	2.52%	2.56%	2.52%	2.39%	2.10%	1.47%
$\Delta S_{en}(1)$	0.046	0.048	0.048	0.047	0.047	0.047	0.046	0.043	0.033
$\Delta S_{en}(2)$	−0.040	−0.036	−0.031	−0.027	−0.023	−0.020	−0.017	−0.014	−0.009
$\Delta S_{vc}(1)$	0.033	0.043	0.046	0.047	0.047	0.047	0.048	0.048	0.046
$\Delta S_{vc}(2)$	−0.009	−0.014	−0.017	−0.020	−0.023	−0.027	−0.031	−0.036	−0.040

(1) 在创业企业与风险投资机构各自努力水平的产出弹性系数 λ、$1-\lambda$ 取值不同的情况下，创业企业和风险投资机构的最优讨价还价能力配置结果会随着产出弹性系数的相对变化而发生改变。二者的产出弹性系数相差越大，其讨价还价能力配置也越不对等，表现为产出弹性系数越高，对应的讨价还价能力就越大。当创业企业和风险投资机构的产出弹性系数相等，即 $\lambda=0.5$ 时，二者的讨价还价能力配置也是对等的，即 $\alpha^*=0.5$。

(2) 最优匹配组合融资项目 P_{11}、P_{22} 下的总社会剩余 $\sum S_T$ 高于作为对照情形的融资项目 P_{12}、P_{21} 下的总社会剩余 $\sum S_{T'}$，并且这种差距 $\Delta S_T=\sum S_T-\sum S_{T'}$ 随着创业企业和风险投资机构的产出弹性系数的差异化之减小而扩大；当 $\lambda=0.5$ 时，两种情形下的总社会剩余的差距达到 0.047，而此时 $\dfrac{\Delta S_T}{\sum S_T}=2.56\%$。

(3) 分别对比最优匹配组合融资项目 P_{11}、P_{22} 下的创业企业 1、2 和风险投资机构 1、2 各自获得的社会剩余，与作为对照情形的融资项目 P_{12}、P_{21} 下的创业企业 1、2 和风险投资机构 1、2 各自获得的社会剩余，可以发现：与对照情形的融资项目相比，在最优匹配组合的融资项目下，创业企业 1 和风险投资机构 1 都获得更高的社会剩余，而创业企业 2 和风险投资机构 2 获得的社会剩余则更低了。但是，创业企业 1 和投资者 1 获得的社会剩余增额部分 $\Delta S_{en}(1)$、$\Delta S_{vc}(1)$ 之和，大于创业企业 2 和风险投资机构 2 获得的社会剩余减少部分 $\Delta S_{en}(2)$、$\Delta S_{vc}(2)$ 之和的绝对值。这一点也反映了最优组合必须实现社会剩余总和极大化的要求。

(4) 上表中，创业企业 1、2 和风险投资机构 1、2 各自获得社会剩余的数值结果是在固定支付 $T_{ij}=0$ 的条件下得到的。可以发现，在 $\lambda=0.1$ 时，创业企业 2 在最优匹配组合（与风险投资机构 2 匹配）下所获得的社会剩余比对照情形（与风险投资机构 1 匹配）减少了 0.040，而风险投资机构 1 在最优匹配组合（与创业企业 1 匹配）下所获得的社会剩余比对照情形（与创业企业 2 匹配）只增加了 0.033。这意味着，在匹配项目 P_{11}、P_{22} 下，如果固定支付 $T_{11}=T_{22}=0$，那么创业企业家 2 可以向风险投资机构 1 承诺付出固定支付 T，且满足 $0.033\leqslant T\leqslant 0.040$ 的固定支付形式，此时创业企业 2 的福利改进额为 $0.040-T$，风险投资机构 2 的福利改进额为 $T-0.033$。为了保证最优匹配组合的稳定性，创业企业 1 与风险投资机构 1 必须签订固定支付不为 0 的最优合约，即在合约中，创业企业 1 向风险投资机构 1 固定支付 T'，且满足：

$$0.046 \geqslant T' \geqslant \max \sum_{0.033 \leqslant T \leqslant 0.040} (T - 0.033) = 0.007$$

因此，在 $\lambda = 0.1$ 时，创业企业 1 与风险投资机构 1 组成最优匹配组合，且创业企业 1 需向风险投资机构 1 固定支付 T'。当然，相似地，在 $\lambda = 0.9$ 时，存在着风险投资机构 1 向创业企业 1 固定支付 T'的情形。

这里的数值案例为直观理解转移支付提供了一个新的视角，转移支付并不仅仅是对努力成本和货币投资的补偿。上一章的研究指出，风险投资机构与创业企业之间存在着一个连续状态的最优合约集，转移支付并不影响总的社会福利，因此转移支付可以由复杂的内外部因素共同决定。这里的例子还揭示出，可以适度精炼转移支付的空间，以保证交易双方匹配的稳定性和经济效率。随着市场中创业企业和风险投资机构数量的提高，双方的竞争将会更加激烈，转移支付的有效空间将会进一步被压缩和精炼。

本节考察了简单的 2×2 竞争匹配模型作为数值算例的对象，直观地展现了这样两个重要的结论：(1)努力水平的产出弹性系数 λ、$1-\lambda$ 对总社会剩余、讨价还价能力配置的影响：两个弹性系数越不对等，总社会剩余越大；弹性系数越大的那一方，其讨价还价能力越大。(2)竞争导致的固定支付的可能必要性：在一定条件下，最优匹配组合可能会面临其他匹配组合的冲击，此时需要明确一方对另一方的转移支付来保证最优匹配组合的稳定性。

5　实证分析

5.1　数据来源与匹配样本

本节的数据来自清科私募通数据库中的“投资事件”和“机构”两大数据子库，选用的数据样本的时间区段为 2002 年 1 月 1 日至 2015 年 12 月 31 日共 14 年的时间维度，地理维度是北京市、上海市和深圳市三个最为活跃的地区。本节选用的数据样本中，通过删除部分有缺失值的数据样本，最终得到 1441 个风险投资者投资 3956 个从 A 轮融资开始的创业项目的初始样本。该初始样本是具有 3956 个观测值的创业企业家和风险投资者之间实际结成配对的数据样本集，且投资事件发生于 A 轮融资。如果使用变量 match 来表示匹配结果，结成匹配取值为 1，那么在初始样本中，

$match = 1$。需要指出的是，我们还需要深入了解在风险投资市场匹配发生时，无论是创业企业家还是风险投资者，都还有哪些潜在的其他匹配对象可供选择。对于这些潜在匹配可能，由于并未结成配对，因此记 $match = 0$。

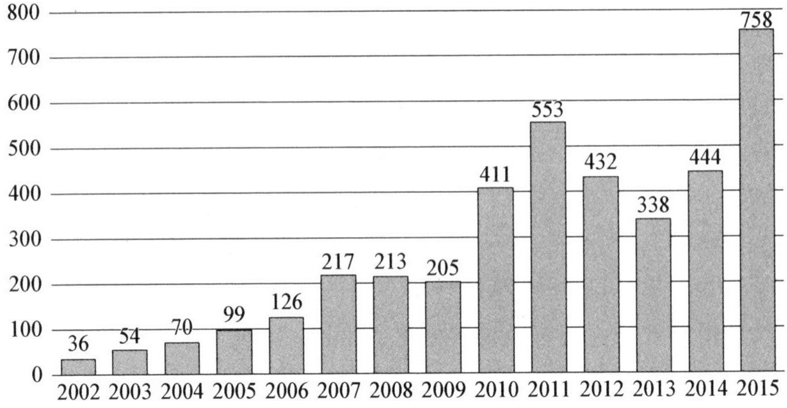

图 12　实际匹配样本的年度分布

从图 12 可以看出，近年来，风险资本投资变得越来越活跃。例如，2015 年的实际匹配数（投资）是 10 年前的 7.66 倍。

5.2　潜在匹配样本

为了研究驱动创业企业和风险投资机构匹配的因素，我们还需要一个没有发生的可能匹配的样本。创建所有潜在匹配样本时，我们遵循 Sørensen（2007）划分市场的方法。本节选取北京市、上海市和深圳市作为市场划分的地理维度，以整年度作为市场划分的时间维度。首先，本节将 3 个地理纬度与 14 个时间维度进行综合划分，共计得到 42 个风险投资市场。其次，根据 42 个风险投资市场的划分，我们可以得到每个市场中风险投资机构对企业进行 A 轮投资的信息。这些都是实际发生匹配的数据样本，但是还有未结成匹配的数据样本是没有观测到的。例如，在某个市场中，有这样三个实际匹配数据样本：(V_i, E_j)，$i = j = 1, 2, 3$，表示风险投资 V_i 投资企业 E_i。其他所有未结成匹配的潜在样本是 (V_i, E_j)，$i \neq j$，这样的情形有 6 种。因此，在这个市场中，实际发生的匹配数据样本个数是 3，而未结成匹配的样本数为 6，加总得到潜在的匹配样本个数为 9。最后，针对本节数据样本划分得到的 42 个风险投资市场，分别通过 R 语言编程运算来获取所有潜在匹配样本，最终共计得到 673688 个（所有）潜在匹配数据样本。

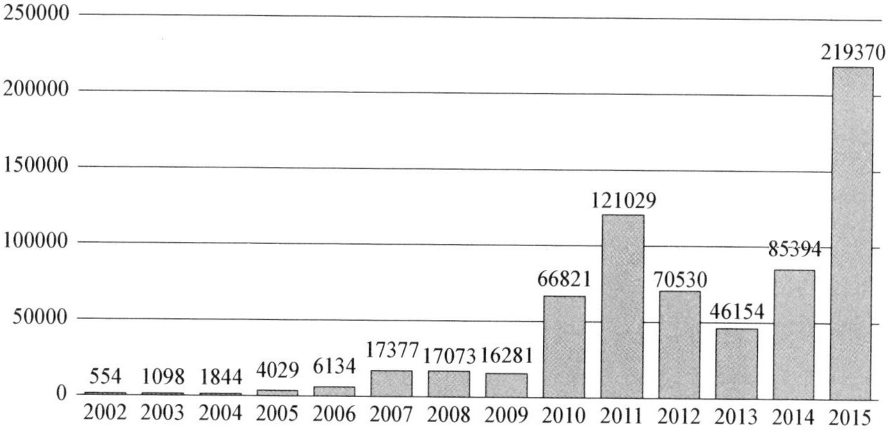

图 13　潜在匹配样本的年度分布

图 13 显示，根据风险资本市场的地理位置和年份的划分，每个市场都有大量的潜在匹配。当一个创业者或风投在某一年寻找商业伙伴时，有几十个甚至几百个候选人可供选择。

5.3　变量

如果观察到的是实际匹配，那么变量 *match* 等于 1，否则为 0。要计算创业企业和风险投资机构之间的匹配程度，我们需要一些衡量二者异质性的指标，这些指标代表了二者在同行群体中的地位。由于不可能用单个变量来直接衡量创业企业和风险投资机构的资质与质量，因此在文献中，经验通常被用来作为粗略的代理变量，包括风投公司的年龄、累计投资总额和投资的公司数量（Gompers，1996；Hochberg et al.，2007）。本节选取了两个反映风险投资资质的指标变量 *expst* 和 *exp*。*exp* 是 Sørensen（2007）提出的度量风险投资经验与资质的变量，表示从 2002 年 1 月 1 日开始，风险投资机构投资某企业时所累计参与项目投资的次数，每个风险投资在样本期内的投资次数是随时间趋增的；而 *expst* 表示截至 2015 年 12 月 31 日，风险投资机构在样本期内参与投资企业的总次数，每一个风险投资在整个样本期内投资的总次数都是固定的，反映了风险投资机构在样本期内的投资实力，是从事后视角对风险投资资质的度量。Sørensen（2007）针对使用风险投资经验与资质来衡量风险投资机构的好坏给出了两个理由：其一，风险投资机构的投资经验越丰富、能力越强，越可以更好地就企业成长发挥监督和管理职能；其二，风险投资机构丰富的投资经验，代表了其异于其他竞争对手的生存能力和优秀特质，显示出其强大能力的信号。这两个自变量是风险投资者的投资能力的特征变量。一般认为，高资质的风险投资者更容易获得投资机会，因而其投资轮数及整个样本期内的投资总轮数均会更高。

对于每一项投资过程，往往有多个风险投资者同时出资，联合参与一个企业的融资项目。我们借鉴 Sørensen(2007)的处理方法，使用联合投资中的领导者作为代表。具体而言，我们选取联合投资中投资金额最大的风险投资者作为领导者；对于投资额相等的极少数情形，则选取投资经验最丰富的风险投资者作为领导者。在后文的稳健性检验中，我们在领导者的选择方式上还做了进一步的调整，如我们选取联合投资中代理变量最大的机构作为领投者，或者选择中位数位置的机构作为领投者。

照理来说，企业的发展潜力应该由自身的指标进行测度，但是企业发展具有高风险性和高度不确定性，其发展潜力的指标变量比较难选取，也鲜有文献在这一方面做深入研究。“风险投资机构会在投资前对企业进行大量细致的尽职调查，只有当确认其有投资价值、有较强的未来盈利能力时，才会把资金投入到这家企业。”(Megginson and Weiss，1991)风险投资机构对企业的投资，通常采取分散化联合投资和分阶段投资的模式。如果企业要想获得新一轮融资，那么在完成上一轮融资之后，其需要向市场证明企业发展的状态和业绩表现，否则可能比较难以获得投资者的认可。按照 Sørensen(2007)的观点，在排序选择效应(Sorting effect)视角下，“好风投”倾向于投资“好企业”，这也蕴含着“好企业”愿意接受“好风投”投资的思想。Sørensen(2007)并没有提出描述企业“好坏”的代理变量，但在这样的逻辑之下，我们可以认为，“好企业”会更容易获得更多轮次的融资和吸引更多风险投资者来参与投资。就企业发展潜力的识别与判断来说，风险投资机构无疑是最专业、最积极的“伯乐”，而企业越具有发展潜力，就越容易获得风险投资机构的关注和青睐。因此，本节从风险投资机构对企业关注与青睐程度的视角出发，拟采用两个指标变量 *turnnums* 和 *turnnum* 来度量企业自身的发展潜力。*turnnums* 表示在企业的不同融资轮次中，风险投资个数的总和；*turnnum* 表示在样本期内，企业获得的融资轮数。这两个代理变量均是从事后的视角来度量企业的发展潜力。

这里分别选取自变量 *expst*、*turnnums* 作为风险投资者专业资质与创业企业发展潜力的度量变量。基于本章的研究假设，创业企业家与风险投资者之间能否结成配对，取决于各自在市场中排序位置的对等性。也就是说，对于一个确定的风险投资市场环境，风险投资者在其对应群体中的资质排序位置与创业企业家在其对应群体中的发展潜力排序位置是否对等和一致。只有创业企业家与风险投资者在风险投资市场中的排序位置对等，才符合高匹配度。对于任意的风险投资市场，可以编程运算得到变量 *expst*、*turnnums* 的排序指标 *expstrank*、*turnnumsrank* 的实际数值结果。因此，本节进一步构建风险投资市场中风险投资者与创业企业家之间的潜在匹配度指标 *mdgree*11 来度量二者各自所处的市场排序位置是否对等一致：

$$mdgree11 = 1 - |expstrank - turnnumsrank| / totalrank$$

其中，*totalrank* 表示在该特定的风险投资市场中的创业企业个数。相似地，可以分别根据变量 *expst*、*turnnum* 的排序指标变量得到潜在匹配度指标 *mdgree*12，根据变量 *exp*、*turnnums* 的排序指标变量得到潜在匹配度指标 *mdgree*21，根据变量 *exp*、*turnnum* 的排序指标变量得到潜在匹配度指标 *mdgree*22。

变量 *earlystage* 是表示创业企业在接受首轮风险投资时，企业当时发展阶段的虚拟变量。若企业处于初创期，则 *earlystage* ＝ 1，否则 *earlystage*＝0。创业企业在初创期往往还不具备稳定的现金收入流，虚拟变量 *earlystage* 可以反映这一方面的企业特征信息。变量 *foreign* 是表示风险投资者是否具有外资背景的虚拟变量。*foreign*＝1 表示风险投资者是否具有海外背景，即要么是合资的，要么是完全外资的；*foreign*＝0 表示风险投资者是完全本土的。变量 *distance* 是表示风险投资者与创业企业是否处于同一个城市的虚拟变量，若是则取值为 1，否则取值为 0。

变量 *I_computer*、*I_comelec*、*I_medbioene*、*I_enterta*、*I_intenet* 和 *I_other* 均为表示创业企业所属行业类别的虚拟变量。*I_computer*＝1，表示与计算机相关的行业；*I_comelec*＝1，表示与通信、电子相关的行业；*I_medbioene*＝1，表示与医药、生物、能源等相关的行业；*I_enterta*＝1，表示与影视艺术娱乐出版相关的行业；*I_intenet*＝1，表示与互联网相关的行业；*I_other*＝1，表示其他行业。

变量 *market*1、*market*2 和 *market*3 均为反映风险投资中创业企业所处地理区位维度的虚拟变量。*market*1＝1，表示处于北京市地区；*market*2＝1，表示处于上海市地区；*market*3＝1，表示处于深圳市地区。这也是划分风险投资市场的地理维度。

变量 *year*2002、*year*2003、…、*year*2015 分别表示创业企业在接受风险投资者 A 轮投资时所处于的年份，取值为 2002 年至 2015 年。这也是划分风险投资市场的时间维度标准。

变量的描述性统计结果报告在表 2 和表 3 中，表 2 和表 3 分别对应实际匹配数据样本和潜在匹配数据样本。

表 2 显示了在 3956 个结成配对的初始样本中，创业企业家和风险投资者各自的特征指标变量的信息及合作项目的相关信息变量。表 3 显示了在 673688 个（所有）潜在匹配数据样本中，创业企业家与风险投资者之间的信息变量及各自的信息变量。

表 2　初始样本的描述性统计

Statistic	N	MIN	1st Qu	Median	Mean	3rd Qu	Max
match	3956	1	1	1	1	1	1
*mdgree*11	3956	0.0385	0.5409	0.7548	0.7003	0.8855	1
*mdgree*22	3956	0.0349	0.5483	0.7529	0.7053	0.8848	1
*mdgree*12	3956	0.0337	0.5478	0.7540	0.7077	0.8844	1
*mdgree*22	3956	0.0311	0.5390	0.7542	0.6986	0.8827	1
expst	3956	1	13	68	132.6	198	683
exp	3956	1	5	19	59	72	683
turnnums	3956	1	1	2	2.826	3	35
turnnum	3956	1	1	1	1.656	2	8
*market*1	3956	0	0	1	0.5137	1	1
*market*2	3956	0	0	0	0.3046	1	1
*market*3	3956	0	0	0	0.1817	0	1
earlystage	3956	0	0	0	0.4087	1	1
foreign	3956	0	0	0	0.3665	1	1
distance	3956	0	0	0	0.3835	1	1
I_computer	3956	0	0	0	0.1153	0	1
I_comelec	3956	0	0	0	0.1646	0	1
I_medbioene	3956	0	0	0	0.1350	0	1
I_enterta	3956	0	0	0	0.1173	0	1
I_intenet	3956	0	0	0	0.2336	0	1
I_other	3956	0	0	0	0.2343	0	1

表 3　潜在匹配样本的描述性统计

Statistic	N	MIN	1st Qu	Median	Mean	3rd Qu	Max
match	673688	0	0	0	0.0059	0	0
*mdgree*11	673688	0.0142	0.5023	0.7182	0.6755	0.8724	1
*mdgree*22	673688	0.0311	0.5237	0.7258	0.6900	0.8711	1
*mdgree*12	673688	0.0142	0.5250	0.7322	0.6899	0.8711	1
*mdgree*22	673688	0.0311	0.5000	0.7172	0.6756	0.8671	1
expst	673688	1	11	60	131.8	198	683
exp	673688	1	5	24	71.78	89	683
turnnums	673688	1	1	2	2.651	3	35
turnnum	673688	1	1	1	1.574	2	8
*market*1	673688	0	0	1	0.6822	1	1
*market*2	673688	0	0	0	0.2293	0	1
*market*3	673688	0	0	0	0.088	0	1
earlystage	673688	0	0	0	0.4087	1	1
foreign	673688	0	0	0	0.3267	1	1
distance	673688	0	0	0	0.4089	1	1
I_computer	673688	0	0	0	0.1208	0	1
I_comelec	673688	0	0	0	0.1425	0	1
I_medbioene	673688	0	0	0	0.1257	0	1
I_enterta	673688	0	0	0	0.1211	0	1
I_intenet	673688	0	0	0	0.2757	1	1
I_other	673688	0	0	0	0.2141	0	1

5.4　实证结果

表 4 报告了 Probit 模型回归估计结果，采用了四种不同的匹配度度量。在模型 1 至模型 4 中，控制了年度虚拟变量；在模型 5 至模型 8 中，没有控制年度虚拟变量。

在这 8 个模型中，匹配度的所有度量变量，*mdgree*11，*mdgree*22，*mdgree*12，*mdgree*21，都在 1%的显著性水平上显著，说明在中国风险投资市场中，创业企业家与风险投资者之间的匹配度越高，就越容易结成配对合作。这一研究为本章理论模型关于“风险投资机构与创业企业之间是门当户对式正向选择匹配模式”的结论提供了强有力的支撑，理论模型结论与中国风险投资市场的现实相一致。

表 4 也对每一个解释变量报告了平均边际效应（AME）分析结果，在每个回归系数结果展示所对应的第二行。例如，在模型 1 中，匹配度变量 *mdgree*11 的边际效应回归系数为 0.0030，在 1%的显著性水平上显著。这表明，当其他条件不变时，匹配度变量 *mdgree*11 发生一个标准差的变化，双方成功匹配的概率将上升 0.069%。由于 *match* 的平均值是 0.59%（表 2），因此成功匹配的概率提升了 11.6%。

值得指出的是，在控制年度虚拟变量的模型 1 至模型 4 中，创业企业和风险投资机构的质量代理变量都不显著。这表明，影响创业企业与风险投资机构双方匹配的因素是双边匹配，而不是单边因素的匹配。在控制变量中，上海和深圳地区比北京地区的企业更容易找到匹配对象，行业效应并不显著，创业企业发展阶段和创投双方地理临近性对于双方匹配都不具备显著性影响。

在稳健性检验分析中，我们将完整年度更改为半年时间维度，重新划分市场，与 Sørensen(2007)的处理相一致。在此基础上，得到 28 个半年度划分和 3 个城市的地理划分，划分得到 84 个市场，共计 339832 个（所有）潜在匹配样本。我们重新进行 Probit 回归模型分析，将回归结果报告在表 5 中。回归结果与表 4 相一致，支撑了本章正向选择匹配的结论。

对于已经投资的创业企业，风险投资机构可能具有一定的倾向性，在后续融资轮次中更容易继续投资，从而导致双方匹配合作过程中投资次数的正向相关性。为了剔除掉这样的影响，我们采取了一个稳健性检验方法，重新评估创业企业和风险投资质量的代理变量，调整原有变量的度量方式。具体方法如下：若同一个风险投资机构在同一家创业企业投资 n 次，则风险投资的投资经验（*expst* 和 *exp*）的计数在后续 $n-1$ 次投资中保持不变；同时，创业企业的融资数目与轮次（*turnnums* 和 *turnnum*）的计数也相应调整，在 *turnnums* 的计数中删除掉同一个风险投资后续 $n-1$ 次的投资，在 *turnnum* 的计数中删除掉这个风险投资后续 $n-1$ 轮参与融资的数据，重新计数得到新的度量变量 *expst_adj*、*exp_adj*、*turnnums_adj* 和 *turnnum_adj*，进而计算得到调整后的匹配契合度变量 *mdgree*11_*adj*、*mdgree*22_*adj*、*mdgree*12_*adj*、*mdgree*21_*adj*，以及匹配差异度变量 *ddgree*11_*adj*、*ddgree*22_*adj*、*ddgree*12_*adj*、*ddgree*21_*adj*。相关结果

表 4　Probit 回归

	Dependent variable:							
	(1)	(2)	(3)	(4)	(5)	(6)	(7)	(8)
*mdgree*11	0.187***				0.196***			
	0.0030***				0.0032***			
*mdgree*22		0.146***				0.123***		
		0.0024***				0.0020***		
*mdgree*12			0.167***				0.173***	
			0.0027***				0.0028	
*mdgree*21				0.171***				0.160***
				0.0028***				0.0026***
expst	0.00004		0.00004		0.0000		0.00000	
	0.0000		0.0000		0.0000		0.0000	
turnums	0.003			0.002	0.013***			0.013***
	0.0000			0.0000	0.0002***			0.0002***
exp		0.0001		0.0001		−0.0004***		−0.0004***
		0.0000		0.0000		−0.0000***		−0.0000***
turnnum		0.007	0.007			0.046***	0.050***	

续表

	Dependent variable:							
	(1)	(2)	(3)	(4)	(5)	(6)	(7)	(8)
		0. 0001	0. 0001			0. 0008***	0. 0008***	
market2	0. 186***	0. 186***	0. 186***	0. 186***	0. 203***	0. 200***	0. 204***	0. 199***
	0. 0030***	0. 0030***	0. 0030***	0. 0030***	0. 0033***	0. 0033***	0. 0034***	0. 0033***
market3	0. 374***	0. 375***	0. 375***	0. 374***	0. 376***	0. 384***	0. 379***	0. 381***
	0. 0061***	0. 0061***	0. 0061***	0. 0061***	0. 0062***	0. 0063***	0. 0062***	0. 0063***
earlystage	−0. 003	−0. 002	−0. 002	−0. 003	0. 019	0. 014	0. 012	0. 020
	−0. 0000	−0. 0000	−0. 0000	−0. 0000	0. 0003	0. 0002	0. 0002	0. 0003
foreign	−0. 002	−0. 002	−0. 002	−0. 002	0. 081***	0. 103***	0. 079***	0. 105***
	−0. 0000	−0. 0000	−0. 0000	−0. 0000	0. 0013***	0. 0017***	0. 0013***	0. 0017***
samecity	0. 001	−0. 0002	0. 0002	0. 0003	−0. 015	−0. 008	−0. 015	−0. 008
	0. 0000	−0. 0000	0. 0000	0. 0000	−0. 0002	−0. 0001	−0. 0002	−0. 0001
I_computer	−0. 0003	0. 0001	0. 0002	−0. 0004	−0. 011	−0. 009	−0. 012	−0. 007
	−0. 0000	0. 0000	0. 0000	−0. 0000	−0. 0002	−0. 0001	−0. 0002	−0. 0001
I_comelec	0. 0003	0. 0002	0. 0001	0. 0004	−0. 003	−0. 004	−0. 005	−0. 002

续表

	Dependent variable:							
	(1)	(2)	(3)	(4)	(5)	(6)	(7)	(8)
	0.0000	0.0000	0.0000	0.0000	−0.0001	−0.0001	−0.0001	−0.0000
I_medbioene	0.002	0.002	0.002	0.002	0.014	0.013	0.013	0.014
	0.0000	0.0000	0.0000	0.0000	0.0002	0.0002	0.0002	0.0002
I_enterta	0.0004	0.001	0.0005	0.0006	−0.001	0.001	0.001	0.001
	0.0000	0.0000	0.0000	0.0000	−0.0000	0.0000	−0.0000	0.0000
I_intenet	−0.002	−0.001	−0.001	−0.002	−0.073***	−0.069***	−0.076***	−0.065***
	−0.0000	−0.0000	−0.0000	−0.0000	−0.0011***	−0.0011***	−0.0012***	−0.0010***
Constant	−1.731***	−1.709***	−1.724***	−1.723***	−2.803***	−2.773***	−2.830***	−2.760***
Year dummies	YES	YES	YES	YES	NO	NO	NO	NO
Obs.	673688	673688	673688	673688	673688	673688	673688	673688
Log Likelihood	−23333.3	−23345.1	−23340.7	−23337.8	−23898.8	−23873.5	−23895.5	−23864.7
Akaike Inf. Crit.	46720.6	46744.3	46735.6	46729.7	47825.7	47775.0	47819.1	47757.5
Note:	* $p<0.1$; ** $p<0.05$; *** $p<0.01$							

表 4 报告了 8 个 Probit 回归模型的估计系数。在所有模型中，因变量都是 *match*。所有变量的详细描述在正文中。在前四个模型中，包括了 2003 年到 2015 年的年份虚拟变量，以 2002 年为基准年。平均边际效应（AME）估计结果放在第二行，系数是 ML 估计。*，**，*** 分别表示在 10%、5%、1%的显著性水平上显著。

表 5　时间维度为半年的稳健性检验

	Dependent variable:							
	(1)	(2)	(3)	(4)	(5)	(6)	(7)	(8)
*mdgree*11	0.195***				0.207***			
	0.0057***				0.0062***			
*mdgree*22		0.142***				0.119***		
		0.0042***				0.0036***		
*mdgree*12			0.160***				0.168***	
			0.0047***				0.0050***	
*mdgree*21				0.180***				0.172***
				0.0053***				0.0051***
expst	0.00005		0.00005		0.00001		0.00001	
	0.0000		0.0000		0.0000		0.0000	
turnnums	0.002			0.002	0.014***			0.013***
	0.0001			0.0001	0.0004***			0.0004***
exp		0.0001		0.0001		−0.0005***		−0.0004***
		0.0000		0.0000		−0.0000***		−0.0000***
turnnum		0.006	0.006			0.048***	0.052***	

续表

	Dependent variable:							
	(1)	(2)	(3)	(4)	(5)	(6)	(7)	(8)
		0.0002	0.0002			0.0014***	0.0016***	
market2	0.199***	0.198***	0.198***	0.198***	0.218***	0.216***	0.220***	0.214***
	0.0058***	0.0058***	0.0058***	0.0058***	0.0065***	0.0065***	0.0066***	0.0064***
market3	0.396***	0.396***	0.396***	0.396***	0.402***	0.411***	0.405***	0.408***
	0.0116***	0.0116***	0.0116***	0.0116***	0.0121***	0.0123***	0.0122***	0.0122***
earlystage	−0.002	−0.001	−0.001	−0.003	0.019	0.014	0.012	0.021
	−0.0001	−0.0000	−0.0000	−0.0001	0.0006	0.0004	0.0004	0.0006
foreign	−0.005	−0.004	−0.004	−0.005	0.084***	0.108***	0.083***	0.110***
	−0.0001	−0.0001	−0.0001	−0.0001	0.0025***	0.0033***	0.0025***	0.0033***
samecity	−0.001	−0.002	−0.002	−0.002	−0.017	−0.010	−0.017	−0.010
	−0.0000	−0.0001	−0.0001	−0.0000	−0.0005	−0.0003	−0.0005	−0.0003
I_computer	0.002	0.003	0.003	0.002	−0.010	−0.007	−0.011	−0.003
	0.0001	0.0001	0.0001	0.0001	−0.0003	−0.0002	−0.0003	−0.0002
I_comelec	−0.002	−0.002	−0.002	−0.002	−0.005	−0.005	−0.006	−0.003
	−0.0000	−0.0001	−0.0001	−0.0000	−0.0001	−0.0001	−0.0002	−0.0001

续表

	Dependent variable:							
	(1)	(2)	(3)	(4)	(5)	(6)	(7)	(8)
I_medbioene	0.003	0.003	0.002	0.003	0.017	0.015	0.016	0.017
	0.0001	0.0001	0.0001	0.0001	0.0005	0.0005	0.0005	0.0005
I_enterta	−0.001	−0.001	−0.001	−0.001	−0.002	0.001	−0.001	0.0001
	−0.0000	−0.0000	−0.0000	−0.0000	−0.0001	0.0000	−0.0000	0.0000
I_intenet	−0.003	−0.002	−0.002	−0.002	−0.076***	−0.071***	−0.080***	−0.067***
	−0.0001	−0.0000	−0.0000	−0.0001	−0.0022***	−0.0021***	−0.0023***	−0.0019***
Constant	−1.440***	−1.410***	−1.421***	−1.433***	−2.569***	−2.529***	−2.586***	−2.526***
Year dummies	YES	YES	YES	YES	NO	NO	NO	NO
Obs.	339832	339832	339832	339832	339832	339832	339832	339832
Log Likelihood	−20650.5	−20663.3	−20660.2	−20654.0	−21191.3	−21168.2	−21190.6	−21157.5
Akaike Inf. Crit.	41355.1	41380.6	41374.5	41362.0	42410.6	42364.4	42409.3	42363.0
Note:	* $p<0.1$; ** $p<0.05$; *** $p<0.01$							

上表报告了 8 个 Probit 回归模型的估计系数。为了定义潜在匹配样本，设置了半年度作为时间划分的维度。在所有模型中，因变量都是 *match*。所有变量的详细描述在正文中。在前四个模型中，包括了 2003 年到 2015 年的年份虚拟变量，以 2002 年为基准年。平均边际效应（AME）估计结果放在第二行，系数是 ML 估计。*，**，*** 分别表示在 10%、5%、1%的显著性水平上显著。

见表6,与表4的回归结果一致。在新的回归模型中,匹配度变量的回归系数均在1%的显著性水平上显著,支撑了前文的研究结论。

6　结论与讨论

本章基于上一章关于确定的融资项目下风险投资者与创业企业家之间的最优契约模型与讨价还价分析框架,设定了具有双边道德风险的风险投资市场环境,构建了风险投资市场中创业企业家群体与风险投资者群体之间的相互匹配与讨价还价能力配置的分析框架,从而回答了这样两个问题:众多拥有创业计划的创业企业家和众多具有雄厚资金实力的风险投资者是如何完成匹配走在一起的,以及二者完成匹配时双方的讨价还价能力配置是怎样的(即是如何决定的)。在交易者匹配问题上,本章得出这样的基本结论:风险投资者与创业企业家之间竞争匹配的均衡结果满足强者与强者匹配、弱者与弱者结合的正向选择匹配(Positive Assortative Matching)原则,即高资质的风险投资者与高质量的创业企业家匹配结合,较弱的风险投资者与较弱质量的创业企业家匹配结合。在讨价还价能力配置问题上,本章的基本结论是:讨价还价能力由风险投资者与创业企业家努力的产出弹性系数共同决定。当二者的弹性系数相等时,二者的讨价还价能力也是对等的;产出弹性系数相对更大的一方,对应地拥有更强的讨价还价能力。

本章的研究分析了具有双边道德风险的创业企业家与风险投资者的匹配问题和讨价还价能力配置问题,并且将上一章设计的最优融资契约模型作为基础工具,进一步讨论具有有限数量的匹配对象的风险投资市场问题,使对问题的研究得到了进一步的推进与扩展。这种推进与扩展体现在:(1) 构建了风险投资的市场情境环境,并回答了市场中的交易匹配问题;(2) 在回答市场交易竞争匹配问题的同时,也基于双边道德风险的情境条件,回答了讨价还价能力配置问题。对交易者匹配问题与讨价还价能力配置问题的研究是本章的核心内容,具有重要的理论意义:在某种意义上,对交易者匹配问题的回答,是在双边道德风险情境下,对适用于完全信息的Gale-Shapley算法(Gale and Shapley, 1962)的推进与深化;对讨价还价能力配置问题的研究,是对纳什程序的讨价还价博弈分析中,讨价还价能力是如何内生性决定的正面回答。

值得一提的是,本章在双边道德风险情境下给出了风险投资市场中的

表 6　考虑同一风投多轮参与投资情形的稳健性检验

	Dependent variable:							
	(1)	(2)	(3)	(4)	(5)	(6)	(7)	(8)
mdgree11_adj	0.149***				0.155***			
	0.0024***				0.0026***			
mdgree22_adj		0.125***				0.100***		
		0.0020***				0.0016***		
mdgree12_adj			0.089***				0.094***	
			0.0014***				0.0016***	
mdgree21_adj				0.212***				0.203***
				0.0034***				0.0033***
expst_adj	0.0001		0.00004		−0.00002		−0.00002	
	0.0000		0.0000		−0.0000		−0.0000	
turnnums_adj	0.003			0.004	0.016***			0.017***
	0.0000			0.0001	0.0003***			0.0003***
exp_adj		0.0001		0.0001		−0.001***		−0.001***
		0.0000		0.0000		−0.0000***		−0.0000***

续表

	Dependent variable:							
	(1)	(2)	(3)	(4)	(5)	(6)	(7)	(8)
*turnnum_* adj		0.008	0.006			0.049***	0.050***	
		0.0001	0.0001			0.0008***	0.0008***	
*market*2	0.186***	0.185***	0.185***	0.186***	0.200***	0.197***	0.201***	0.197***
	0.0034***	0.0034***	0.0034***	0.0034***	0.0038***	0.0037***	0.0038***	0.0037***
*market*3	0.374***	0.374***	0.374***	0.374***	0.375***	0.382***	0.377***	0.380***
	0.0088***	0.0088***	0.0088***	0.0088***	0.0091***	0.0093***	0.0091***	0.0092***
earlystage	−0.002	−0.002	−0.002	−0.003	0.020*	0.018	0.017	0.021*
	−0.0000	−0.0000	−0.0000	−0.0000	0.0003*	0.0003	0.0003	0.0003*
foreign	−0.002	−0.001	−0.00001	−0.003	0.085***	0.106***	0.086***	0.105***
	−0.0000	−0.0000	−0.0000	−0.0001	0.0014***	0.0017***	0.0014***	0.0017***
samecity	0.001	0.0002	0.0003	0.001	−0.013	−0.008	−0.013	−0.008
	0.0000	0.0000	0.0000	0.0000	−0.0002	−0.0001	−0.0002	−0.0001
I_computer	0.00000	0.0004	0.0005	−0.0003	−0.010	−0.008	−0.011	−0.008
	0.0000	0.0000	0.0000	0.0000	−0.0002	−0.0001	−0.0002	−0.0001

续表

	Dependent variable:							
	(1)	(2)	(3)	(4)	(5)	(6)	(7)	(8)
I_comelec	0.001	0.0001	0.0002	0.0006	−0.004	−0.006	−0.006	−0.003
	0.0000	0.0000	0.0000	0.0000	−0.0001	−0.0001	−0.0001	−0.0000
I_medbioene	0.002	0.002	0.002	0.002	0.013	0.013	0.013	0.013
	0.0000	0.0000	0.0000	0.0000	0.0002	0.0002	0.0002	0.0002
I_enterta	0.001	0.001	0.001	0.001	−0.001	0.001	−0.0004	0.00005
	0.0000	0.0000	0.0000	0.0000	−0.0000	−0.0000	−0.0000	0.0000
I_intenet	−0.002	−0.001	−0.001	−0.002	−0.072***	−0.067***	−0.073***	−0.066***
	−0.0000	−0.0000	−0.0000	−0.0000	−0.0011***	−0.0011***	−0.0012***	−0.0010***
Constant	−1.704***	−1.694***	−1.664***	−1.755***	−2.775***	−2.755***	−2.767***	−2.796***
Year dummies	YES	YES	YES	YES	NO	NO	NO	NO
Obs.	674396	674396	674396	674396	674396	674396	674396	674396
Log Likelihood	−23345.1	−23351.9	−23356.6	−23328.5	−23919.8	−23898.1	−23925.4	−23879.5
Akaike Inf. Crit.	46744.1	46757.7	46767.1	46711.0	47867.6	47824.1	47878.8	47786.9
Note:	* $p<0.1$; ** $p<0.05$; *** $p<0.01$							

表 6 报告了 8 个 Probit 回归模型的估计系数。被解释变量是匹配度变量。为了定义潜在匹配样本，设置了半年度作为时间划分的维度。在所有模型中，因变量都是 *match*。所有变量的详细描述在正文中。在前四个模型中，包括了 2003 年到 2015 年的年份虚拟变量，以 2002 年为基准年。平均边际效应（AME）估计结果放在第二行，系数是 ML 估计。*，**，*** 分别表示在 10%、5%、1%的显著性水平上显著。

竞争匹配和讨价还价能力配置的结果。通过双边道德风险情境，我们看到了决定对称与非对称的讨价还价能力配置的边界条件：二者努力水平的产出弹性是否对等。如果退化到单边道德风险情境下，讨价还价能力配置则为(1, 0)或(0, 1)，即委托人具有完全的讨价还价能力，并且他也承担着全部风险。因此，本章对讨价还价能力配置 $(\alpha, 1-\alpha)$（其中，$0<\alpha<1$）问题的讨论结果与双边道德风险的情境相适应。基于本章的分析框架，也可以看出，只有在双边道德风险情境下，才会涉及对称与非对称的讨价还价能力的唯一最优配置问题。在完全信息下，Gale-Shapley 算法可以解决匹配问题，并不涉及讨价还价能力配置问题；在单边道德风险情境下，委托人具有完全的讨价还价能力，匹配仅由经济效率决定。然而，Roth(1979)、Binmore et al.(1986)在提出并讨论纳什程序的讨价还价博弈模型时，并未涉及双边道德风险问题。由此，引申出这样一个值得进一步关注与探讨的问题：讨价还价博弈模型与双边道德风险问题之间关系的探讨，即广义化的讨价还价能力的唯一最优配置是否必须依赖于双边道德风险的情境条件，或者完全信息和单边的道德风险情境是否并不适用于（或并不涉及）纳什程序的讨价还价能力唯一最优配置问题。

在 Nash(1950,1953)、Roth(1979)、Binmore et al.(1986)的讨价还价博弈分析框架中，得到关注的是既定的产出结果及存在外部选择权条件下的剩余份额分配问题，并不涉及交易双方所在市场的竞争匹配问题，且此时交易双方的讨价还价能力配置是作为外生参数给定的。在本章的风险投资市场中，由于双方的匹配存在市场竞争性，且还是在双边道德风险情境下，因此匹配结果与讨价还价能力配置均会相互内生决定，进而影响总社会剩余及双方分得的社会剩余份额。正是在这样的情境下，本章得到了有限数量交易双方的风险投资市场的竞争匹配稳定结果和双方讨价还价能力唯一最优配置的结论。这也是本章能够正面、直接回应纳什程序的讨价还价能力配置问题的原因所在。

还有一点需要指出，正如本章的数值算例模拟部分所阐述的，最优匹配组合可能会面临其他匹配组合的冲击。此时，为了最优稳定匹配组合的稳定，需要进一步约定一方对另一方的固定支付区间 T，而这实质上是进一步将上一章所讨论的最优契约集限定到某一个子集①之中的过程。上一章关于最优融资契约模型的基本结论是，创业企业家与风险投资者之间

① 当然，随着交易群体规模的扩大，该子集的区间范围可能变小；在极限状态之下，其将变为某一个确定的数值。

存在着最优契约集,最优契约集反映了交易者之间不同的固定支付情形,且并不影响经济效率。在某种意义上,固定支付区间 T 是上一章关于交易双方之间固定支付的真子集。在 $N\times N$ 的市场情境中,随着 N 的扩大,创业企业家和风险投资者之间的固定支付区间 T 会进一步缩小,甚至达到以某一个固定值为中心的更狭窄领域。因此,这里的创业企业家和风险投资者之间的固定支付区间 T,也是为创业企业家与风险投资者之间可以签订的最优契约集是如何在现实经济活动中最终发生,提供了一个初步的竞争性决定的观点与视角。

第六章　市场匹配的样本选择模型

上一章回答了这样两个问题:(1) 在风险投资市场中,创业企业和风险投资机构之间存在着完美的“天生一对”般的稳定匹配结果,这样的匹配结果正是对群体之间匹配的均衡描述;(2) 通过对风险投资市场中稳定匹配问题的研究,得出了关于讨价还价能力内生性决定的竞争性均衡的配置结果,回答了讨价还价博弈中讨价还价能力的均衡配置问题。关于讨价还价能力的均衡配置问题,实质上可以理解为本章整个分析框架中的一个过渡性的、内生性的潜变量,本章更为关注的是风险投资市场稳定匹配的均衡性结果及其机理。第四章关于某一风险投资项目下创业企业和风险投资机构之间的最优合约关系,正是本章重点关注的风险投资市场稳定匹配问题的过渡性工具方法。因此,本章的分析框架正是基于两个非常重要的工具,即讨价还价的均衡配置和最优合约关系,以实现风险投资市场稳定匹配的竞争性均衡的讨论及其机理分析。第五章对风险投资市场稳定匹配的竞争性均衡结果做出了回答。本章将尝试进一步给出风险投资市场稳定匹配的结构性方程模型,目的在于:(1) 利用第五章以命题、引理形式呈现的稳定匹配的竞争性均衡分析框架,进一步构建市场匹配关系中的结构方程模型;(2) 通过更为具体的模型化,为进一步对第五章的稳定匹配均衡结果及相关的经济学分析铺垫必要的计量经济学模型基础。

可以先梳理一下前两章的重要命题结论:

对于创业企业 E_i 与风险投资机构 V_j 结成的稳定匹配组合项目 μ_{ij},最优契约将实现的产出和社会剩余分别为:

$$R_{ij} = R_\varepsilon + [e_i^2 \lambda \eta \alpha]^\lambda [v_j^2 (1-\lambda)\theta(1-\alpha)]^{(1-\lambda)}$$

$$S_{ij} = R_\varepsilon + [e_i^2 \lambda \eta \alpha]^\lambda [v_j^2 (1-\lambda)\theta(1-\alpha)]^{(1-\lambda)} \left[1 - \frac{\alpha\lambda}{2} - \frac{(1-\alpha)(1-\lambda)}{2}\right] - F$$

其中,讨价还价能力 α 取决于外生给定的产出弹性系数 λ,并且在这里

独立于 i、j。

对于具有异质性特征的创业企业群体和风险投资机构群体，其努力效率系数均具有绝对的异质性，即 $e_1 > e_2 > \cdots > e_N > 0$，$v_1 > v_2 > \cdots > v_N > 0$。市场稳定匹配结果是：如果在 $N \times N$ 的风险投资市场中，匹配组合 $\mu^1 = \{(1, 1), (2, 2), \cdots, (N, N)\}$ 实现了所有项目社会剩余总和的极大化，那么匹配集 μ 是稳定匹配集，匹配集中的任何一对匹配均是“天生一对”般的完美匹配。

因此，对于 $N \times N$ 的风险投资市场，市场均衡的匹配结果为，努力效率系数更高的创业企业与努力效率系数更高的风险投资机构匹配，即遵循强者与强者匹配、弱者与弱者结合的原则。基于上述匹配结果，在 $N \times N$ 的风险投资市场中，市场稳定匹配结果更取决于创业企业和风险投资机构分别在各自群体中努力效率系数大小的排序，即市场稳定匹配的结果 $\mu^1 = \{(1, 1), (2, 2), \cdots, (N, N)\}$。

上述结论包含两层经济学含义：(1)风险投资市场中的稳定匹配是一种正向选择配对(Positive Assortive Matching)的模式，即匹配结果取决于创业企业和风险投资者在个体市场群体中各自努力效率系数的相对排序位置，而并不是其绝对值。这意味着，在一个风险投资市场中，努力效率系数最高的风险投资机构与努力效率系数最高的创业企业匹配，努力效率系数次高的风险投资机构与努力效率系数次高的创业企业匹配，以此类推。(2)实现稳定匹配情形下的项目，其最终产出结果取决于创业企业和风险投资机构各自努力效率系数的绝对值大小，即创业企业和风险投资机构的努力效率系数越高，项目产出就可能越高，项目就越容易成功。本章的主要内容正是尝试通过构建计量经济学模型来阐释这两层经济学含义，而这两层经济学含义正是对风险投资市场稳定匹配更为丰富的诠释。

1　稳定匹配的离散选择模型

在任何一个特定的风险投资市场中，创业企业 E_i 和风险投资机构 V_j 之间的关系是可观测的，即二者要么实现了项目合作并结成匹配关系，要么各自与其他经济个体结成匹配关系。因此，在风险投资市场中，市场匹配结果是可以观测的，即在风险投资市场中，创业企业与风险投资机构之间的匹配关系是可以获得数据样本的。具体而言，数据样本的信息结构是这样的：结成匹配的创业企业和风险投资机构的匹配结果信息，以及二者的一些可观测的个体特征信息。创业企业 E_i 和风险投资者 V_j 之间的匹配关系的表征变量 $Match_{ij}$，表示二者之间是否结成匹配，这是本节稳定匹配的离散选择模型中的因变量。当二者之间结成匹配关系时，可以取 $Match_{ij}=1$；否则，取 $Match_{ij}=0$。从一些专业化的风险投资数据库中，可以非常容易搜集到创业企业获得风险投资机构投资的情况信息，以及一些创业业企业家与风险投资机构各自的个体特质信息，这便构成风险投资的初始数据样本。显然，这些样本对应着 $Match_{ij}=1$ 的情形。至于 $Match_{ij}=0$ 的情形则对应着未结成匹配的数据样本，需要在风险投资市场得到清晰界定与划分的前提下方可取得。

那么，一个特定的风险投资市场应该如何界定与划分呢？Sørensen(2005, 2007)通过时间维度和地理维度两个方面来界定一个特定的风险投资市场，即以每个半年度和美国的行政州为风险投资市场的划分界限。具体而言，Sørensen(2005, 2007)使用美国两个州从 1982 年至 1995 年共 14 年的风险投资数据，划分得到了 14×2×2=56 个风险投资市场。实际上，对于任何一个界定清晰的风险投资市场，可以直接获取的数据样本仅仅是结成匹配的初始数据样本，而未结成匹配的数据样本往往是潜在的数据样本，其可以通过结成匹配的初始数据样本衍生得到。例如，在某一个简化的风险投资市场中，有创业企业 E_1、E_2、E_3，以及风险投资者 V_1、V_2、V_3。假如初始数据样本显示，创业企业 E_1 与风险投资机构 V_1 结成匹配，创业企业 E_2 与风险投资机构 V_2 结成匹配，创业企业 E_3 与风险投资机构 V_3 结成匹配，即 $Match_{ii}=1(i=1,2,3)$，那么这些匹配信息及创业企业 E_1、E_2、E_3 和风险投资机构 V_1、V_2、V_3 的个体特质信息便构成了初始数据样本。实际上，创业企业 E_1 未与风险投资机构 V_2、V_3 结成匹配，创业企业 E_2 未与风险投资机构 V_1、V_3 结成匹配，创业企业 E_3 也未与风险投资机构 V_1、V_2 结成匹配，即 $Match_{ij}=0(i\neq j)$。这些信息及个体特质信息便构成了未结成匹配的数据样本，并且连同初始数据样本一起，构成了潜在的数据样本。潜在的数据样本反映了在风险投资市场中，创业企业和风险投资机构各自的特质信息，以及是否结成匹配的信息。

在决定风险投资项目匹配结果的因素上，Sørensen(2005, 2007)强调了风险投资机构的主导型作用，即选择排序效应(Sorting Effect)，高资质的风险投资机构具有优先的选择能力来挑选创业项目。实际上，Sørensen(2005, 2007)的观点是强调了高资质(绝对值)的风险投资机构在匹配过程中的主导型作用。在 Sørensen(2005)的思路下，匹配结果的离散选择方程形式可以由下列两式来表述：

$$V_{ij} = W'_{ij}\alpha + \xi_{ij} \tag{26}$$

在潜在的数据样本中，W 是整个风险投资市场中可观测的特质信息解释变量，这些信息更主要地涉及风险投资机构的高资质属性特征的选择效应。Sørensen（2005，2007）更是强调了风险投资机构投资经验变量 *experience* 在匹配中的决定性作用，并将其作为核心解释变量。V_{ij} 则是不可观测的潜变量，该潜变量决定着是否结成匹配这一现实。在一个标准的 Probit 模型设定下，表达形式就是：

$$Match_{ij} = 1[V_{ij} \geqslant 0] \tag{27}$$

本章强调了风险投资的产出效率系数在市场中的相对排序位置影响着匹配结果；同时，创业企业的产出效率系数在市场中的相对排序位置同样影响着匹配结果，并且取决于二者排序位置的对等与一致性。也就是说，反映在特定的风险投资市场中，创业企业与风险投资机构各自产出效率系数在市场中排序位置的对等性与一致性的指标变量，应该成为决定匹配结果的核心变量。因此，本章关于风险投资市场稳定匹配的离散选择模型形式就依然由上述两式给出，但是本章强调了区别于 Sørensen（2005，2007）所关注的核心解释变量的新核心解释变量。关于风险投资市场稳定匹配的离散选择模型的实证分析，将在第六章的稳定匹配的经验分析中具体展开。

2　基于稳定匹配的产出决定模型

上一节探讨了风险投资市场中创业企业与风险投资机构之间的离散选择决定模型，离散选择模型通过创业企业与风险投资机构的个体异质性信息来揭示决定风险投资项目的双边匹配结果的影响因素，而对上一章稳定匹配理论分析框架下匹配均衡结果进行分析的计量经济学模型也属于第一层经济学含义。事实上，本书第五章的稳定匹配理论分析框架下的匹配均衡结果也蕴含着第二层经济学含义。从本章开始部分所梳理的重要结论中可以看出，风险投资项目因不同项目的匹配对象的不同，会导致项目最终产出结果的异质性。具体而言，风险投资项目的产出结果取决于创业企业和风险投资机构各自产出效率系数本身绝对数值的大小，即产出效率系数越高，风险投资项目产出结果就越多，或者说风险投资项目就越容易成功。

创业企业和风险投资机构结成匹配合作的创业项目，在双方共同的努力付出下，创业项目发展的最终结果是可以观测的，比较常见的情形是：IPO（企业成功 IPO）、回购（创业企业回购风险投资机构的股权）、并购（创业企业被其他企业并购）、企业破产清算等。现有文献比较倾向于采用创业企业是否成功 IPO 作为创业项目是否成功作为项目产出结果的二元离散变量，即可以通过下述离散选择方程进行表述：

$$Y_{ij} = X_{ij}\beta + \varepsilon_{ij} \tag{28}$$

在风险投资数据样本中，X 是整个风险投资市场中可观测的反映个体的特质信息，Y_{ij} 则是不可观测的潜变量，该潜变量决定着项目是否成功 IPO 这一现实。在一个标准的 Probit 模型设定下，表达形式就是：

$$y_{ij}^{*} = 1[Y_{ij} \geqslant 0] \tag{29}$$

但是，风险投资数据样本中存在着严重的样本选择性偏差问题。也就是说，对于任何一个创业项目，创业企业与风险投资机构之间并非是随机匹配的，存在着市场均衡的博弈机制的影响因素。风险投资项目产出结果的可观测数据，仅仅来自于结成匹配的创业项目的产出结果。在稳定匹配的决定机制中，针对未能结成匹配的创业项目，无法观测它们结成匹配时的产出结果。对于这样的样本选择性偏差问题，Sørensen（2005，2007）在上述四个式子构成的结构方程模型中，考虑到了使用两类方法来进行实证经验分析的应用。一种是 Heackman 的样本选择模型，另一种是采取马尔科夫链蒙特卡洛模拟（MCMC）的贝叶斯方法来估计结构方程模型中的重要参数。需要指出的是 Sørensen（2005，2007）在项目产出的离散选择模型中，依然强调了风险投资机构的主导作用，即价值增值的影响效应（Influence Effect）。高资质的风险投资者对风险投资项目具有更高的价值增值贡献能力，从而更能够增加项目产出和项目的成功可能性，即关注风险投资机构投资经验变量 exp 在项目产出中的决定性作用，并将其作为核心解释变量。Sørensen（2005，2007）强调了高资质（绝对值）的风险投资机构对创业项目产出结果的影响作用，但并未考虑异质性的创业企业对匹配结构和产出结果的影响效应。

Sørensen 在他的博士论文（Sørensen，2005）中归纳、论证了样本选择模型在风险投资产出结果的结构方程模型中估计的可识别性，即适用于结构方程模型的应用估计，而他在博士论文的后续章节及发表在 *Journal of Finance* 的论文（Sørensen，2007）中则主要使用马尔科夫链蒙特卡洛模拟（MCMC）的方法进行估计。本书的实证部分也将重点参考 Sørensen

(2005, 2007)在风险投资市场中项目产出影响效应测度中的处理方式,但本书在处理上的不同之处在于:本书在理论框架的分析与构建中,强调风险投资中存在的双边道德风险情境,而Sørensen(2005, 2007)则将条件设定在完全信息情境之下;在实证分析中,本书无论在匹配结构还是产出决定上,都强调风险投资机构和创业企业双方的努力效率系数的决定影响效应,而Sørensen(2005, 2007)则只是关注风险投资机构单方面的影响效应(使用变量 exp 进行度量)。因此,在本书的视角之下,Sørensen(2005, 2007)无论是在匹配结构还是产出决定上,都单方面地强调风险投资机构的影响效应,未考虑创业企业的影响效应,从而在某种意义上遗漏了重要解释变量。在风险投资的结构模型估计中,样本选择性偏差问题会严重影响模型参数估计结果的无偏性、一致性与有效性,而遗漏重要变量则会加剧估计模型中的内生性问题。本书在实证部分关注到了创业企业和风险投资机构在市场匹配与产出决定中的双边影响效应,保持了与本书理论框架模型的一致性;此外,本书也关注到了风险投资中存在的双边道德风险问题。马尔科夫链蒙特卡洛模拟(MCMC)的方法涉及数以百万次级别的模拟运算,Sørensen(2005, 2007)在使用MCMC方法进行参数估计时,通过自己编写的Fortran语言,运行了120万次的模拟运算程序,耗费了48个小时。考虑到本书在Sørensen(2005, 2007)的模型之基础上,加入了创业企业对市场匹配和产出决定的影响效应,更好地降低了内生性问题,因而笔者决定采纳更易处理的样本选择模型方法来进行参数估计。

3 删截、选择性样本及截断数据问题

3.1 Tobit模型与Heckman模型

托宾在其文章(Tobin, 1958)中研究持久消费品与总可支配收入关系时,部分样本个体的因变量取值为0,即因变量以取值为0而截断,从而构成了截断数据样本。如果仅仅使用因变量大于0的数据样本集的话,那么实际上就会导致样本数据集丧失部分有效信息。以教育与工资的关系效应为例,在这样的数据样本中,关于教育 x_i 和工资 y_i 的数据信息只能完整地获取于拥有工作的个体,失业者是无工资的,而失业者的部分有效信息是缺失的,即缺失了没有工作个体的样本信息。此时,假设存在这样的潜变量 y_i^*,有:

$$y_i=\begin{cases}y_i^*, if\ y_i^*>0\\0, if\ y_i^*\leqslant 0\end{cases}$$

上式满足：$y_i^*=\beta x_i+\varepsilon_i$。如果仅仅使用观测到的 $y_i^*>0$ 的选择性样本信息，那么对这样的数据样本进行估计时，样本集的因变量的数学期望为 $E[y\mid y>0, x]$，而真实总体的数学期望则为：

$$E[y\mid x]=p(y>0\mid x)E[y\mid y>0, x]+\\(1-p(y>0\mid x))E[y\mid y\leqslant 0, x]$$

其中，$E(\cdot)$表示期望，$p(\cdot)$表示观测概率。显然，这将导致估计偏差，此时需考虑选择样本的概率，并对方程进行调整，以纠正偏差。

存在着三种类型的数据样本：删截样本、选择性样本和截断样本。在这三类样本中，因变量 y 都有部分观测值没有观测到或不可观测，即因变量 y 存在着随机性的截断。"在删截样本中，因变量 y 仅在满足一定条件，如 $y>c$ 时，才可观测到，而自变量 x 则总是可观测到的。在选择性样本中，因变量 y 在另一变量 z 满足一定条件，如 $z=1$ 时，才具有观测值，而自变量 x 和辅助变量 w 总是可观测到的。在截断样本中，因变量 y 仅在满足一定条件，如 $y>c$ 时，才可观测到，而自变量 x 则是在 y 具备观测值时才可观测到。"(引自理查德·布林[2012]，第 6 页)处理这三类样本的统计模型也被总称为 Tobit 模型。通常，在极大似然估计方法下，我们还通过一个决定样本选择概率的决定方程来进行调整，以此矫正样本偏差。尽管存在着众多的极大似然估计方法，但是针对选择性样本，最常用的方法是 Heckman(1979)的两部程序模型方法。

3.2 风险投资产出决定的 Heckman 模型

事实上，上两节的稳定匹配的离散选择模型和基于稳定匹配的产出决定模型中的数据样本特征符合选择性样本，本节将展示出其 Heckman 模型形式：

(1) 具体而言，首先给出稳定匹配的离散选择模型，即匹配结果的离散选择方程形式：

$$V_{ij}=W_{ij}\gamma+\xi_{ij} \tag{30}$$

其中，V_{ij} 是不可观测的潜变量，$i\in I$，$j\in J$，$M=I\times J$，在一个标准的 Probit 模型下，有：

$$Match_{ij}=1[V_{ij}\geqslant 0] \tag{31}$$

因此,匹配结果的离散选择模型的数据样本,是风险投资市场中包括可能匹配结果的潜在匹配数据样本集。

(2) 然后,给出基于稳定匹配的产出决定模型,即项目产出是否成功IPO的离散选择模型:

$$Y_{ij} = X_{ij}\beta + \varepsilon_{ij} \tag{32}$$

其中,Y_{ij} 是不可观测的潜变量,$i \in \mu(j)$, $j \in \mu(i)$, $\mu \in M$,可以约定$(i, j) \in \mu \Leftrightarrow j \in \mu(i) \Leftrightarrow i = \mu(j)$,$\mu$ 为最终的匹配数据结果集。在一个标准的 Probit 模型设定下,表达形式就是:

$$y_{ij}^{*} = 1[Y_{ij} \geqslant 0] \tag{33}$$

因此,项目产出结果的离散选择模型的数据样本,是风险投资市场中实际结成匹配事实的风险投资项目是否实现 IPO 的匹配数据样本集,我们只能观测到发生结成匹配的数据样本个体。因变量 y_{ij}^{*} 在另一变量 $Match_{ij}$ 满足 $Match_{ij} = 1$ 时,才具有观测值,而自变量 X_{ij} 和辅助变量 W_{ij} 总是可观测到的。显然,本书的风险投资数据样本是一种选择性样本,Heckman(1979)的两部程序模型方法是选择性样本情形下常用的估计模型。

(3) Heckman 模型采用如下基本假设:

$$(\varepsilon, \xi) \sim N(0, 0, \sigma_{\varepsilon}^{2}, \sigma_{\xi}^{2}, \rho_{\varepsilon\xi}) \tag{34}$$

上述两个误差项均服从零均值常数方差的正态分布,且二者的相关系数为 $\rho_{\varepsilon\xi}$。(ε, ξ)与 X、W 独立,即误差项独立于解释变量集,由此可得:

$$Var(\xi) = \sigma_{\xi}^{2} = 1 \tag{35}$$

该假设将误差项的方差标准化,以使之适应于 Probit 回归及 Heckman 两阶段估计。

(4) 样本选择问题

对式(32)取条件期望并由式(30)得到:

$$\begin{aligned} E(Y_{ij} \mid Match_{ij} = 1, X_{ij}) &= E(Y_{ij} \mid X_{ij}, W_{ij}, \xi_{ij}) \\ &= \beta X_{ij} + E(\varepsilon_{ij} \mid X_{ij}, W_{ij}, \xi_{ij}) \end{aligned} \tag{36}$$

将上述式(36)进一步变形为:

$$\begin{aligned} E(Y_{ij} \mid Match_{ij} = 1, X_{ij}) &= \beta X_{ij} + E(\varepsilon_{ij} \mid Match_{ij} = 1) \\ &= \beta X_{ij} + E(\varepsilon_{ij} \mid \xi_{ij} > -W_{ij}\gamma) \end{aligned} \tag{37}$$

上述式(37)显示了选择性样本情形，即在风险投资数据样本中，只有结成匹配的风险投资项目才存在项目产出结果及涉及是否成功 IPO。$E(\varepsilon_{ij} \mid \xi_{ij} > W_{ij}\gamma)$ 正是样本选择性偏差的来源，这意味着误差项 ξ 被限定在某一特定边界，而超出边界的那些个体在回归中被限定剔除。

(5) Heckman 采用的处理方法

Heckman(1979)将式(37)中的项 $E(\varepsilon_{ij} \mid \xi_{ij} > -W_{ij}\gamma)$ 视作遗漏变量，进而将解决样本选择偏差问题转化为化解遗漏变量问题：

$$E(\varepsilon_{ij} \mid \xi_{ij} > -W_{ij}\gamma) = \rho_{\varepsilon\xi} \times \sigma_{\varepsilon} \times \lambda(-W_{ij}\gamma) = \beta_{\lambda} \times \lambda(-W_{ij}\gamma) \quad (38)$$

其中，$\lambda(-W_{ij}\gamma)$ 称为逆米尔斯比，β_{λ} 为遗漏变量的参数。

(6) 逆米尔斯比(inverse Mills ratio)

逆米尔斯比是正态分布的概率密度函数与其概率分布函数的比值。基于截断正态分布的性质，如果 x 是一个服从均值为 μ 且方差为 σ^2 的随机变量，那么就有：

$$E(x \mid x > \alpha) = \mu + \sigma\left[\frac{\varphi((\alpha - \mu)/\sigma)}{1 - \Phi((\alpha - \mu)/\sigma)}\right] \quad (39)$$

其中，α 为常数，$\varphi(\cdot)$表示标准正态密度函数，$\Phi(\cdot)$表示标准正态累积分布函数，中括号所包括的项表示逆米尔斯比。

因此，由 Heckman 模型采用的基本假设条件及式(38)可得：

$$\begin{aligned} E(\varepsilon_{ij} \mid \xi_{ij} > -W_{ij}\gamma) &= \rho_{\varepsilon\xi} \times \sigma_{\varepsilon} \times \lambda(-W_{ij}\gamma) \\ &= \rho_{\varepsilon\xi} \times \sigma_{\varepsilon} \times \frac{\varphi(-W_{ij}\gamma)}{1 - \Phi(-W_{ij}\gamma)} \end{aligned} \quad (40)$$

也就是说，逆米尔斯比为 $\lambda(-W_{ij}\gamma) = \dfrac{\varphi(-W_{ij}\gamma)}{1 - \Phi(-W_{ij}\gamma)}$。

(7) Heckman(1979)的两阶段回归

Heckman 的两阶段回归过程如下：第一阶段，使用由结成匹配的初始风险投资数据样本和未结成匹配的数据样本共同构成的潜在匹配数据全样本(包括 $Match = 1$ 和 $Match = 0$)，建立风险投资数据样本中是否结成匹配的 Probit 离散回归模型，并计算出逆米尔斯比 $\lambda(-W_{ij}\gamma)$；第二阶段，使用结成匹配的初始风险投资数据样本($Match = 1$)，建立项目产出结果 Y_{ij}(是否成功 IPO 的潜变量)对相关自变量 X_{ij}、$\lambda(-W_{ij}\gamma)$的回归模型，得到回归系数 β、β_{λ}。

Heckman 两阶段回归解决了样本选择偏差问题，所得到的回归系数 β

是一致且服从渐进正态分布的。

4 小结与讨论

本书接下来的章节是基于中国风险投资市场样本数据的经验实证分析，而本章则发挥了承前启后的桥梁作用。本章梳理归纳前文中的理论结论，并尝试建立、归纳其可用于风险投资市场实务的经济学经验分析的模型形式。前几章是本书理论框架的构建部分，在双边道德风险情境之下，构建了风险投资中创业企业和风险投资机构之间的合约设计分析框架，回答了创业企业与风险投资机构之间的最优合约问题，并以此为分析工具，进一步构建了风险投资市场稳定匹配分析框架，最终回答了风险投资市场中创业企业群体与风险投资机构群体之间是如何实现稳定匹配的。

本章是在前几章理论内容的基础之上，结合 Sørensen(2005，2007)的风险投资市场稳定匹配分析模型，给出本书接下来的章节应用到的对风险投资市场稳定匹配与产出效应分析的实证分析模型。本章风险投资中稳定匹配的离散选择模型与基于稳定匹配的产出决定模型，是对 Sørensen(2005，2007)的结构方程模型的借鉴与应用。

与 Sørensen(2005，2007)的研究设计相比，本书在实证设计上的不同之处体现在以下四个方面：

(1) 理论框架基础不同。本书基于双边道德风险情境，构建了风险投资市场匹配分析框架，并给出了稳定匹配模式的结论。本章的实证模型形式，正是尝试对这些理论结论进行经验验证的计量模型。Sørensen(2005，2007)则是在完全信息情境下，强调了风险投资机构在市场匹配中的影响效应，进而建构了方程模型来进行经验实证分析。

(2) 核心变量具有一定的异同性。在本章的市场稳定匹配模型中，我们强调将创业企业和风险投资机构个体在群体中的努力效率系数排序(是一个相对值)的一致性作为影响稳定匹配结果的核心解释变量，而这一点正是对本书上一章的理论结论的发展与应用；Sørensen(2005，2007)则强调风险投资机构个体的资质(是一个绝对量，与本书的努力效率系数相对应)对稳定匹配的影响效应。在本章的产出效应分析模型中，我们强调将创业企业和风险投资机构个体在群体中的努力效率系数(是一个绝对数)分别作为核心解释变量；Sørensen(2005，2007)则关注风险投资机构个体的资质(是一个绝对量，与本书的努力效率系数相对应)对产出结果的影响效应。

(3) 侧重不同的估计方法。Sørensen(2005，2007)就模型的参数估计给出了两种估计方法，即样本选择模型方法和马尔科夫链蒙特卡洛模拟(MCMC)方法，但是Sørensen(2007)更偏向于使用运算过程相当复杂的MCMC方法。相对于Sørensen(2005，2007)的模型，本书使用了更加合理的核心解释变量，从而更好地避免了遗漏重要的变量问题，更加有效地缓解了内生性问题，进而更偏向于使用Heckman的两阶段估计方法。

(4) 目的与侧重点不同。Sørensen(2005，2007)更侧重于对创业企业和风险投资机构相互合作项目的产出效应的分析，特别是强调风险投资机构的资质对产出的影响效应，以及其所具有的排序选择效应。本书更加侧重的则是市场匹配中风险投资机构和创业企业是否符合"门当户对"式的匹配结构的经验验证，强调了风险投资者和创业企业各自在市场中的排序位置对最终匹配结果的影响效应。在此基础上，本书进一步附带分析了风险投资机构和创业企业对合作项目的产出决定之影响效应。

第七章　匹配结构视角下风险投资对企业 IPO 结果的增值职能

风险投资(Venture Capital,也称作创业投资或创业风险投资)是一项发现价值、创造价值的投资行为,是全球经济发展创新最重要的推动力量之一。在由风险投资机构和创业企业构成的风险投资市场中,风险投资机构通过为企业融资、参与创业管理等方式,为企业成长提供增值职能。在企业成长过程中,除了其自身的努力外,风投通过提供价值增值服务来提升企业市场价值,推动企业发展,从而实现企业顺利首次公开发行(IPO,上市),而风投机构也能在 IPO 后实现顺利退出并取得巨大的收益。风险投资在中国发展已近 30 年,阿里巴巴、百度、腾讯等中国互联网公司在其早期发展阶段均有过风投提供融资服务的经历;事实上,风投也越来越成为中国金融市场的重要组成部分。目前,中国已成为全球第二大风险投资市场。

为了有效贯彻实施"大众创业、万众创新"的国家战略,使得中国经济更富国际竞争力,我们不仅需要更快、更好、更加有效地推动创新创业本身,而且还需要更加丰富的金融体系来支持、催化与助推,这就意味着更好地发展专业化的风险投资市场来丰富与完善现有金融体系已成为当前的一个重要任务。1998 年,成思危先生在全国两会上提交《关于尽快发展我国风险投资事业的提案》,这一引发高科技产业新高潮的"一号提案"对我国风险投资事业的发展起到了重大的积极影响。自提案至今已逾 23 年,关于风投机构对我国创业企业增值效应与作用机制的检验分析就成为亟待研究的问题。那么,如何量化测度和评价风险投资对中国企业发展成长的作用机制?"好风投"会使得创业企业变得更好吗?风险投资对中国企业 IPO 发挥增值效应了吗?对以上问题的探讨和回答,正是本章所关注的焦点。

已有文献均强调了风险投资对被投资企业存在的选择效应(selection effect)和增值效应(effect of value adding),特别是风险投资对企业增值职能的作用机制方面产生了很多的研究成果(Sørensen, 2007; Peneder,

2010; Dai et al, 2012; Knockaert and Vanacker, 2013; Dutta and Folta, 2016; Bernstein et al, 2016)。然而,风投究竟是因选择了好企业而搭上其发展的"顺风车",还是确实发挥了增值职能,从而提高了企业 IPO 的可能性呢？如果缺乏对选择效应的控制,那么经验研究过程中就会产生样本选择偏误问题,这将成为有效识别和估计风投是否发挥增值职能的主要障碍。本章在已有研究的基础上,控制了风投和企业的双边选择效应,利用中国这一新兴市场数据来深入探讨风投对企业 IPO 成功与否的影响。

本章的贡献和创新主要体现在以下三个方面:第一,既有文献往往只注意到风投的选择效应,忽略了企业的自身选择效应,但本章提出企业也可能具有选择行为和能力,从而突破了原有的单边选择效应限制,双边选择效应视角能更为稳健地对风投的增值效应进行识别。第二,在控制双边选择效应的基础上,进一步探讨和发现企业自身因素(如发展潜力)对企业能否成功 IPO 的影响,从而为今后风投和被投企业的成功合作提供更为丰富的经验参考。第三,国内文献在这一方面的研究更多地侧重于被投企业 IPO 抑价、IPO 之后的财务绩效和生产效率等方面的影响效应,并且忽视了风投与企业之间存在的选择效应,而本章基于双边选择效应的视角,实证检验风投和企业自身对企业 IPO 结果是否发挥增值职能,从而丰富了该领域已有文献的研究视角,也为风投实践与企业创业提供了经验证据支持。

1　文献综述

1.1　风险投资机构的职能

风投对企业的发展可能发挥着两个方面的重要职能:(1)代替银行提供资本融资的服务;(2)参与企业管理并协助企业成长,发挥着价值增值的职能。风投一般通过对企业的甄别(Screening)效应和监督(Monitoring)效应(Barry et al, 1990; Kaplan and Stromberg, 2001)来发挥以上两个职能。甄别效应反映了风投对更具发展潜力企业的挑选和青睐,实际上是风投在寻找"好企业"阶段(称作匹配阶段或第一阶段)的单边选择效应;监督效应则反映了风投因防范被投资企业的道德风险而进行有效监督和提供专业化企业管理服务,协助企业成长,实际上这是风投对被投企业所发挥的增值职能。这意味着,风投在投资前发挥(单边)选择效应,而这种效应区别于其在投资后的价值增值服务职能。

随着本领域研究的深入，Megginson and Weiss(1991)提出了风投对企业具有鉴证(Certification)效应，其含义是风投以自身的专业服务职能、业界声誉等软条件，凸显被投企业的发展潜力与成长性，并能够在一定程度上影响资本市场上其他投资者对企业的认识。Gompers(1996)提出了风投的逐名(Grandstanding)效应，特别是市场声誉和业界知名度还不够的年轻风投，更倾向于推动企业尽早上市，以提高市场知名度和声誉。鉴证效应发挥作用的根源，或许正是其监督效应的有效性。同时，Megginson and Weiss(1991)也指出，被投企业有了风投参与，会吸引更好的承销商、审计师和会计师事务所帮助其上市。因此，可以认为，鉴证效应实际上也是一种增值效应。逐名效应虽然可能也会体现在企业上市及其表现方面，但是它实质上并不是增值效应。那么，在选择效应之外，风投对被投企业的监管职能，是否对企业 IPO 的结果发挥了增值效应呢? 这是本章所关注的焦点问题。本节接下来的内容将围绕现有文献对风投的选择效应和增值效应之研究进行展开。

1.2 风险投资(单边)选择效应与增值效应

在风投对企业 IPO 影响效应的研究中，Sørensen(2007)和 Bottazzi et al.(2008)研究发现，风投发挥着增值职能，经验越丰富、资质越高、越活跃的风投发挥着更强的增值效应，会使得企业更容易成功 IPO。Dai et al.(2012)通过对亚洲风险投资市场的考察，发现同时有本土和外资背景的风投机构具有更好的增值效应，会使得创业企业更容易成功 IPO。Tian(2012)发现，风险投资辛迪加形式促进了增值效应的发挥，更有利于企业成功 IPO。Sørensen(2007)和 Bottazzi et al.(2008)在研究中重点关注了风投倾向于选择更好企业所引发的样本选择偏差(Sample Selection Bias)问题，并提出风投对企业具有(单边)排序选择效应和价值增值效应。风投的排序选择效应是指，高资质(经验更丰富)的风投倾向于挑选更具发展前景的企业；而风投的价值增值效应体现为，风投资质越高，就越能促进企业的价值增值。因此，Sørensen(2007)和 Bottazzi et al.(2008)关注到了风投对企业的(单边)排序选择效应，并将这种选择效应与风投对企业 IPO 结果的增值效应相区分，从而在风投是否发挥增值效应问题的研究中，发展形成了较为成熟的 Sørensen-Heckman 两阶段回归分析方法。实际上，如果对风投增值效应和选择效应的区分关注不足，那么往往会采用有无风投支持的企业样本进行实证研究。大量文献关注风投对企业 IPO 的影响(Barry et al, 1990; Kaplan and Stromberg, 2001; Puri and Zarutskie,

2012；Guo and Jiang，2013；Croce et al.，2013），在研究方法上较为普遍地使用包含具有风投背景和没有风投背景的上市企业样本直接进行回归，以探讨风投对企业的价值增值职能，但对风投可能具有的选择效应却关注不足。本领域的国内研究也取得了很多重要成果，但多数文献延续了采用有无风投的样本变量和计量方法，对企业成长（付雷鸣等，2012；赵静梅等，2015）、IPO 抑价（陈工孟等，2011；周翔翼等，2014；李曜和王秀军，2015；许昊等，2015）、IPO 后股票波动与收益表现（张学勇和廖理，2011；孙杨等，2012；徐欣和夏芸，2015；张学勇和张叶青，2016）等问题进行了经验研究。

近年来，最新的文献开始注重风投的选择效应与增值效应的区分，并直接使用只有风投参与的企业数据样本。Croce et al.（2013）注意到风投可能具有的甄别效应和增值效应问题（Barry et al，1990；Kaplan and Stromberg，2001），甄别效应意味着风投对企业的投资并非是随机的，而是存在着选择效应。国内也有文献开始涉及风投选择效应和增值效应的区分（王秀军和李曜，2016）。在考察风投对企业 IPO 的影响机理方面，最新文献（Peneder，2010；Dai et al，2012；Knockaert and Vanacker，2013；Bernstein et al，2016；Dutta and Folta，2016）基本形成这样的共识：首先，风投扮演着融资服务职能；其次，风投具有倾向于投资更好企业的单边选择效应；再次，风投对企业 IPO 具有增值效应。Bernstein et al（2016）认为，如果直接使用包含具有风投背景和没有风投背景的企业样本进行实证研究，那么就忽略了风投的甄别（选择）效应所引发的样本选择问题。Bernstein et al（2016）的观点，实际上倾向于以 Sørensen（2007）和 Bottazzi et al.（2008）为代表的研究方式，即直接使用只有风投参与的企业样本来研究风投的单边选择效应和增值效应，从而弱化样本选择偏误问题。

1.3　创业企业自身的选择效应和价值增值效应

大量文献关注到风投与企业之间存在着双边道德风险问题（Casamatta，2003；Schmidt，2003；Repullo and Suarez，2004；Hellmann，2006；Fairchild，2011a，2011b；郭文新等，2010；殷林森，2010；吴斌等，2012；陈逢文等，2013），双边道德风险的存在将导致风投和企业自身都可能会隐藏影响企业发展的信息（或行动）。这意味着，双方均会对企业成长发挥价值增值的作用（Hellmann，2006；Fairchild，2011a，2011b），风投和企业均可能具有选择行为的能力，从而存在着双边选择效应。

关于风投在企业成长进程中所发挥的选择效应问题，现有文献的关注焦点基本停留在 Sørensen（2007）和 Bottazzi et al.（2008）所强调的风投单边排序选择效应上。付辉(2015a;2015b)强调了风投与企业之间存在的双边道德风险问题,并通过理论与实证研究发现,风投群体与企业群体之间是一种“门当户对”式的匹配结构模式。本章基于这种“门当户对”式匹配结构的观点,进一步指出企业可能也具备选择效应,并将这种效应与风投所具有的选择效应相对应,提出风投与企业之间可能存在着双边选择效应的观点。这意味着,除了风投的选择行为之外,企业的选择行为也是样本选择问题产生的一个重要原因。国外相关研究只考虑了风险投资机构(单边)排序选择效应的问题,而国内文献对风投具有的选择效应也关注不足。本章不仅关注到风投与企业所具有的双边选择效应特征,而且将其作为本章处理样本选择偏误的重要问题和因素,进而通过经验研究,提出了企业自身发展潜力也发挥实质性 IPO 贡献的观点,为本领域的研究提供了新的视角,补充了新的内容。

2 研究设计

2.1 一个简单的例子

假定有这样四个风险投资机构,分别是两个“好风投”和两个“坏风投”;还有四个企业,分别是两个“好企业”和两个“坏企业”;每个风险投资机构只投资一个企业,一个企业也只能接受一个风险投资。企业获得融资后的产出结果由一个方程决定:$y=\alpha+\beta\times VC^*+\gamma\times EN^*$。其中,“好风投”取值为$VC^*=1$,“坏风投”取值为$VC^*=0$;“好企业”取值为$EN^*=1$,“坏企业”取值为$EN^*=0$。若$\alpha=1$,$\beta=2$,$\gamma=3$,则产出结果见表7。

表7 产出结果的例子

	“坏企业”	“好企业”
“好风投”	$y_{12}=3$	$y_{11}=6$
“坏风投”	$y_{22}=1$	$y_{21}=4$

设定α、β、γ都是待估计的参数,那么对于分别表示风险投资机构和企业“好坏”特质的代理变量VC^*和EN^*,就可以建立以下的回归模型:

$$y=\alpha+\beta\times VC^*+\gamma\times EN^*+\varepsilon \tag{41}$$

由该模型可得：$y_{11}=E(y \mid VC^*=1, EN^*=1)=\alpha+\beta+\gamma$，$y_{12}=E(y \mid VC^*=1, EN^*=0)=\alpha+\beta$，$y_{21}=E(y \mid VC^*=0, EN^*=1)=\alpha+\gamma$，$y_{22}=E(y \mid VC^*=0, EN^*=0)=\alpha$。因此，系数$\beta=y_{12}-y_{22}$或$y_{11}-y_{21}$，反映了风险投资的增值效应；系数$\gamma=y_{21}-y_{22}$或$y_{11}-y_{12}$，反映了企业自身的实质贡献。如果使用连续代理变量来分别表示风险投资机构和企业的“好坏”特质，并引入 X 来表示其他控制变量，那么上述回归模型变为：

$$y=\alpha+\beta\times VC^*+\gamma\times EN^*+\lambda\times X+\varepsilon \tag{42}$$

2.2　选择效应假设与模型框架

在上述例子中，四个企业分别获得了四个风险投资机构的融资，这一过程可以理解为随机匹配的过程，即“好”“坏”风险投资机构与“好”“坏”创业企业之间的匹配是随机发生的，从而意味着产出结果的观测样本是随机分布的。但是，现有文献指出，风险投资与企业在匹配过程中存在选择效应。

（1）单边选择效应。Sørensen（2007）及 Bottazzi et al（2008）结合 Heckman 样本选择模型（Heckman，1979），强调了风险投资机构对创业企业的单边选择效应，并发展形成 Sørensen-Heckman 两阶段回归模型来应对单边选择效应所引发的样本选择问题。

第一阶段，风险投资单边选择效应下企业是否获得融资的匹配模型为：

$$I(match_{ij}=1 \mid X)=\alpha_0+\alpha_1 VC^*{}_i+W_{ij}\gamma+\varepsilon \tag{43}$$

其中，$match_{ij}=1$ 表示企业 j 获得风险投资机构 i 的融资，是实际发生的匹配结果；$match_{ij}=0$ 表示企业 j 没有获得风险投资机构 i 的融资，是未发生的潜在匹配结果。W_{ij} 是其他自变量和控制变量向量，反映影响匹配结果的特质信息因素。γ 是回归模型中其他相关变量的系数向量。因此，第一阶段的回归同时包含 $match_{ij}=1$ 和 $match_{ij}=0$ 的数据样本。

第二阶段，对于实际发生的匹配结果而言，企业产出回归模型为：

$$y=\beta_0+\beta_1 VC^*+\lambda X+\beta_\lambda IMR_1+\varepsilon \tag{44}$$

其中，变量 IMR_1 是由第一阶段回归结果计算得到的逆米尔斯之比，以纠正样本选择偏误。X 是其他自变量和控制变量向量，反映影响创业企业成长结果的特质信息因素。β 是回归模型中相关变量的系数向量。因此，第二阶段的回归模型中使用的是 $match_{ij}=1$ 的数据样本。

（2）双边选择效应。第五章提出了风险投资机构与企业之间存在“门当户对”式的匹配结构，这是一种基于双边匹配的离散选择模型：

$$I(match_{ij}=1 \mid X)=\alpha_0+\alpha_1 mdgree_{ij}+\alpha_2 VC^*{}_i+\alpha_3 EN^*{}_j+W_{ij}\gamma+\varepsilon_{ij} \tag{45}$$

其中,$mdgree_{ij}$ 表示风险投资机构与企业之间“门当户对”的匹配一致程度,由变量 VC_i^* 和 EN_j^* 各自所在市场的排序位置计算得到。这构成了本章双边选择视角的基础:风险投资机构与企业之间存在“门当户对”式匹配结构,从而导致双方存在双边选择效应,即“好企业”容易获得“好风投”的投资,“坏企业”容易接受“坏风投”的投资。这意味着,风险投资的增值效应与选择效应,以及企业自身的实质贡献与选择效应,共同影响企业的产出结果。

由第一阶段回归结果计算得到逆米尔斯之比 IMR_2,并将其作为第二阶段回归模型中的解释变量,以纠正双边选择效应所导致的样本选择偏误,回归模型为:

$$y=\alpha+\beta VC^*+\gamma EN^*+\lambda X+\beta_\lambda IMR_2+\varepsilon \tag{46}$$

2.3 数据来源、样本与变量

本章数据来自清科私募通数据库中的“投资事件”“机构”和“退出事件”三个数据子库。在“投资事件”数据子库中,我们选取了从 1999 年 1 月 1 日至 2009 年 12 月 31 日共 11 年间,风投对企业投资的事件,经过整理得到了 1327 家风投对 3436 个企业进行投资的原始数据集。“机构”数据子库提供了风投相关特征的信息,我们通过核对,将其补充到原始数据集中。此外,我们将“退出事件”数据子库提供的企业成长结果的信息,如“IPO”“并购”“公司回购”“股权转让”“清算”等信息,也补充到原始数据集中。为了保证企业样本接受风投投资信息的完整性,我们借鉴和延续了 Sørensen (2007)的处理方式,企业样本限定在包含那些从获得 A 轮融资开始的创业,删除关键变量中有缺失值的样本;同时,删除在整个样本期内,风投只有过一次投资经历的样本。最终,我们得到了 485 家风投投资于 1623 个企业的样本。在后文的稳健性检验中,我们还删除了在整个样本期内,风投投资经历少于三次、五次的样本,并重新进行回归,以验证研究结果的可靠性。

(1) 因变量:企业是否成功 IPO

一般而言,企业在获得 A 轮融资之后,需要花费几年的时间才可能成功 IPO。因此,我们将是否 IPO 的考察截止日期选定为 2016 年 6 月 30 日,这样所有观测样本至少保留了长达六年半的时间来供我们确定其是否成功 IPO。若企业在 2016 年 6 月 30 日之前实现成功 IPO,则取值为 ipo

=1,否则取值为ipo=0。对于风投而言,被投资企业成功IPO是其最佳、最理想的退出渠道,因为风投就可以获取高额收益并继续新的投资。Bottazzi et al.(2008)还以企业是否成功IPO或被并购来考察风投增值职能对其退出的影响。在后文的稳健性检验中,我们也选取"成功IPO"或实现"并购"作为被解释变量。若成功IPO或并购,则取值为ipoma=1,否则取值为ipoma=0。

(2) 自变量:风投"好与坏"的代理变量

① 联合风险投资的领投者。对于每一项投资过程,往往有多个风投同时出资,联合参与一个企业的融资项目。我们借鉴Sørensen(2007)的处理方法,将联合投资中的领导者(leader investor)作为代表。具体而言,我们选取联合投资中投资金额最大的风投作为领导者;对于投资额相等的极少数情形,则选取投资经验最丰富的风投作为领导者。在后文的稳健性检验中,我们在领导者的选择方式上还做了进一步的调整,如我们选取联合投资中经验与资质变量(expst或exp)最大的机构作为领导者,或者选择中位数位置的风投作为领导者。

② 本章选取了两个反映风投资质的指标变量expst、exp。exp是Sørensen(2007)所提出的度量风投经验与资质的变量,表示从1999年1月1日开始,风投投资某一个企业时所累计参与项目投资的次数,每个风投在样本期内的投资次数是随时间趋增的。expst表示截至2009年12月31日,风投在样本期内参与投资企业的总次数;每一个风投在整个样本期内投资的总次数都是固定的,反映了风投在样本期内的投资实力,是从事后视角对风投资质的度量。

Sørensen(2007)就使用风投投资经验与资质来衡量其好坏给出了两个理由:其一,风投的投资经验越丰富、能力越强,越可以更好地在企业成长方面发挥监督和管理职能;其二,风投丰富的投资经验,代表了其异于其他竞争对手的生存能力和优秀特质,显示出强大能力的信号。当然,现有文献也有使用风投声誉、网络集中度等指标来衡量风投能力与好坏的,我们也可以从以下三个方面来理解越有经验的风投往往就是好风投的观点:① 创业企业的高风险、高收益特点,决定了风投多采用联合投资的方式,因此投资经验越丰富的风投,也越有利于在市场中建立广泛的合作伙伴关系与社会网络;② 越是优秀的风投,其募集的资金往往也越雄厚,从而能足够支撑其投资更多的优秀项目,其经验自然也会更丰富;③ 风投经验越丰富,参与的投资项目越多,就越有利于提高其声誉和市场影响力。

按照变量expst的中位数划分标准,本章得到表示风投"好坏"的虚拟变量 expstdum。若 expst 大于样本中位数，则取值为 expstdum＝1，表示“好风投”；否则取值为 expstdum＝0，表示“坏风投”。按照代理变量 exp 的中位数划分标准，同样可以得到表示“好风投”和“坏风投”的另外一组虚拟变量 expdum。

（3）自变量：企业“好与坏”的代理变量

照理来说，企业的自身潜力应该由自身的指标进行测度，但是企业发展具有高风险性和高度不确定性，其发展潜力的指标变量比较难选取，也鲜有文献在这一方面做深入研究。“风险投资机构会在投资前对企业进行大量细致的尽职调查，只有当确认其有投资价值、有较强的未来盈利能力时，才会把资金投入到这家企业。”（Megginson and Weiss，1991；贾宁和李丹，2011）风投对企业的投资，通常采取分散化联合投资和分阶段投资的模式。企业要想获得新一轮融资，那么在完成上一轮融资之后，其需要向市场证明企业发展的状态和业绩表现，否则可能比较难以获得投资者认可。按照 Sørensen（2007）的观点，在排序选择效应视角（Sorting Effect）下，“好风投”倾向于投资“好企业”，这也蕴含着“好企业”愿意接受“好风投”投资的思想。Sørensen（2007）并没有提出表示企业“好坏”的代理变量，但在这样的逻辑之下，我们可以认为“好企业”会更容易获得更多轮次的融资，以及吸引更多风投参与投资。对于企业发展潜力的识别与判断来说，风投无疑是最专业、最积极的“伯乐”，而企业越具有发展潜力，就越容易获得风险投资机构的关注和青睐。因此，本章从风投对企业的关注与青睐程度之视角出发，拟采用两个指标变量 turnnums、turnnum 来度量企业自身的发展潜力。turnnums 表示企业的不同融资轮次中风投个数的总和；turnnum 表示样本期内企业获得融资的轮数。这两个代理变量均是从事后的视角来度量企业的发展潜力。

蔡卫星、胡志颖和何枫（2013）研究发现，有政治关系的企业更容易获得风投支持和更容易上市，而政治关系均可以被视为反映企业未来经营表现的一种重要声誉机制，资金供给方认为有政治关系的优质企业更有可能在未来取得良好的经营业绩（于蔚等，2012）。这些研究也蕴含着这样的观点与倾向，即具有发展潜力的企业更容易获得风投的投资和青睐。如果企业的政治关系可能会对其发展产生影响的话，那么风投可能就会比较青睐这些企业，从而这些企业也就更容易获得融资。因此，本章关于企业发展潜力的变量，实际上已经蕴含了政治关系、企业成长性和盈利前景的因素。

与“好坏”风投的虚拟变量生成方法相同，我们可以分别得到“好坏”企业的虚拟变量 turnnumsdum、turnnumdum。当取值为 1 时，表示“好企业”；当取值为 0 时，表示“坏企业”。

(4) 其他相关控制变量

本章采用的相关控制变量包括：

①接受首轮风投时，企业所处发展阶段的虚拟变量。若处于初创期或种子期，则 $stage=1$，否则 $stage=0$。②企业所处地理区位维度的虚拟变量。$market1=1$ 表示处于北京、天津和河北等京津冀地区；$market2=1$ 表示处于上海、江苏和浙江等长三角地区；$market3=1$ 表示处于广东和香港等珠三角地区。③企业所属行业的虚拟变量。$I\_computer=1$ 表示与计算机相关的行业；$I\_comelec=1$ 表示与通信、电子相关的行业；$I\_medbioene=1$ 表示与医药、生物、能源等相关的行业，$I\_other=1$ 表示其他行业。④风投是否具有外资背景的虚拟变量。$state=1$ 表示具有（混合）外资背景；$state=0$ 表示完全本土背景。在后文的稳健性检验中，对于 n 家风投联合投资的情形，当采用中位数位置的风投作为领导者时，采取连续变量形式来定义：$state=$具有（混合）外资背景风投个数$/n$。⑤在接受首轮风投之时，企业所处年度的虚拟变量。

(5) 潜在匹配样本及其相关变量

风投与企业是否成功匹配的潜在数据样本，是本章所关注的样本选择偏误问题来源的重要方面，值得我们较为详细地进行介绍。

首先，本章将京津冀、长三角和珠三角地区作为地理维度，以 1999 年至 2009 年整整 11 年作为时间维度，综合地理和时间维度，划分共计得到 33 个风险投资市场。

其次，根据 33 个风险投资市场的划分，我们可以得到每个市场中风投投资企业的数据信息。这些都是实际匹配的数据样本，但是还有未结成匹配的数据样本是没有观测到的。例如，在某个市场中，有这样三个实际匹配数据样本：(V_i, E_j)，$i=j=1, 2, 3$，表示风投 V_i 投资企业 E_i。其他所有未结成匹配的潜在样本是：(V_i, E_j)，$i \neq j$，这样的情形有六种。因此，在这个市场中，实际发生的匹配数据样本个数是 3，而未结成匹配的样本个数为 6，加总得到潜在匹配样本个数为 9。

最后，针对本章数据样本划分得到的 33 个风险投资市场，通过 R 语言编程运算，共计得到了 136335 个潜在匹配样本。

在潜在匹配数据样本中，也产生了一些新的变量：①匹配结果变量 $match$。若二者是实际发生的匹配，则取值为 $match=1$；若是未发生的潜在匹配情形，则取值为 $match=0$。本章的 1623 个初始样本是实际结成匹配的数据样本。②在每个市场中，可以计算得到风投代理变量 $expst$ 的排

序序号变量 *expstrank*，以及企业代理变量 *turnnums* 的排序序号变量 *turnnumsrank*。③匹配度变量 *mdgree* 的定义如下：$mdgree = 1 - | expstrank - turnnumsrank | / totalrank$。

其中，*totalrank* 表示该特定市场中的企业个数。匹配度变量 *mdgree* 的取值范围在 0 与 1 之间，取值越接近于 1，表明二者之间的匹配度越高，从而也就意味着二者之间可能存在着双边选择效应。

$$mdgree = 1 - | expstrank - turnnumsrank | / totalrank$$

3 基于稳定匹配的产出决定证据

在风险投资市场中，创业企业与风险投资机构之间的稳定匹配机制，促成了风险投资市场中的风险项目合作的开始，这也是对风险投资项目达成合作的经济学的理论话语表述，以及风险投资市场中项目达成合作的经济学解释的基础。显然，达成项目合作只是一个开始，项目产出结果则是更为根本的深层原因；在此，更为严格的表述则为：创业企业与风险投资机构之间的稳定匹配理论框架，回答并给出了具有双边道德风险情境的风险投资双边匹配的结构模式，这种模式最直接的反映就是在实际的风险投资市场中双边匹配的市场现实情境结果，即“强者与强者”匹配、“弱者与弱者”结合的“门当户对”式的匹配结构；更进一步地，如果这种双边匹配结构模式是市场均衡的，那么必然也会反映在项目的最终产出结果上，即反映在风险投资机构和创业企业对企业发展的贡献与产出效率的决定上。对风险投资市场中风险投资机构和创业企业对合作项目产出结果的决定效应之考察，既是一种具有直观性与直觉性的分析行为，也是一种对双边匹配结构的稳健性的验证。自然而然地，在稳定匹配问题的基础上，我们引申出更为深入的问题：影响企业最终产出决定的因素是什么？这些因素是否与影响稳定匹配的决定因素存在差异性？

3.1 描述性统计分析

本节在本章前面的匹配数据样本之基础上，进一步引入与风险投资机构达成匹配合作的创业企业最终是否成功 IPO 这一产出变量①，这是一个

① 本章在产出结果的度量上，延续 Sørensen(2005, 2007)以是否成功 IPO 作为产出结果度量的处理方法。

虚拟变量。截至 2014 年 3 月 1 日，若成功 IPO，则取值为 *ipo*＝1，否则取值为 *ipo*＝0。风险投资事件取自上一节中 1999 年至 2009 年共 11 年的风险投资数据样本①，引入新变量 *ipo* 后的产出数据样本的描述性统计结果见表 8。

表 8 提供了主要变量的描述性统计结果。由表 8 可知，样本期内的创业企业最终成功 IPO 的比例为 21.5%；平均每个创业企业获得 2.297 个风险投资机构的融资；平均每个创业企业获得 1.346 轮的融资；485 家风险投资机构在 1999 年至 2009 年整整 11 年间累积投资总轮次平均数为 47.76 次，中位数为 29 次；风险投资机构实时已累积投资总轮次平均数为 22.54 次，中位数为 11 次；按照对"好坏企业"的虚拟变量的两种定义，"好企业"比例分别为 48.61%和 25.02%；按照对"好坏风投"的虚拟变量的两种定义，"好风投"比例分别为 49.04%和 48.92%；在获得首轮风险投资资金支持的创业企业中，初创期占比为 38.82%；京津冀、长三角和珠三角地区的样本分布比例分别为 35.30%、41.28%和 23.41%；风险投资机构具有外资背景的占 47.28%；计算、电子通信、生物医药、能源等行业的创业企业占 60.33%。风险投资机构与创业企业之间的匹配度变量 *mdgree* 的实际取值范围在 0.0714 至 1 之间。

表 8　产出样本的描述性统计

Statistic	N	MIN	1st Qu	Median	Mean	3rd Qu	Max
ipo	1623	0		0	0.215		1
turnnums	1623	1	1	1	2.297	3	32
turnnum	1623	1	1	1	1.346	1.5	7
expst	1623	2	10	29	47.76	57	194
exp	1623	1	4	11	22.54	28	194
turnnumsdum	1623	0		0	0.4861		1
turnnumdum	1623	0		0	0.2502		1
expstdum	1623	0		0	0.4904		1
expdum	1623	0		0	0.4892		1

① 本章的中国风险投资匹配数据集选择了 1999 年至 2009 年共 11 年的数据样本，通过考察这些样本中的企业是否在 2014 年 3 于月 1 日之前成功 IPO，增加了产出虚拟变量 *ipo*，并且考察了自 2008 年以后 5 年多的时期内获得风险投资的创业企业是否成功 IPO。Sørensen(2005，2007)的匹配数据集选择了 1982 至 1995 年共 13 年的数据样本，通过考察创业企业截至 2003 年 3 月(长达 7 年的时期)是否成功 IPO，增加了产出虚拟变量。

续表

Statistic	N	MIN	1st Qu	Median	Mean	3rd Qu	Max
turnnumsrank	1623	2	16.5	32.5	42.5	53.5	159
expstrank	1623	1	12.5	32.5	42.5	62.5	155
stage	1623	0		0	0.3882		1
*market*1	1623	0		0	0.353		1
*market*2	1623	0		0	0.4128		1
*market*3	1623	0		0	0.2341		1
state	1623	0		1	0.4726		1
I_computer	1623	0		0	0.2816		1
I_comelec	1623	0		0	0.2083		1
I_medbioene	1623	0		0	0.1134		1
I_other	1623	0		0	0.3967		1
mdgree	1623	0.0714	0.5833	0.7747	0.7266	0.896	1
year	1623	1999	2005	2007	2006	2008	2009

同时,本章对“好坏风投”投资的创业企业最终成功 IPO 的比率进行了单变量差异性检验,也对“好坏创业企业”最终能够成功 IPO 的比率进行了单变量差异性检验。由表 9 可知,“好风投”并没有发挥有效支撑提高创业企业成功 IPO 概率的作用;而“好企业”最终成功 IPO 的概率显著高于“坏企业”。单变量差异性检验初步支持了本章双边选择效应中所强调的创业企业自身具有的选择效应和增值效应。

表 9 “好坏风投”和“好坏企业”成功 IPO 比率的差异 T 检验

	好风投 *expstdum*=1	坏风投 *expstdum*=0	T 值
E[成功 IPO 比率]	22.11%	20.92%	0.5836
	好风投 *expdum*=1	坏风投 *expdum*=0	T 值
E[成功 IPO 比率]	21.41%	21.59%	−0.089
	好企业 *turnnumsdum*=1	坏企业 *turnnumsdum*=0	T 值
E[成功 IPO 比率]	31.18%	12.35%	9.3879***
	好企业 *turnnumdum*=1	坏企业 *turnnumdum*=0	T 值
E[成功 IPO 比率]	34.73%	17.09%	6.7826***

3.2　主要实证结果分析

(1) 不考虑选择效应的简单回归

在不考虑选择效应的简单回归模型中，分别采用风险投资机构和创业企业的连续代理变量与虚拟变量进行回归。在模型(1)(2)(3)(4)中，创业企业代理变量的回归系数均显著为正，表明创业企业自身的增值效应对企业最终成功 IPO 发挥着重要作用。风险投资机构的增值效应及双边匹配的协同效应并没有得到一致的验证结果，其可能的原因是，在匹配阶段存在着选择效应，从而导致样本选择偏误。

表 10　不考虑选择效应的简单回归结果

	(1) ipo	(2) ipo	(3) ipo	(4) ipo
expst	−0.0002			
	(0.001)			
turnnums	0.139***			
	(0.025)			
expst×*turnnums*	−0.0001			
	(0.0002)			
exp		−0.006**		
		(0.003)		
turnnum		0.453***		
		(0.068)		
exp×*turnnum*		0.004*		
		(0.002)		
expstdum			−0.147	
			(0.125)	
turnnumsdum			0.654***	
			(0.107)	
expstdum×*turnnumsdum*			0.117	
			(0.159)	
expdum				−0.025

续表

	(1) ipo	(2) ipo	(3) ipo	(4) ipo
				(0.095)
turnnumdum				0.626***
				(0.118)
expdum×*turnnumdum*				0.215
				(0.166)
*market*1	−0.210**	−0.231**	−0.199**	−0.239**
	(0.099)	(0.101)	(0.100)	(0.100)
*market*2	−0.336***	−0.292***	−0.292***	−0.267***
	(0.096)	(0.096)	(0.096)	(0.095)
stage	−0.942***	−1.005***	−0.882***	−0.966***
	(0.095)	(0.096)	(0.094)	(0.094)
state	−0.177**	−0.180**	−0.146*	−0.167**
	(0.082)	(0.083)	(0.083)	(0.082)
行业	控制	控制	控制	控制
年度	控制	控制	控制	控制
常数项	0.074	−0.313	−0.047	0.211
	(0.269)	0.283)	(0.272)	(0.261)
观测值	1623	1623	1623	1623
对数似然函数	−724.508	−713.717	−718.709	−724.924
AIC	1491.016	1469.434	1479.417	1491.849

(2) 基于单边选择效应的回归分析

基于单边选择效应的 Sørensen-Heckman 两阶段回归模型(Sørensen, 2005, 2007; Bottazzi et al. 2008)在第一阶段的匹配模型中,按照其处理方式,仅仅关注风险投资机构的选择行为;在第二阶段的产出结果回归模型中,我们分别采用风险投资机构和创业企业的连续代理变量与虚拟变量进行回归。在第二阶段的四个模型(2)(3)(4)(5)中,创业企业代理变量的回归系数均显著为正,表明对企业最终能否成功 IPO 的结果而言,创业企业自身的增值效应至关重要;风险投资机构的增值效应是否发挥作用并没有得到一致的结论，其可能的原因是，在匹配阶段存在着双边选择效应，从而导致样本选择偏误解决得并不彻底。

表 11　考虑单边选择效应的两阶段回归结果

	(1) match	(2) ipo	(3) ipo	(4) ipo	(5) ipo
expst	0.0002	0.017			
	(0.000)	(0.023)			
turnnums		0.133***			
		(0.018)			
exp			−0.006**		
			(0.002)		
turnnum			0.509***		
			(0.057)		
expstdum				−0.09	
				(0.105)	
turnnumsdum				0.706***	
				(0.080)	
expdum					0.025
					(0.097)
turnnumdum					0.725***
					(0.089)
*market*1	−0.209***	−17.176	2.438**	−0.012	0.00005
	(0.027)	(22.490)	(1.179)	(0.933)	(0.831)
*market*2	−0.306***	−25.268	3.616**	−0.016	0.079
	(0.026)	(33.049)	(1.724)	(1.371)	(1.215)
stage	0.092***	6.584	−2.185***	−0.964**	−1.064***
	(0.020)	(9.977)	(0.533)	(0.426)	(0.377)
state	0.029	2.195	−0.545***	−0.169	−0.2
	(0.020)	(3.144)	(0.182)	(0.145)	(0.136)
行业	控制	控制	控制	控制	控制

续表

	(1) match	(2) ipo	(3) ipo	(4) ipo	(5) ipo
年度		控制	控制	控制	控制
IMR		90.744	−14.145***	−0.995	−1.25
		(120.295)	(6.233)	(4.942)	(4.376)
常数项	−2.113****	−224.417	34.385***	2.388	3.232
	(0.027)	(297.622)	(15.348)	(12.210)	(10.772)
观测值	136335	1623	1623	1623	1623
对数似然函数	−8724.02	−724.307	−712.447	−718.959	−725.727
AIC	17466.03	1490.615	1466.895	1479.918	1493.454
	17466.03	1490.615	1466.895	1479.918	1493.454

需要指出的是，Sørensen(2005，2007)在关注了风险投资者的单边选择行为的样本选择问题的情形下，得出在美国风险投资市场中，风险投资机构的资质对创业企业成长结果具有显著为正的影响效应的结论。从实证结果来看，这一观点在本章中并不成立，可能的原因在于：(1) 处理方式不同于 Sørensen(2005，2007)的做法。本章在第二阶段的回归中考虑到创业企业自身的增值效应，并引入了创业企业的代理变量。(2) 风险投资市场的差异。本章关注的是来自中国风险投资市场的数据样本，而 Sørensen(2005，2007)采用的是美国两个州的风险投资市场的数据样本。事实上，本章接下来将坚持风险投资机构与创业企业之间的双边选择行为之观点，即风险投资机构和创业企业各自的选择行为都是样本选择的来源，而这也区别于 Sørensen(2005，2007)所关注的来自风险投资机构单边的样本选择来源。

(3) 基于双边选择效应的回归分析

基于第五章关于风险投资机构与创业企业之间是一种“门当户对”式的匹配结构之观点，本章进一步将单边选择效应的 Sørensen-Heckman 两阶段回归模型(Sørensen，2007；Bottazzi et al.，2008)调整为双边选择效应的情形。具体而言，在第一阶段的匹配回归形式中，按照第五章的处理方式，强调风险投资机构和创业企业之间能够成功匹配结合，主要取决于二者之间的匹配度；在第二阶段的产出结果回归模型中，本章分别采用风险投资机构和创业企业的连续代理变量与虚拟变量进行回归(回归结果见

表 12)。双边选择效应的回归结果显示,一方面,创业企业代理变量的回归系数均显著为正,表明其自身的增值效应至关重要,并直接决定性地影响到企业最终能否成功 IPO;另一方面,风险投资机构对于创业企业最终能否成功 IPO 的增值效应并不显著,且四个回归模型的结论均相互一致,这意味着"好风投"并不会使创业企业变得更好。

表 12 考虑双边选择效应的两阶段回归结果

	(1) match	(2) ipo	(3) ipo	(4) ipo	(5) ipo
mdgree	0.404***				
	(0.045)				
expst	0.0004**	−0.0002			
	(0.000)	(0.001)			
turnnums	0.024***	0.139***			
	−0.004	−0.025			
expst×*turnnums*		−0.0001			
		(0.000)			
exp			−0.005		
			(0.003)		
turnnum			0.452***		
			(0.068)		
exp×*turnnum*			0.002		
			(0.002)		
expstdum				−0.028	
				(0.137)	
turnnumsdum				0.733***	
				(0.114)	
expstdum×*turnnumsdum*				−0.167	
				(0.212)	
expdum					−0.038
					(0.096)

续表

	(1) match	(2) ipo	(3) ipo	(4) ipo	(5) ipo
turnnumdum					0.636***
					(0.119)
expdum×*turnnumdum*					0.104
					(0.174)
*market*1	−0.098***	−0.13	−0.004	0.006	0.045
	(0.022)	(0.104)	(0.099)	(0.104)	(0.097)
*market*2	0.206***	0.218	0.093	−0.019	0.057
	(0.027)	(0.147)	(0.135)	(0.148)	(0.133)
stage	0.093***	−0.938***	−1.066***	−0.989***	−1.048***
	(0.020)	(0.106)	(0.105)	(0.109)	(0.103)
state	0.015	−0.177**	−0.194**	−0.163**	−0.184**
	(0.020)	(0.083)	(0.083)	(0.083)	(0.083)
行业	控制	控制	控制	控制	控制
年度		控制	控制	控制	控制
IMR		0.044	−0.726	−1.183**	−0.957**
		(0.570)	(0.477)	(0.593)	(0.459)
常数项	−2.655***	−0.251	1.352	2.850**	2.461**
	(0.044)	(1.531)	(1.279)	(1.579)	(1.226)
观测值	136335	1623	1623	1623	1623
对数似然函数	−8675.34	−724.505	−712.542	−716.654	−722.692
AIC	17372.69	1493.01	1469.085	1477.309	1489.384

3.3 进一步分析

（1）以因变量为参照的样本调整与精炼

根据世界经济合作组织对风险投资所下的定义，风险投资的投资周期一般是3年到7年，而风险投资机构参与到所投资的创业企业生产经营活动中并产生一定的价值增值影响效应也需要一定的周期。如果创业企业在获得风险投资机构首轮融资之后的很短时间内(少于三年)就成功 IPO，那么可以认为风险投资机构可能并不具备足够的时间要素来对创业企业成功 IPO 发挥实质性的影响效应，成功 IPO 是由于创业企业本身已经基本具备相应条件。总之，如果创业企业在接受首轮风险投资机构融资以后的极短时间内成功 IPO，那么风险投资机构可能不具备足够的发挥增值效应的时间要素。①

表 13 样本局部剔除后对企业成功 IPO 概率的差异性检验

	t≥200	t≥400	t≥600	t≥800	t≥1000
剔除 IPO 样本数	16	42	84	128	174
好风投 *expstdum*=1	21.42%	20.21%	18.10%	15.99%	13.77%
坏风投 *expstdum*=0	20.15%	18.76%	16.48%	13.72%	10.53%
T 值	0.6284	0.7265	0.8413	1.2329	1.8856*
好风投 *expdum*=1	20.77%	19.84%	17.37%	15.11%	12.09%
坏风投 *expdum*=0	20.77%	19.11%	17.17%	14.58%	12.18%
T 值	−0.0018	0.3673	0.1078	0.2861	−0.053
好企业 *turnnumsdum*=1	30.38%	28.93%	26.52%	23.20%	19.32%
坏企业 *turnnumsdum*=0	11.72%	10.64%	8.74%	7.35%	5.92%
T 值	9.3748***	9.3125***	9.3241***	8.6089***	7.6871***
好企业 *turnnumdum*=1	34.07%	33.75%	31.70%	28.57%	25.35%
坏企业 *turnnumdum*=0	16.33%	14.64%	12.41%	10.31%	7.85%
T 值	6.8367***	7.4055***	7.5425***	7.2530***	7.1392***

基于此，我们对因变量进行调整的思路是，删除样本中创业企业接受风险投资机构 A 轮融资之后，很快(不到两年或三年)就成功 IPO 的样本。具体的调整方法是，删除那些接受风险投资机构首轮融资之后，t 日内成功 IPO 的创业企业样本。其中，t 分别取值为 200、400、600、800 和 1000。

① 例如，中德环保科技、映美控股、汇源等创业公司均在接受 A 轮融资之后的两个月内成功 IPO。对于这种样本而言，我们认为，风险投资机构并不具备足够的时间要素参与企业的发展成长，也没有对企业成功 IPO 发挥增值效应的作用机制。因此，我们删除这些很短时间内就成功 IPO 的企业样本。

在调整后的样本中,创业企业要么没有成功 IPO,要么成功 IPO,但是其获得首轮风险投资与成功 IPO 之间的时间间隔大于 t 日。对调整之后的样本重新进行企业成功 IPO 概率的差异性检验,如表 13 所示,在 20 例检验中,有 19 例检验结果与表 9 的检验结果完全一致。

由于篇幅限制,表 14 仅展示将 expstdum、turnnumsdum 分别作为风险投资机构与创业企业代理变量的回归结果。① 相对应的回归结果也与表 12 的回归结果基本一致,即对创业企业最终能否成功 IPO,风险投资机构并没有发挥增值效应,而是主要取决于创业企业自身的增值效应。

表 14　考虑单边选择效应的两阶段回归结果

	t≥200	t≥400	t≥600	t≥800	t≥1000
expstdum	−0.0001	0.0002	0.0002	0.001	0.001
	(0.001)	(0.001)	(0.001)	(0.001)	(0.001)
turnnumsdum	0.137***	0.148***	0.156***	0.155***	0.150***
	(0.026)	(0.026)	(0.027)	(0.027)	(0.028)
expstdum×*turnnumsdum*	−0.0001	−0.0001	−0.0001	−0.0001	−0.0001
	(0.000)	(0.000)	(0.000)	(0.000)	(0.000)
*market*1	−0.202	−0.205	−0.188	−0.207	−0.156
	(0.148)	(0.151)	(0.158)	(0.167)	(0.178)
*market*2	−0.313**	−0.370**	−0.384**	−0.386**	−0.414**
	(0.187)	(0.191)	(0.200)	(0.211)	(0.226)
stage	−0.917***	−0.855***	−0.764***	−0.653***	−0.540***
	(0.106)	(0.108)	(0.111)	(0.116)	(0.121)
state	−0.195**	−0.238***	−0.261***	−0.280***	−0.219**
	(0.084)	(0.086)	(0.090)	(0.095)	(0.102)
行业	控制	控制	控制	控制	控制
年度	控制	控制	控制	控制	控制
IMR	−0.074	0.09	0.213	0.365	0.556
	(0.578)	(0.588)	(0.613)	(0.651)	(0.691)

① 模型回归形式与表 12 相同,本表仅展示第二阶段的回归结果。

续表

	t≥200	t≥400	t≥600	t≥800	t≥1000
常数项	0.232	−0.292	−0.742	−1.281	−1.941
	(1.444)	(1.472)	(1.534)	(1.625)	(1.722)
观测值	1608	1582	1540	1496	1450
对数似然函数	−707.557	−672.353	−606.674	−535.048	−460.354
AIC	1459.113	1388.706	1257.349	1114.096	964.708

(2) 对国内 IPO 还是海外 IPO 的区分

对 IPO 结果做更为细致的区分(是在国内 IPO 还是在海外 IPO),以细致考察不同背景的风险投资机构可能对创业企业上市市场的异质性偏好及其影响。特别是,是否 IPO 只是创业企业成长结果所体现的一个方面,创业企业能否在中国大陆 IPO,可能还会受制于政策制度,如中国证券市场先后出现了九次 IPO 暂停,短则几个月,长则一年有余,甚至还可能受到本土人际关系网络和社会资源的影响。风险投资机构的背景可能起到非常大的影响效应,而无关乎其价值增值服务能力。特别是有些企业受海外风险投资机构的帮助,更倾向于去海外上市,如京东。因此,有必要进一步对 IPO 结果做更为细致的区分,即对在海外上市和在国内上市进行区分。具体区分方法是:将在海外 IPO 的样本与未能成功 IPO 的样本合并形成是否在海外 IPO 的样本集;将在中国大陆 IPO 的样本与未能成功 IPO 的样本合并形成是否在中国大陆 IPO 的样本集。为了对比分析,分别对两个样本集进行回归分析,回归结果如表 15 所示。① 风险投资机构对于创业企业无论是在中国大陆成功 IPO 还是在海外成功 IPO,都没有发挥增值效应,并且都主要还是取决于创业企业自身的增值效应。在模型(1)至(4)中,风险投资机构背景的虚拟变量系数显著为负;而在模型(5)至(8)中,相应系数则显著为正。以上数据的含义是,如果风险投资机构是本土的,那么被投资企业更容易在国内 IPO;如果风险投资机构具有海外背景,那么被投资企业更容易在海外 IPO。这表明,本土海外背景的风险投资机构并没有使创业企业能否成功 IPO 产生显著性差异,而是仅仅影响到企业 IPO 时对国内市场还是海外市场的选择。

① 模型回归形式与表 12 相同,本表仅展示第二阶段的回归结果。

表 15　国内 IPO 还是海外 IPO 的区分

	是否在中国大陆 IPO 的样本集				是否在海外 IPO 的样本集			
	(1)	(2)	(3)	(4)	(5)	(6)	(7)	(8)
expst	−0.001				0.001			
	(0.001)				(0.001)			
turnnums	0.142***				0.114***			
	(0.031)				(0.029)			
expst×*turnnums*	−0.0001				−0.0001			
	(0.000)				(0.000)			
exp		−0.007				0.002		
		(0.004)				(0.004)		
turnnum		0.399***				0.455***		
		(0.087)				(0.086)		
exp×*turnnum*		0.003				−0.0005		
		(0.003)				(0.003)		
expstdum			−0.283				0.333**	
			(0.175)				(0.188)	
turnnumsdum			0.635***				0.732***	

续表

	是否在中国大陆 IPO 的样本集				是否在海外 IPO 的样本集			
	(1)	(2)	(3)	(4)	(5)	(6)	(7)	(8)
			(0.138)				(0.167)	
expstdum ×*turnnumsdum*			0.16				−0.561**	
			(0.277)				(0.277)	
expdum				−0.097				0.202
				(0.113)				(0.143)
turnnumdum				0.600***				0.702***
				(0.151)				(0.158)
expdum×*turnnumdum*				0.0004				−0.092
				(0.229)				(0.225)
*market*1	−0.327**	−0.209	−0.336**	−0.197	−0.014	0.11	0.379**	0.138
	(0.182)	(0.172)	(0.200)	(0.170)	(0.195)	(0.175)	(0.186)	(0.173)
*market*2	−0.430**	−0.186	−0.375	−0.138	−0.232	0.019	0.356	0.097
	(0.226)	(0.203)	(0.254)	(0.200)	(0.252)	(0.208)	(0.229)	(0.201)

续表

	是否在中国大陆 IPO 的样本集				是否在海外 IPO 的样本集			
	(1)	(2)	(3)	(4)	(5)	(6)	(7)	(8)
stage	−0.794***	−0.898***	−0.757***	−0.881***	−0.996***	−1.127***	−1.121***	−1.117***
	(0.132)	(0.131)	(0.141)	(0.129)	(0.148)	(0.147)	(0.148)	(0.144)
state	−0.949***	−0.924***	−0.900***	−0.911***	0.815***	0.765***	0.777***	0.769***
	(0.119)	(0.117)	(0.118)	(0.117)	(0.126)	(0.126)	(0.125)	(0.126)
行业	控制	控制	控制	控制	控制	控制	控制	控制
年度	控制	控制	控制	控制	控制	控制	控制	控制
IMR	0.32	−0.388	0.2	−0.506	−0.461	−1.248**	−2.482***	−1.496***
	(0.702)	(0.617)	(0.829)	(0.602)	(0.761)	(0.602)	(0.714)	(0.579)
常数项	−1.262	0.052	−1.137	0.771	0.376	1.957	5.206***	3.054**
	(1.765)	(1.554)	(2.067)	(1.518)	(1.904)	(1.509)	(1.775)	(1.436)
观测值	1472	1472	1472	1472	1425	1425	1425	1425
对数似然函数	−466.688	−461.829	−455.815	−467.497	−371.615	−364.955	−372.317	−367.619
AIC	977.377	967.659	955.631	978.994	787.229	773.911	788.635	779.238

表 16　风险投资领导者调整后的回归结果

	取资质变量最大者为领投者				取资质变量中位数者为领投者			
	(1) ipo	(2) ipo	(3) ipo	(4) ipo	(1) ipo	(2) ipo	(3) ipo	(4) ipo
expst	−0.0002				−0.002**			
	(0.001)				(0.001)			
turnnums	0.139***				0.104***			
	(0.025)				(0.030)			
expst×*turnnums*	−0.0001				0.001**			
	(0.0003)				(0.0005)			
exp		−0.005				−0.007**		
		(0.003)				(0.004)		
turnnum		0.452***				0.374***		
		(0.068)				(0.073)		
exp×*turnnum*		0.002				0.003		
		(0.002)				(0.003)		
expstdum			−0.028				−0.19	
			(0.137)				(0.125)	

续表

	取资质变量最大者为领投者				取资质变量中位数者为领投者			
	(1) ipo	(2) ipo	(3) ipo	(4) ipo	(1) ipo	(2) ipo	(3) ipo	(4) ipo
turnnumsdum			0.733***				0.555***	
			(0.114)				(0.107)	
expstdum ×*turnnumsdum*			−0.167				−0.015	
			(0.212)				(0.174)	
expdum				−0.038				−0.117
				(0.096)				(0.097)
turnnumdum				0.636***				0.584***
				(0.119)				(0.121)
expdum×*turnnumdum*				0.104				−0.115
				(0.174)				(0.169)
*market*3	−0.348**	−0.097	0.025	−0.012	−0.507	0.442	0.753**	0.816***
	(0.185)	(0.160)	(0.186)	(0.155)	(0.518)	(0.297)	(0.297)	(0.272)
*market*1	−0.218	−0.093	0.019	−0.057	−0.33	0.286	0.518**	0.535***
	(0.147)	(0.135)	(0.148)	(0.133)	(0.361)	(0.221)	(0.219)	(0.206)

续表

	取资质变量最大者为领投者				取资质变量中位数者为领投者			
	(1) ipo	(2) ipo	(3) ipo	(4) ipo	(1) ipo	(2) ipo	(3) ipo	(4) ipo
stage	−0.938***	−1.066***	−0.989***	−1.048***	−0.910***	−1.237***	−1.239***	−1.326***
	(0.106)	(0.105)	(0.109)	(0.103)	(0.182)	(0.132)	(0.136)	(0.129)
state	−0.177**	−0.194**	−0.163*	−0.184**	−0.170*	−0.252***	−0.267***	−0.277***
	(0.083)	(0.083)	(0.083)	(0.083)	(0.097)	(0.092)	(0.093)	(0.091)
行业	控制	控制	控制	控制	控制	控制	控制	控制
年度	控制	控制	控制	控制	控制	控制	控制	控制
IMR	0.044	−0.726	−1.183**	−0.957**	0.619	−2.697***	−3.843***	−4.075***
	(0.570)	(0.477)	(0.593)	(0.459)	(1.840)	(1.036)	(1.037)	(0.941)
常数项	−0.033	1.445	2.831*	2.518**	−1.414	6.408**	9.495***	10.175***
	(1.424)	(1.190)	(1.470)	(1.139)	(4.598)	(2.594)	(2.574)	(2.329)
观测值	1623	1623	1623	1623	1623	1623	1623	1623
对数似然函数	−724.505	−712.542	−716.654	−722.692	−721.416	−710.113	−709.572	−715.736
AIC	1493.01	1469.085	1477.309	1489.384	1486.832	1464.227	1463.143	1475.472

表 17　删除在整个样本期内风险投资机构少于三次、五次投资经历样本的回归结果

	删除少于三次投资经历后的样本				删除少于五次投资经历后的样本			
	(1) ipo	(2) ipo	(3) ipo	(4) ipo	(1) ipo	(2) ipo	(3) ipo	(4) ipo
expst	−0.001				−0.002			
	(0.001)				(0.001)			
turnnums	0.109***				0.108***			
	(0.025)				(0.025)			
expst×*turnnums*	0.0004				0.001*			
	(0.0003)				(0.0003)			
exp		−0.004				−0.003		
		(0.003)				(0.003)		
turnnum		0.457***				0.511***		
		(0.071)				(0.075)		
exp×*turnnum*		0.002				0.001		
		(0.003)				(0.003)		
expstdum			−0.006				−0.134	
			(0.136)				(0.104)	

续表

	删除少于三次投资经历后的样本				删除少于五次投资经历后的样本			
	(1) ipo	(2) ipo	(3) ipo	(4) ipo	(1) ipo	(2) ipo	(3) ipo	(4) ipo
turnnumsdum			0.755***				0.683***	
			(0.112)				(0.124)	
expstdum ×*turnnumsdum*			−0.330				−0.258	
			(0.207)				(0.207)	
expdum				−0.111				−0.066
				(0.098)				(0.106)
turnnumdum				0.638***				0.773***
				(0.119)				(0.121)
expdum×*turnnumdum*				0.053				−0.11
				(0.175)				(0.182)
*market*2	−0.159	0.016	0.089	0.082	−0.209*	−0.022	0.022	0.048
	(0.114)	(0.104)	(0.110)	(0.103)	(0.114)	(0.106)	(0.108)	(0.104)
*market*3	0.289	0.034	−0.235	−0.061	0.437**	0.127	−0.165	−0.018
	(0.182)	(0.156)	(0.173)	(0.152)	(0.199)	(0.171)	(0.183)	(0.165)

续表

	删除少于三次投资经历后的样本				删除少于五次投资经历后的样本			
	(1) ipo	(2) ipo	(3) ipo	(4) ipo	(1) ipo	(2) ipo	(3) ipo	(4) ipo
stage	−0.908***	−1.093***	−1.091***	−1.105***	−0.840***	−1.074***	−1.100***	−1.110***
	(0.117)	(0.113)	(0.120)	(0.111)	(0.127)	(0.121)	(0.124)	(0.119)
state	−0.167**	−0.201**	−0.178**	−0.186**	−0.138	−0.175**	−0.147*	−0.160*
	(0.085)	(0.085)	(0.085)	(0.085)	(0.088)	(0.089)	(0.089)	(0.089)
行业	控制	控制	控制	控制	控制	控制	控制	控制
年度	控制	控制	控制	控制	控制	控制	控制	控制
IMR	0.377	−1.094*	−2.407***	−1.675***	1.085	−0.724	−2.173***	−1.560**
	(0.818)	(0.641)	(0.770)	(0.610)	(0.920)	(0.721)	(0.823)	(0.685)
常数项	−1.057	2.324	6.085***	4.344***	−2.901	1.234	5.618***	3.931**
	(2.184)	(1.713)	(2.038)	(1.618)	(2.419)	(1.903)	(2.154)	(1.794)
观测值	1555	1555	1555	1555	1427	1427	1427	1427
对数似然函数	−695.867	−683.747	−686.044	−692.582	−643.81	−629.417	−643.881	−638.063
AIC	1435.734	1411.494	1416.088	1429.164	1331.621	1302.834	1331.763	1320.126

3.4　稳健性检验

为了保证研究结论的可靠性，本章从以下几个方面进行稳健性检验①：

第一，上文中如果同时有多个风险投资机构投资一家创业企业，那么我们将其中投资额最多的风险投资机构作为领导者；多个风险投资机构联合投资时，我们分别选取其中资质变量最大或中位数位置的投资者作为领导者，研究结果与上文基本一致。

第二，上文将风险投资机构在整个样本期内只有过一次投资经历的样本剔除；我们进一步尝试删除在整个样本期内风险投资机构少于三次、五次投资经历的样本，并分别进行相关回归分析，结果与上文基本一致。

第三，考虑到现有的部分文献同时将“IPO”和“并购”作为风险投资机构成功退出的方式，以及创业企业在并购之时还是具有核心价值，我们进一步将“成功 IPO”或实现“并购”作为度量创业企业产出结果的新因变量，若成功 IPO 或并购，则因变量取值为 ipoma＝1，否则取值为 ipoma＝0，研究结论也与上文基本一致。

第四，上文在地理维度上按照京津冀、长三角和珠三角地区进行划分，在时间维度上按照整年度进行划分；我们进一步聚焦于北京、上海和深圳三个地理维度，以及半年度时间维度下的中国风险投资市场状况，研究结论也与上文基本一致。

表 18　考虑 IPO 和并购的两阶段回归结果

	(1) match	(2) ipoma	(3) ipoma	(4) ipoma	(5) ipoma
mdgree	0.404***				
	(0.045)				
expst	0.0004**	0.001			
	(0.000)	(0.001)			
turnnums	0.024***	0.143***			
	(0.004)	(0.025)			
expst×*turnnum*		−0.0004**			
		(0.0002)			

① 模型回归形式与表 12 相同，采取两阶段回归形式，表 16 和表 17 仅报告第二阶段的回归结果。

续表

	(1) match	(2) ipoma	(3) ipoma	(4) ipoma	(5) ipoma
exp			−0.001		
			(0.003)		
turnnum			0.412***		
			(0.065)		
exp×*turnnum*			−0.0001		
			(0.002)		
expstdum				−0.021	
				(0.118)	
turnnumsdum				0.638***	
				(0.104)	
expstdum× *turnnumsdum*				−0.040	
				(0.190)	
expdum					0.047
					(0.085)
turnnumdum					0.569***
					(0.109)
expdum× *turnnumdum*					−0.063
					(0.161)
*market*2	−0.098***	−0.016	0.062	0.038	0.098
	(0.022)	(0.093)	(0.088)	(0.093)	(0.087)
*market*3	0.206***	0.224**	0.156	0.156	0.12
	(0.027)	(0.135)	(0.124)	(0.137)	(0.122)
stage	0.093***	−0.626***	−0.705***	−0.610***	−0.702***
	(0.020)	(0.089)	(0.087)	(0.092)	(0.086)
state	0.015	−0.034	−0.039	−0.02	−0.033
	(0.020)	(0.074)	(0.074)	(0.075)	(0.075)

续表

	(1) match	(2) ipoma	(3) ipoma	(4) ipoma	(5) ipoma
IMR		0.089	−0.351	−0.244	−0.553
		(0.517)	(0.434)	(0.545)	(0.419)
行业	控制	控制	控制	控制	控制
年度	不控制	控制	控制	控制	控制
常数项	−2.655***	−0.338	0.507	0.49	1.499
	(0.044)	(1.391)	(1.169)	(1.448)	(1.121)
观测值	136335	1623	1623	1623	1623
对数似然函数	−8675.34	−907.022	−901.94	−895.439	−910.559
AIC	17372.69	1858.044	1847.88	1834.878	1865.119

表 19　地理维度和时间维度同时调整之后的回归结果

	(1) match	(2) ipo	(3) ipo	(4) ipo	(5) ipo
mdgree	0.362***				
	(0.067)				
expst	0.001**	−0.00005			
	(0.000)	(0.001)			
turnnums	0.022***	0.100***			
	(0.006)	(0.027)			
expst×*turnnums*		0.0002			
		(0.0003)			
exp			−0.004		
			(0.004)		
turnnum			0.415***		
			(0.086)		
exp×*turnnum*			0.003		
			(0.003)		
expstdum				−0.087	
				(0.134)	

续表

	(1) match	(2) ipo	(3) ipo	(4) ipo	(5) ipo
turnnumsdum				0.541***	
				(0.161)	
expstdum× *turnnumsdum*				−0.105	
				(0.252)	
expdum					−0.186
					(0.135)
turnnumdum					0.552***
					(0.157)
expdum× *turnnumdum*					0.224
					(0.222)
*market*2	0.176***	−0.532**	−0.302	−0.071	−0.168
	(0.033)	(0.250)	(0.217)	(0.222)	(0.211)
*market*3	0.437***				
	(0.043)				
*market*1		−0.196	0.114	0.536*	0.321
		(0.359)	(0.305)	(0.317)	(0.294)
stage	0.096***	−0.924***	−1.052***	−1.084***	−1.083***
	(0.030)	(0.146)	(0.142)	(0.140)	(0.140)
state	−0.005	−0.243**	−0.236**	−0.223*	−0.220*
	−0.03	(0.114)	(0.114)	(0.115)	(0.114)
IMR		0.131	−0.78	−1.793**	−1.364**
		(0.874)	(0.711)	(0.757)	(0.678)
行业	控制	控制	控制	控制	控制
年度	不控制	控制	控制	控制	控制
常数项	−2.275***	−0.299	1.19	3.681**	2.786**
	(0.063)	(1.771)	(1.441)	(1.491)	(1.359)

续表

	(1) match	(2) ipo	(3) ipo	(4) ipo	(5) ipo
观测值	27387	985	985	985	985
对数似然函数	−4159.78	−396.221	−389.213	−398.551	−392.52
AIC	8341.562	854.443	840.427	859.102	847.04

4 本章小结

为创业企业的发展与成长提供扶植和价值增值，是风险投资机构最重要的职能，也是其区别于传统融资机构的核心竞争力所在。风险投资机构的甄别与选择效应，在某种意义上是一种发现价值的行为，有利于推动市场发展和提高经济效率。但是，这种选择效应对企业并未产生实质性的增值贡献。如果不对风险投资机构的选择效应和增值效应进行严格区分，那么就可能无法准确识别和估计风险投资的增值效应。本章基于“好风投”与“好企业”更容易结合的双边选择效应视角，对风险投资机构的增值效应与选择效应进行有效分离，考察风险投资机构和创业企业自身对企业 IPO 结果可能发挥的作用机理。研究发现，风险投资机构对创业企业 IPO 结果并没有发挥作用，“好风投”并没有使创业企业更容易成功 IPO；而企业自身的特质因素才是企业成功 IPO 的关键。进一步研究发现，即使考虑风险投资机构是否具有外资背景，以及在细致区分中国大陆 IPO 与海外 IPO 的情形下，风险投资机构也均未能在企业成功 IPO 方面发挥增值效应；发挥主导性作用的还是创业企业的自身优势，“好企业”本身才对成功 IPO 具有实质性贡献。

本章的研究结论为理解风险投资机构在中国创业企业发展成长中的职能发挥提供了批判性的视角，有助于我们正确认识中国风险投资市场中风险投资机构和创业企业的行为特征与经济效率。在“大众创业、万众创新”的时代背景下，本章的研究结论为进一步推动我国风险投资市场的发展和企业的创业创新提供了重要的政策启示：(1)对于创业企业而言，一方面，需要注重企业自身核心竞争力的发展与开拓，积极发挥自身的主观能动性，认识到自身的特质因素才是企业发展成长的关键；另一方面，创业企业可能需要更加重视风险投资机构所提供的融资功能，而对其价值增值作用的依赖则需要谨慎对待。当然,这一建议主要是基于本章实证所发现的结果而言的,即风投的资质对 IPO 不具有显著的影响效应。(2)对于风投而言,其需要不断提高在项目合作中的价值增值服务能力和专业化服务水平,以提高其市场竞争力。(3)对于政府而言,需要进一步规范与培育风险投资市场的健康发展,促进并提高风险投资机构提供服务的能力与质量,推动并完善企业创新创业的动力与激励机制。

本章的研究结论与 Sørensen(2007)对美国两个州风险投资市场的研究结论不同,除了制度背景和对选择效应的处理方式有差异之外,其中的内在逻辑和作用机理有何不同,还有待进一步的研究。随着近年来中国风险投资市场的蓬勃发展,风险投资机构对中国创业企业的价值增值服务能力是否得到了显著改善与提升,也有待后续深入探讨。尽管本章研究发现,风险投资机构对创业企业 IPO 结果并没有发挥增值效应,但是这并不意味着风险投资机构没有发挥作用。实际上,正是风投所发挥的关键融资服务职能,弥补了现有传统融资的不足,否则很多知名的创业企业就可能由于未获得融资而错失市场先机,甚至夭折于摇篮之中。此外,风险投资机构就中国创业企业的发展成长,是否通过其他形式或渠道来发挥"增值效应",也有待进一步的研究与探讨,如企业 IPO 的速度、企业技术创新、公司治理完善等方面的作用机制。

第八章　匹配结构视角下风险投资对企业IPO速度的增值职能

风险投资是一项发现价值、创造价值的投资行为，是全球经济发展创新最重要的推动力量之一。对创业企业而言，很难在自由竞争市场中获得融资，而风险投资机构填补传统金融机构“信贷配给”的市场空缺，通过投资于创业企业并参与管理，发挥价值增值职能，影响企业成长的速度与质量。对于风投机构而言，通过风险资本的退出取得收益并继续新的投资，而被投资企业成功IPO是风险资本退出渠道中最成功的途径。从风险投资的需求方来看，人们主要关心风投机构在创业企业发展成长过程中的具体影响效应，如是否能够影响创业企业成功IPO的速度。从风投机构帮助创业企业成功的经典案例来看，如阿里巴巴集团获得软银集团投资和扎克伯格初创Facebook之时选择了阿克塞尔风投机构，可以发现：正是风险投资与创业企业的相互选择、匹配与合作，促成了创业企业的发展壮大。风投机构与创业企业在匹配阶段相互挑选形成“门当户对”式的匹配结构模式（付辉，2015a，2015b），导致风投机构与创业企业之间存在着双边选择效应（付辉和周方召，2017）；同时，在创业企业发展成长的过程中，只有部分创业企业实现成功IPO，在“好风投”能否使得这些企业更快成功IPO的议题中，也可能存在着选择效应问题。这意味着，我们不仅需要关注风投机构和创业企业自身之间的双边选择效应，同时这种选择效应可能还存在于创业企业发展成长的不同阶段之中。

Sørensen（2007）和Bottazzi et al.（2008）关注到风投机构在挑选投资项目阶段存在着选择效应的问题，研究发现风投机构对创业企业能否成功IPO发挥着价值增值作用。付辉和周方召（2017）关注到风险投资机构与创业企业之间的双边选择效应问题，研究发现风投机构对中国创业企业能否成功IPO并没有发挥价值增值作用。本章尝试在上述问题基础上，进一步关注这样的问题：风险投资对中国创业企业成功IPO是否发挥加速效应，或者说“好风投”能否使得创业企业更快成功IPO呢？IPO加速效应是否成为了风投机构对中国创业企业价值增值服务的一种体现形式，这是本章关注的核心问题。

关于上述问题的回答，需要考虑选择效应所导致的严重样本选择问题。本章关注到风险投资协同创业企业发展与成长过程中所存在着的多阶段选择效应。正如付辉和周方召(2017)所强调，风投机构与创业企业在谈判接洽阶段相互挑选行为特征，反映了匹配阶段的双边选择效应。本章进一步关注到风投机构和创业企业自身特质因素在IPO阶段的选择效应，这种选择效应可能导致成功IPO的创业企业样本并非是随机的，而是由创业企业或风投机构的特质因素所决定和影响，即IPO阶段也可能存在着选择效应。

本章的研究拟从这样的研究视角展开：在关注到具有一定文献基础的匹配阶段(第一阶段)的选择效应之基础上，强调了在IPO阶段(第二阶段)可能也存在着选择效应；同时，强调风险投资与创业企业之间可能还存在着双边选择效应，由此构造出风投机构与创业企业之间存在着的两阶段双边选择效应的情境。匹配阶段和IPO阶段都存在着选择效应，从而也就引发了复合嵌套式样本选择问题。双边选择效应契合了风投机构与创业企业之间的双边道德风险特征，本章提出的两阶段选择效应则丰富了样本选择问题的根本来源。

在充分关注到两阶段选择效应所引发的复合嵌套式样本选择问题之基础上，本章将深入而细致地研究风投机构对创业企业IPO可能具有的加速效应问题，并将其作为价值增值服务的一种体现形式。从某种意义上来说，复合嵌套式样本选择问题是一种先天的禀赋因素，而价值增值效应则涉及后天的产出贡献效率测度。将选择效应与价值增值效应进行有效区分，既是对创业企业成长速度实施科学有效的计量模型估计与识别的必然要求，也是深入考察风投机构对创业企业发展成长所发挥作用机理的重要内容。

因此，本章的贡献在于：(1)关注到风投机构和创业企业自身的特质因素在创业企业发展成长过程中可能发挥的选择效应，提出了复合嵌套式样本选择问题，并将所关注的创业企业成长速度问题构筑在一个存在两阶段选择效应的逻辑框架之中。(2)将Sørensen-Heckman两阶段回归模型扩展为三阶段回归形式，以解决创业企业成长速度问题中存在着的复合嵌套式样本选择问题，从而弥补传统Heckman两阶段回归方法只能解决(简单)样本选择问题的缺陷。(3)尝试检验风投机构对中国创业企业成功IPO可能具有的加速效应，并将IPO加速效应作为风投机构对创业企业价值增值服务的一种体现形式，从而丰富了风投机构增值效应作用机制的研究视角。

1　文献综述

1.1　风险投资对创业企业成长速度的作用机制

创业企业从获得首轮风投机构融资到实现成功IPO的时间长度，反映了风险投资支持的创业企业成长速度，现有文献涉及这一方面的研究并不多。Gompers(1996)研究了风投机构对创业企业成长速度的影响效应，认为风投机构倾向于使得创业企业更快成功IPO。Tykvová(2003)通过构建多阶段的理论模型，探讨了风投机构如何选择创业企业IPO时机(The timing of the IPO)、会在什么情况下选择IPO之后继续持有股票和持有股票的比例及如何对股票定价等问题。Hsu(2013)使用行业中专利作为行业技术改变的代理变量，研究行业技术变迁对风投机构持有期限的影响效应，发现当被投资企业所在行业技术变化较大时，风投机构倾向于创业企业更快成功IPO以实现更早的退出，从而导致创业企业在IPO之后更差的经营绩效表现。Dutta and Folta(2016)则关注天使投资和风投机构对创业企业技术创新和产出结果绩效的影响效应，发现无论是在创业企业的技术创新还是成长速度方面，风投机构比天使投资发挥了更加重要且明显的促进作用。Nahata(2008)则关注到风投机构声誉对创业企业IPO表现(包括是否成功IPO、IPO速度等)的影响效应，并初步考虑了机构声誉与创业企业IPO表现之间可能存在的内生选择问题，但是并未对Sørensen(2007)所提出的风投机构排序选择效应的观点予以足够关注。

关于风投机构对于创业企业的影响机理，现有文献(Peneder, 2010; Dai等., 2012; Knockaert and Vanacker, 2013; Bernstein et al., 2016; Dutta and Folta, 2016)基本形成这样的共识：首先，风投机构履行着为创业企业提供融资服务的职能；其次，风投机构更倾向于投资更具发展潜力的创业企业，即风投机构具有排序选择效应；再次，风投机构对技术创新(Innovation)和企业成长(Growth)具有价值增值效应。这些文献更多地是将选择效应视为风投机构在选择创业项目时投资决定的结果，而对于创业企业IPO速度的问题，可能涉及创业企业获得融资以后在发展成长过程中的选择效应问题，因此还没有给予相应的关注。

Bernstein et al.（2016）认为，如果直接使用包含有、无风投背景的企业样本进行实证研究（Puri and Zarutskie，2012；Guo and Jiang，2013；Croce et al.，2013），那么就忽略了风投机构的甄别选择效应所导致的样本选择问题。该观点实际上倾向于以 Sørensen（2007）和 Bottazzi et al.（2008）为代表的处理方式，即直接使用有风险投资参与的创业企业数据样本，考察并区分样本选择效应和价值增值效应。现在的主流文献更多侧重于风投机构倾向于选择更具发展潜力的创业企业进行投资，这实际上是在匹配阶段（第一阶段）的选择效应问题，但是对创业企业 IPO 速度问题中可能存在着的多阶段选择效应问题，还没有文献给予相应的关注。

从风投机构的甄别效应、监督效应、鉴证效应等视角出发，国内学者也对创业企业 IPO 折价、IPO 后股票收益表现，以及风险投资对创业企业 IPO 后的投融资行为、经营业绩等内容进行了研究，以探讨风投机构对中国创业企业的价值增值功能。这些研究主要集中在风险投资是否提高了上市企业的生产效率（付雷鸣等，2012；赵静梅等，2015）、IPO 折价（陈工孟等，2011；周翔翼等，2014；李曜和王秀军，2015；许昊等，2015）、IPO 之后股票收益表现或 IPO 对经营绩效的影响（张学勇和廖理，2011；孙杨等，2012；徐欣和夏芸，2015）、风险投资对创业企业 IPO 之后的投融资行为的影响（吴超鹏等，2012；黄福广等，2013），以及风险投资参与对上市企业 IPO 速度和上市表现的影响（冯慧群，2016）。国内这些研究更多地侧重于风投机构对企业发展成长的价值增值效应问题，而最近已经开始有文献关注到风险投资与创业企业之间在匹配阶段存在的选择效应问题（王秀军和李曜，2016；董静和汪立，2017；付辉和周方召，2017）。

1.2 创业企业对企业自身成长速度的作用机制

大量文献关注到风投机构与创业企业之间存在着双边道德风险问题（Casamatta，2003；Schmidt，2003；Repullo and Suarez，2004；Hellmann，2006；Fairchild，2011a，2011b；郭文新等，2010；殷林森，2010；吴斌等，2012；陈逢文等，2013），从而导致风投机构和创业企业都会存在着影响企业产出结果的隐藏信息（或隐藏行为），这也决定了风投机构偏好于创业企业高风险、高回报的风险特质。同时，创业企业往往缺乏足够的固定抵押资产，再加上创业企业发展过程中的高度不确定性、信息非对称、代理成本等问题，也使得创业企业很难甚至无法通过传统的融资渠道获得融资资金（De Bettignies 和 Brander，2007）。因此，双边道德风险问题意味着，风投机构和创业企业自身特质均可能对企业发展成长具有价值增值的影响作用（Hellmann，2006；Fairchild，2011a，2011b），以及双方可能均具有选择行为能力，即除了现有文献广泛关注的风投机构具有排序选择特质的甄别效应外，创业企业自身也可能具有选择效应。

现有文献关于风险投资选择效应问题的研究，关注焦点基本还停留在 Sørensen（2007）和 Bottazzi et al.（2008）所强调的风投机构单边排序选择效应上，甚至有一些文献对于甄别效应所导致的样本选择问题关注得也并不彻底。付辉（2015a；2015b）在关于风投机构与创业企业之间的匹配结构的研究中，强调创业企业在风险投资市场匹配中也具备选择效应，并将这种效应与具有一定文献基础的风投机构具有的选择效应相对应。这意味着，创业企业在匹配过程中的选择行为，也是样本选择偏差问题的重要来源。国内外文献广泛关注的甄别效应作用机制，反映了风投机构所具有的选择效应，但是创业企业自身具有的选择效应问题也是不容忽视的（付辉和周方召，2017）。因此，本章关注到风投机构与创业企业之间在匹配阶段和产出阶段均可能具有的选择效应，进而在考虑到这两个阶段的双边选择效应之基础上，研究“好风投”对成功 IPO 的创业企业是否发挥 IPO 加速效应的问题。

1.3　逻辑框架与研究设计

假如有这样四个风投机构，分别是两个“好风投”和两个“坏风投”；还有四个创业企业，分别是两个高发展潜力的“好企业”和两个低发展潜力的“坏企业”；每个风投投资一个企业，一个企业也只能接受一个风投。最终，创业企业均实现成功 IPO，从企业获得风投资金到成功 IPO 之间的时间长度由一个方程决定：$timedif = \alpha - \beta \times VC - \gamma \times EN$。其中，“好风投”取值为 $VC = 1$，“坏风投”取值为 $VC = 0$；“好企业”取值为 $EN = 1$，“坏企业”取值为 $EN = 0$。在这个市场中，假如 $\alpha = 10$，$\beta = 2$，$\gamma = 3$，那么最终产出结果如表 20 所示。

表 20　企业成功 IPO 时间长度决定的例子

	“坏企业”	“好企业”
“好风投”	$timedif_{12} = 8$	$timedif_{11} = 5$
“坏风投”	$timedif_{22} = 10$	$timedif_{21} = 7$

假如 α、β、γ 都是待估计的参数，那么基于表示风投机构和创业企业“好与坏”特质的代理变量 VC 和 EN，可以建立如下计量回归模型：

$$timedif = \alpha + \beta \times VC + \gamma \times EN + \varepsilon \tag{47}$$

当使用连续代理变量来分别表示风投和创业企业的“好”“坏”特质，并引入其他控制变量 X 时，上述回归模型形式变为：

$$timedif = \alpha + \beta \times VC + \gamma \times EN + \lambda \times X + \varepsilon \tag{48}$$

在上述例子中，有一个基本的假定，即四个成功 IPO 的观测样本是随机分布的。事实上，成功 IPO 的观测样本经历了两个阶段的筛选过程，这就要求每个筛选过程都符合样本来源的随机性。首先，在匹配阶段，“好坏”风投机构与“好坏”创业企业之间的匹配结果必须是随机发生的，如此才能保证观测样本是随机分布的；其次，在 IPO 阶段，成功 IPO 的创业企业样本和未能成功 IPO 的创业企业样本必须符合随机分布。然而，正如上文所言，这两个阶段均存在着选择效应，从而导致样本并不满足随机分布的要求。

本章关注到风投机构与创业企业之间存在着两阶段的选择效应，并提出由此导致存在着复合嵌套式样本选择问题。具体而言，正如图 14 所示，无论是匹配阶段还是产出阶段，都可能存在着选择效应。因此，我们只有充分考虑到这些因素，才能够更好地考察风投机构和创业企业自身分别对创业企业成长速度的影响效应，如是否存在着 IPO 加速效应等问题。

1.4 复合嵌套式样本选择问题

结合图 14 可以看出，本章研究的对象是获得风投支持并且已经成功 IPO 的企业样本；本章研究的问题则是风投机构对企业 IPO 速度发挥着怎样的影响效应，特别是在此过程中，风投机构是否发挥了 IPO 加速效应。当取得与研究对象相对应的数据样本 A 来分析创业企业 IPO 加速效应影响因素时，数据样本 A 包括风险投资、创业企业、市场等方面的特征信息，如创业企业本身的发展潜力、风投机构的资质、创业企业所处市场等信息。对于数据样本 A 而言，若研究对象是成功 IPO 的创业企业样本，则存在着这样的两阶段选择效应，并由此产生复合嵌套式样本选择问题。

（1）产出阶段：能否成功 IPO 导致的样本选择问题

如图 14 所示，在数据样本 A 中，所有的创业企业均是成功 IPO 的样本；事实上，也存在一个数据样本 B，包含着数据样本 A，也包含那些没有成功 IPO 的创业企业样本。相对于数据样本 B 而言，数据样本 A 是嵌套在数据样本 B 中的子集。如果数据样本 B 是一个随机的总体，那么数据样本 A 则明显是非随机的数据样本集。例如，能够成功 IPO 的创业企业可能自身具有很好的发展潜力，或者获得了更高资质风险投资的扶植，进而导致其能够成功 IPO；那些没有成功 IPO 的创业企业，也可能是由于创业企业本身发展潜力不太好，或者受风投机构资质较低等因素的影响。在考察风投机构和创业企业各自的信息特质是否对创业企业成功 IPO 具有加速效应时，应当考虑到数据样本 A 可能存在着样本选择问题。付辉和周方召(2017)发现，风投机构的资质对中国创业企业能否成功 IPO 并不具有显著性的影响效应，主要取决于创业企业自身的发展潜力与创造性努力。因此，至少创业企业自身的信息特质对于其能否成功 IPO 会产生样本选择问题。

(2) 匹配阶段：匹配结构也可能导致样本选择问题

同时包含成功 IPO 和没有成功 IPO 样本的企业数据样本 B，可能仍然是一个有偏的数据样本集。是否成功 IPO 涉及创业企业与风投机构之间的成功 IPO 与否的问题，但是在 IPO 问题之前，还存在着匹配结构问题。在风险投资市场中，存在着若干数量的风投机构和若干数量的创业企业，当两个群体实现彼此之间的匹配之后，才会涉及能否成功 IPO 的问题。因此，存在着数据样本 C，包含(风险投资机构与创业企业)结成配对的数据样本 B，也包含那些潜在而实际上没有能够结成配对的数据样本；显然，数据样本 B 也是嵌套在数据样本 C 中的子集，如图 14 所示。因此，可以将数据样本 C 看作一个总体，这个总体反映了所有潜在的匹配结构的内容与结果。因此，匹配结构问题可能是导致样本选择的另一个重要来源。Sørensen(2005，2007)认为，风投机构倾向于投资更具发展潜力的创业企业，创业企业等待着被风投机构挑选，他强调风投机构的单边选择行为；付辉(2015a;2015b)研究发现，风险投资机构与创业企业之间存在着相互挑选的“门当户对”式的匹配结构，这意味着匹配结构可能导致样本选择问题。

结合图 14 及上述分析均可以看出，数据样本 C 嵌套着数据样本 B，数据样本 B 嵌套着数据样本 A，而本章研究对象所直接对应的是数据样本 A。因此，在本章的研究对象上，存在着“从数据样本 C 到数据样本 B，然后才到数据样本 A”的复合嵌套式样本选择问题。

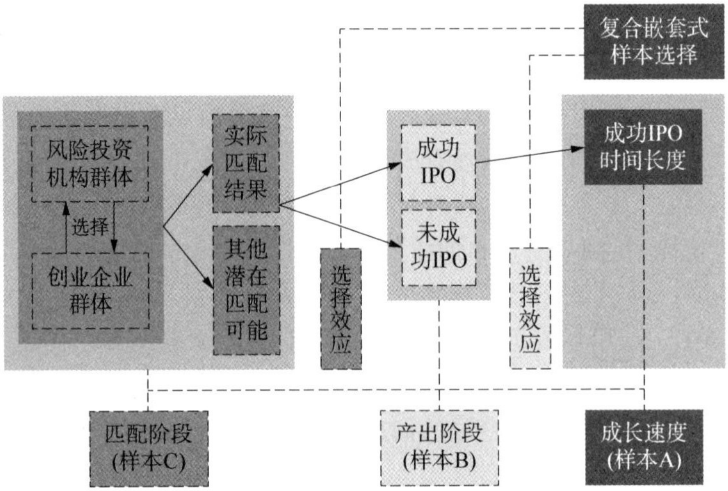

图 14　创业企业成长速度影响机制的逻辑框架

1.5　数据来源与初始样本

本章数据来自清科私募通数据库中的“投资事件”“机构”和“退出事件”三个数据子库。本章在“投资事件”数据子库中，样本期选定在从 1999 年 1 月 1 日至 2008 年 12 月 31 日共 10 年时期内。针对风投机构投资创业企业的事件，经过整理得到了 656 家风投机构投资的 1231 个创业企业的原始数据信息集。针对“机构”数据子库提供的风投机构的相关特征信息，我们通过核对，补充到原始数据集中。我们将“退出事件”数据子库提供的创业企业最终成长结果的信息，如“IPO”“并购”“公司回购”“股权转让”“清算”等，以及企业 IPO 的证券交易所等信息，也补充到原始数据集中。为了更加有效地区分创业企业与成熟企业，最终样本限定在年轻的创业企业上，即样本必须包含那些从获得 A 轮融资开始的创业企业样本，并且删除关键变量中有缺失值的数据样本；同时，按照现有文献的常规处理方法，删除掉在整个样本期内风投机构只有过一次投资经历的样本，最终得到了 273 家风投机构（领导者）投资于 826 个创业企业的样本。

变量 *expst* 表示风投机构在样本期内参与投资创业企业项目的总次数，每一个风投机构在样本期内的总投资次数都是固定的。变量 *exp* 表示从 1999 年 1 月 1 日开始，风投机构投资某一个创业企业之时所参与创业项目投资的累积次数，每个风投机构在样本期内的投资次数是随时间趋增的。变量 *turnnums* 表示创业企业在样本期内接受风投机构投资的总次数；变量 *turnnum* 表示创业企业在样本期内接受风投机构融资的轮次。变量 *stage* 是表示创业企业是否处于初创期的虚拟变量。借鉴 Sørensen（2005，2007）的处理方法，地理维度和时间维度是划分具体特定风险投资市场的维度标准。本章选用风险投资活动最为活跃的京津冀、长三角和珠三角地区作为研究样本，变量 *market*1、*market*2 和 *market*3 是分别表示创业企业所处地理区位维度的虚拟变量，*market*1＝1 表示创业企业注册地位于北京、天津和河北的京津冀地区，*market*2＝1 表示创业企业位于上海、江苏和浙江的长三角地区，*market*3＝1 表示创业企业位于广东和香港的珠三角地区。变量 *state* 是表示风投机构是否具有外资背景的虚拟变量。变量 *I_computer*、*I_comelec*、*I_medbioene* 和 *I_other* 均为表示创业企业所属于的行业类别的虚拟变量，*I_computer*＝1 表示与计算机相关的行业，*I_comelec*＝1 表示与通信、电子相关的行业，*I_medbioene*＝1 表示与医药、生物、能源等相关的行业，*I_other*＝1 表示其他行业。

根据世界经济合作组织对风险投资所下的定义，风险投资的投资周期一般是 3 年到 7 年，且风投机构参与到所投资的创业企业生产经营活动中并产生一定的价值增值影响效应也需要一定的周期。因此，风投机构必须具备足够的发挥增值效应的时间要素，才能够有效影响创业企业 IPO 速度。通过考察和核对“退出事件”数据子库信息，我们对创业企业是否成功 IPO 进行核对。由于创业企业在获得 A 轮融资之后，需要花费几年的时间才可能成功 IPO，因此我们将考察是否 IPO 的截止日期设定为 2014 年 12 月 31 日，在本章所关注的样本期以外保留有长达至少 6 年的 IPO 预备期。[①] 若创业企业在截止日期之前成功实现 IPO，则取值为 *ipo*＝1，否则取值为 *ipo*＝0。上述样本信息构成数据样本 B。

对于数据样本 B 而言，满足 *ipo*＝1 的成功 IPO 样本构成了数据样本 A。在此基础上，进一步考察创业企业成功 IPO 的相关时间信息。变量 *investime* 表示创业企业接受首轮风险投资的时间（包含年、月、日的信息）；*ipotime* 表示创业企业成功 IPO 的时间；*timedif* 是 *ipotime* 与 *investime* 的时间间隔，表示创业企业接受首轮风投到最终成功 IPO 所花费的时间（以日为单位）；*I_Chinamain* 表示创业企业 IPO 的证券市场位于中国大陆；*I_Oversea* 表示创业企业在中国大陆以外的证券市场 IPO。

---

① Sørensen（2005，2007）选择的匹配数据集来自 1982 年至 1995 年共 13 年，其考察创业企业截至 2003 年 3 月（长达 7 年的时期）是否成功 IPO，作为产出虚拟变量；而 Bottazzi et al.（2008）则是考察了一个长达 5 年的 IPO 预备期。

数据样本 A 的描述性统计信息如表 21 所示。

表 21　数据样本 A 的描述性统计

	观测值	最小值	1/4 分位数	中位数	均值	3/4 分位数	最大值
timedif	258	35	706.8	1050.8	1283.5	1558.5	5306
turnnums	258	1	1	2	3.078	4	32
turnnum	258	1	1	1	1.477	2	6
expst	258	2	11	22	40.23	53	164
exp	258	2	5	10	16.78	22.75	121
stage	258	0		0	0.1705		1
state	258	0		0	0.4651		1
market1	258	0		0	0.3372		1
market2	258	0		0	0.3527		1
market3	258	0		0	0.3101		1
I_computer	258	0		0	0.1705		1
I_comelec	258	0		0	0.2791		1
I_medbioene	258	0		0	0.1124		1
I_other	258	0		0	0.438		1
I_Chinamain	258	0		1	0.562		1
I_Oversea	258	0		0	0.438		1
*mdgree*①	258	0.1039	0.5755	0.77	0.7223	0.9	1
ddgree	258	−0.8961	−0.3064	−0.0872	−0.0909	0.125	0.75

本章的研究对象是数据样本 A，但是由于存在着“数据样本 C 到数据样本 B 再到数据样本 A”的复合嵌套式样本选择问题，因此可以将 Sørensen-Heckman 两阶段回归模型扩展为三阶段形式来应对。那么，本章关注的问题所对应的数据样本 A，还需要扩展到包括数据样本 A 的数据样本 B，乃至包括数据样本 B 的数据样本 C。数据样本 C 关注的，是风投机构与创业企业之间是否成功匹配的潜在数据样本，值得我们较为详细地进行介绍。

① 变量 mdgree 和 ddgree 的定义描述在下文数据样本 C 的介绍中详细给出。

（1）首先借鉴 Sørensen（2007）关于风险投资市场划分的做法，我们将京津冀、长三角和珠三角地区作为地理维度，将 1999 年至 2008 年整整 10 年作为时间维度，综合地理和时间维度进行划分，共计得到 30 个风险投资市场。

（2）根据 30 个风险投资市场的划分，我们可以得到每个市场中具体的风投机构投资创业企业的数据信息，这些都是实际匹配的数据样本，但是还有潜在的且未结成匹配的数据样本是没有观测到的。例如，在某个市场中有这样三个匹配数据样本：$(V_i, E_j), i=j=1, 2, 3$，表示风投机构 V_i 投资创业企业 E_i；其他所有未发生的潜在匹配样本是：$(V_i, E_j), i \neq j$，而这样的情形存在六种可能。[①] 在这个市场中，实际发生的匹配数据样本个数是 3，而未发生的潜在匹配样本数为 6，因此所有可能的匹配样本数为 9。

（3）对划分得到的 30 个风险投资市场，通过 R 语言编程运算，共计得到了 42908 个潜在匹配样本情形。

在潜在匹配数据样本中，也产生了一些新的变量：

① 匹配结果变量 *match*。若二者是实际发生的匹配，则取值为 $match=1$，否则取值为 $match=0$。数据样本 B 中，826 个样本是实际结成匹配的数据样本，其他潜在匹配样本均是未结成匹配的情形。

② 在每个市场中，风投机构资质变量 *expst* 的排序序号[②]变量为 *expstrank*；创业企业发展潜力变量 *turnnums* 的排序序号变量为 *turnnumsrank*。

③ 匹配度变量 *mdgree* 的定义如下：

$$mdgree = 1 - |expstrank - turnnumsrank| / totalrank$$

其中，*totalrank* 表示该特定市场中的创业企业个数。匹配度变量 *mdgree* 的取值范围在 0 到 1 之间，取值越接近于 1，表明二者之间的匹配度越高。

④ 差异度变量 *ddgree* 的定义如下：

$$ddgree = (expstrank - turnnumsrank) / totalrank$$

差异度变量 *ddgree* 的取值范围在 −1 到 1 之间。当取值大于 0 时，

---

① 在某一个风险投资市场中，假设实际发生的匹配样本为(V_1, E_1)、(V_2, E_2)、(V_3, E_3)，其他未结成匹配的潜在可能情形为(V_1, E_2)、(V_1, E_3)、(V_2, E_1)、(V_2, E_3)、(V_3, E_1)、(V_3, E_2)，那么就构成了 9 个潜在匹配样本。

② 排序序号的生成通过 R 语言程序中的 rank 命令来实现。对于一个序列，按照大小生成一个从小到大的序号序列，最大元素得到的序号最大，最小元素序号最小，若两个元素相同，则取其排序序号的平均数。例如，对于一个(2,2,4,5)的序列，其排序序号结果为(1.5,1.5,3,4)。

表明“好风投”与相对更差的创业企业匹配；反之，取值小于 0 时，表明“差风投”与相对更好的创业企业匹配。

因此，数据样本 C 和数据样本 B 的描述性统计信息如表 22 和表 23 所示。

表 22　数据样本 C 的描述性统计

	观测值	最小值	1/4 分位数	中位数	均值	3/4 分位数	最大值
match	42908	0		0	0.0193		1
stage	42908	0		0	0.3499		1
*market*1	42908	0		0	0.3753		1
*market*2	42908	0		0	0.3935		1
*market*3	42908	0		0	0.146		1
state	42908	0		0	0.4346		1
I_computer	42908	0		0	0.2508		1
I_comelec	42908	0		0	0.2081		1
I_medbioene	42908	0		0	0.1108		1
I_other	42908	0		0	0.4304		1
turnnums	42908	1	1	1	2.17	3	32
turnnum	42908	1	1	1	1.237	1	6
expst	42908	2	11	22	34.26	45	164
exp	42908	2	6	12	20.16	28	157
year	42908	1999	2006	2007	2007	2008	2008
mdgree	42980	0.0192	0.495	0.7273	0.6807	0.8718	1
ddgree	42908	−0.9808	−0.25	0	0	0.2885	0.9

表 23　数据样本 B 的描述性统计

	观测值	最小值	1/4 分位数	中位数	均值	3/4 分位数	最大值
match	826	0		0	0.3136		1
stage	826	0		0	0.3499		1
*market*1	826	0		0	0.3753		1
*market*2	826	0		0	0.3935		1
*market*3	826	0		0	0.2312		1
state	826	0		1	0.5654		1
I_computer	826	0		0	0.276		1
I_comelec	826	0		0	0.2131		1

续表

	观测值	最小值	1/4 分位数	中位数	均值	3/4 分位数	最大值
I_medbioene	826	0		0	0.109		1
I_other	826	0		0	0.4019		1
turnnums	826	1	1	2	2.452	3	32
turnnum	826	1	1	1	1.347	1	6
expst	826	2	11	27.5	39.47	47	164
exp	826	2	5	11	18.4	24	157
year	826	1999	2005	2007	2006	2007	2008
mdgree	826	0.1039	0.5522	0.765	0.7132	0.8943	1
ddgree	826	−0.8961	−0.2278	−0.01	0	0.25	0.75

数据样本 C 包含了风投机构与创业企业之间所有潜在匹配可能的信息，主要包含两类，即实际发生并匹配成功的信息和其他潜在的未成功匹配的信息。由于风投机构与创业企业之间存在着稳定的匹配结构模式，导致风投机构与创业企业之间的匹配结果并不是随机发生。而数据样本 C 中实际发生并匹配成功的子数据样本对应的正是数据样本 B，这意味着数据样本 B 并不是随机的，可能存在着样本选择问题。

1.6　计量模型

Sørensen(2005，2007)、Bottazzi et al. (2008)、付辉和周方召(2017)关注创业企业是否成功 IPO 的问题，实质上均涉及了“数据样本 C 到数据样本 B”(一个阶段)的样本选择问题，因此可以使用经典的 Sørensen-Heckman 两阶段回归模型。本章的研究设计则关注到在创业企业成长速度的问题中，存在着从“数据样本 C 到数据样本 B，再到数据样本 A”(两个阶段)的复合嵌套式样本选择问题，突破了(一个阶段的)简单样本选择问题的逻辑框架，从而进一步将 Sørensen-Heckman 两阶段回归模型扩展为三阶段模型形式。①

(1) 以数据样本 C 为研究对象，则影响匹配结果的第一阶段(匹配阶

① 经典的 Heckman 两阶段回归模型很好地解决了简单的样本选择偏差问题。通过第一阶段回归计算得到的逆米尔斯之比 IMR，引入到第二阶段的回归，从而有效克服了样本选择偏差，并且使得模型回归参数是一致估计量。在本章所研究的问题中，并不仅仅存在着简单的样本选择问题，而是存在着两个阶段选择效应的复合嵌套式样本选择问题。因此，本章将经典的 Heckman 两阶段回归模型扩展为三阶段回归形式，在第二阶段回归结果的基础上，计算得到一个新的逆米尔斯之比，并带入到第三阶段的回归模型之中，因此第三阶段的估计结果也是一样的。

段)离散选择回归模型(付辉,2015a;2015b)为:

$$
\begin{aligned}
&P(match=1\mid x)\\
&=G(\beta_{m0}+\beta_{m1}mdgree+\beta_{m2}expst+\beta_{m3}turnnums+\beta_{m4}market2\\
&\quad+\beta_{m5}market3+\beta_{m6}stage+\beta_{m7}state+\beta_{m8}I\_computer\\
&\quad+\beta_{m9}I\_comelec+\beta_{m10}I\_medbioene)
\end{aligned}
$$

第一阶段的回归模型强调了风险投资机构与创业企业之间是“门当户对”式的匹配结构模式,体现出风投机构与创业企业在匹配阶段是一种双边选择的行为模式。

(2) 从“数据样本 C 到数据样本 B”,构成影响产出结果的第二阶段(产出阶段)离散选择回归模型(付辉和周方召,2017):

$$
\begin{aligned}
P(ipo=1\mid x)=G(&\beta_{i0}+\beta_{i1}exp+\beta_{i2}turnnum+\beta_{i3}market2+\beta_{i4}market3\\
&+\beta_{i5}stage+\beta_{i6}state+\beta_{i7}I\_computer+\beta_{i8}I\_comelec\\
&+\beta_{i9}I\_medbioene+\beta_{i10}IMR_1+\beta_i\Sigma year)
\end{aligned}
$$

其中,IMR_1 是由第一阶段回归结果计算得到的逆米尔斯比;$year$ 表示年度虚拟变量;G()表示某一分布函数形式,若为正态分布,则为 Probit 回归模型。第二阶段的回归模型关注了影响产出决定的创业企业和风投机构的信息特征变量及市场特征变量,并引入新变量逆米尔斯比 IMR_1,以消除“数据样本 C 到数据样本 B”的样本选择性偏误。具体而言,在风险投资机构参与的创业企业产出决定的 Sørensen-Heckman 两阶段回归模型中,第一阶段考虑到市场稳定匹配机制对产出决定的内在影响。

(3) 从“数据样本 B 到数据样本 A”,形成本章所关注焦点问题的第三阶段回归模型,即影响创业企业 IPO 速度的回归模型:

$$
\begin{aligned}
log(timedif)=\ &\alpha_1+\alpha_2exp+\alpha_3turnnum+\alpha_4market2+\alpha_5market3+\alpha_6stage\\
&+\alpha_7state+\alpha_8I\_comelec+\alpha_9I\_comelec+\alpha_{10}I\_medbioene\\
&+\alpha_{11}I\_Chinamain+\alpha_{12}IMR_2+\varepsilon
\end{aligned}
$$

其中,IMR_2 是由第二阶段离散选择模型计算得到的逆米尔斯比,以消除“数据样本 B 到数据样本 A”的样本选择性偏误;$timedif$ 表示创业企业成功 IPO 所需的时间。本章在第二、三阶段回归模型中,倾向于使用 exp、$turnnum$ 分别作为风投机构资质和创业企业发展潜力的指标变量。变量 exp 随时间变动,反映了风投机构资质在市场中的信息更新与变化;变量 $turnnum$ 是创业企业从风投机构获得的融资轮次,反映了创业企业的发展潜力和风投机构的认可。

2　实证结果

2.1　简单 OLS 与门限回归分析

(1) 简单 OLS 回归分析

在这里，先直接对表 21 所示的数据样本 A 进行简单回归，考察创业企业和风险投资机构的个体特质信息对创业企业 IPO 速度的影响效应，简单回归模型形式设定如下：

$$log(timedif) = \alpha_1 + \alpha_2 exp + \alpha_3 turnnum + \alpha_4 market2 + \alpha_5 market3 + \alpha_6 stage + \alpha_7 state + \alpha_8 I\_computer + \alpha_9 I\_comelec + \alpha_{10} I\_medbioene + \alpha_{11} I\_Chinamain + \varepsilon$$

表 24 分别给出了创业企业和风险投资机构的个体特质信息对创业企业 IPO 速度的影响效应回归结果。第一列是对数据样本 A 的全样本回归结果。由于风险投资机构对创业企业发展成长的扶植作用与产出增值贡献需要一定的时间过程表现出来，因此如果创业企业在获得风险投资机构首轮融资之后的很短时间内就成功 IPO，那么就可以认为风险投资机构可能对创业企业成功 IPO 并没有发挥实质性的影响效应，成功 IPO 主要是由于创业企业本身基本已经具备相应的上市条件。此时，风险投资对创业企业的成功 IPO 实质上并没有产生加速效应。根据世界经济合作组织对风险投资所下的定义，风险投资对创业企业的投资周期通常是 3 年到 7 年，因此第二至第六列分别是基于数据样本 A 修正样本的回归结果，即分别删除了那些获得首轮风险投资机构融资与其最终成功 IPO 时间间隔不到 400 日、600 日、800 日、1000 日、1200 日的修正样本情形。

表 24　简单 OLS 回归结果

	全样本	修正样本 1	修正样本 2	修正样本 3	修正样本 4	修正样本 5
exp	0.001	−0.001	−0.002	−0.0035**	−0.0044**	−0.0038*
	(0.002)	(0.002)	(0.002)	(0.0015)	(0.0016)	(0.0021)
turnnum	0.260***	0.156***	0.113***	0.090***	0.085***	0.107***

续表

	全样本	修正样本 1	修正样本 2	修正样本 3	修正样本 4	修正样本 5
	(0.054)	(0.04)	(0.036)	(0.034)	(0.033)	(0.034)
*market*2	−0.021	−0.03	−0.069	−0.177	−0.139*	−0.117
	(0.11)	(0.083)	(0.078)	(0.075)	(0.078)	(0.083)
*market*3	−0.005	−0.04	−0.076	−0.07	−0.001	−0.063
	(0.112)	(0.083)	(0.077)	(0.076)	(0.081)	(0.087)
stage	0.577***	0.451***	0.442***	0.380***	0.319***	0.247***
	(0.121)	(0.087)	(0.078)	(0.074)	(0.072)	(0.071)
state	0.121	0.054	0.058	0.11	0.131	0.180***
	(0.117)	(0.087)	(0.08)	(0.076)	(0.079)	(0.09)
I_computer	0.294**	0.166*	0.141	0.147*	0.111	−0.008
	(0.129)	(0.094)	(0.087)	(0.083)	(0.086)	(0.087)
I_comelec	−0.152	−0.104	−0.117	−0.031	−0.095	−0.194**
	(0.108)	(0.081)	(0.074)	(0.073)	(0.076)	(0.084)
I_medbioene	−0.142	−0.096	−0.122	−0.103	−0.152	−0.185
	(0.144)	(0.111)	(0.102)	(0.102)	(0.11)	(0.122)
I_Chinamain	0.613***	0.193**	0.1	0.114	0.149*	0.160*
	(0.12)	(0.091)	(0.085)	(0.082)	(0.086)	(0.096)
常数项	6.027***	6.683***	6.933***	7.080***	7.204***	7.291***
	(0.17)	(0.128)	(0.12)	(0.116)	(0.119)	(0.126)
观测值	258	230	210	181	137	102
R^2	0.284	0.24	0.275	0.314	0.342	0.363
Adjusted R^2	0.256	0.206	0.238	0.274	0.289	0.293
残差标准误	0.692	0.488	0.429	0.386	0.353	0.325
F 统计量	9.821***	6.931***	7.533***	7.790***	6.537***	5.182***

相关核心解释变量的回归结果显示：

① 关于风险投资机构的投资资质对企业成功 IPO 是否具有加速效应，在全样本回归中并不显著，但是在五个修正样本回归中，有三个修正样本回归是显著的且符号为负，这可能意味着风险投资机构的投资资质越高，创业企业消耗在 IPO 的时间上越短，即风险投资机构对创业企业成功 IPO 可能具有加速效应。但是，在全样本和修正样本共六个回归模型中，只有三个回归模型的系数是显著为负的，因此这些模型对于支撑"风险投资机构对创业企业成功 IPO 具有加速效应"的结论并不稳健且不一致。

② 关于创业企业的发展潜力对企业成功 IPO 是否具有加速效应，无论是在全样本回归还是在修正样本回归中，解释变量 *turnnum* 的回归系数均显著为正数，也就是说创业企业自身发展潜力越好，会导致其消耗在 IPO 上的时间越久，其经济学含义是创业企业自身具有发展潜力对其成功 IPO 具有减速效应。考虑到违背经济学常识，并且简单回归中并未涉及严重样本选择问题，我们对这一结论持保留态度。

关于相关控制变量对企业成功 IPO 是否具有加速效应，结合全样本和修正样本回归结果，结论如下：

① 关于行业因素对企业成功 IPO 是否具有加速效应，变量 *I_computer* 的回归系数在六个回归模型中，有三个是显著为正的，其他行业的虚拟变量均不显著，这意味着与计算机行业相关的创业企业相对消耗在 IPO 上的时间可能更久一些。

② 关于企业在中国大陆还是海外上市对企业成功 IPO 是否具有加速效应，变量 *I_Chinamain* 的回归系数在六个回归模型中，有四个是显著为正的，这意味着创业企业若选择在海外上市，则上市速度可能会更快一些。

③ 关于创业企业首次获得融资时所处的发展阶段（获得融资较早还是较晚）对企业成功 IPO 是否具有加速效应，在六个回归模型中，表征是否在创业初期就获得融资的虚拟变量 *stage* 的回归系数均为正数，且均在 1%的显著性水平下显著，这可以理解为对于处于初始阶段和发展成熟阶段的创业企业而言，发展成熟阶段的创业企业更容易更快地实现成功 IPO，而这也是符合常识的。

此外，区域因素、风险投资机构是否具有海外背景等因素对创业企业成功 IPO 并不具有明显且显著的加速或减速效应。

（2）门限回归分析

通过上述的简单回归分析可以发现，在探讨风险投资机构资质对创业企业成功 IPO 是否存在加速效应之时，还需考虑到可能存在着 *timedif* 的门限效应，即只有当 *timedif* 大于某一个门限值之后，才会体现出风险投资机构资质对创业企业成功 IPO 的加速效应。正如前文所指出的，风险投资机构对创业企业的投资周期一般在 3 年以上，而风险投资机构对创业企业的发展与成长发挥影响作用也需要一定的时间。因此，*timedif* 的门限效应正是体现出，需要剔除那些在获得首轮风险投资融资后就很快成功 IPO 的创业企业样本。本章设计了如下简单的门限回归模型：

$$log(timedif) = \alpha_1 + \alpha_2 exp + \alpha_3 I[timedif < c] + \alpha_4 exp \times I[timedif < c] + \alpha_5 turnnum + \alpha_6 market2 + \alpha_7 market3 + \alpha_8 stage + \alpha_9 state + \alpha_{10} I\_computer + \alpha_{11} I\_comelec + \alpha_{12} I\_medbioene + \alpha_{13} I\_Chinamain + \varepsilon$$

其中，$I[timedif < c]$ 表示示性变量，当 $timedif < c$ 时，$I[timedif < c] = 1$，否则取值为 0。在本章的简单门限回归中，分别取 $c = 600$、700、800、900、1000、1100。通过这样的简单门限回归模型，可以初步探讨在考虑了门限效应的情形下，风险投资机构对创业企业成功 IPO 发挥的加速效应问题。限于篇幅，我们只了报告 α_2、α_3、α_4 和 α_5 的回归系数结果。

表 25　简单门限回归结果

c 取值情况	600	700	800	900	1000	1100
exp	−0.002	−0.003*	−0.003*	−0.004*	−0.004	−0.003
	(0.002)	(0.002)	(0.002)	(0.002)	(0.002)	(0.003)
I[*timedif*<*c*]	−1.295***	−1.139***	−1.157***	−1.101***	−1.071***	−1.071***
	(0.117)	(0.106)	(0.098)	(0.093)	(0.093)	(0.095)
exp×	−0.005	−0.007	0.0004	0.003	0.005	0.006
I[*timedif*<*c*]	(0.006)	(0.006)	(0.004)	(0.004)	(0.004)	(0.004)
turnnum	0.121***	0.103***	0.129***	0.154***	0.145***	0.158***
	(0.039)	(0.039)	(0.039)	(0.04)	(0.041)	(0.042)
观测值	258	258	258	258	258	258
R^2	0.653	0.65	0.645	0.638	0.61	0.599
Adjusted R^2	0.636	0.633	0.627	0.62	0.59	0.58
残差标准误	0.483	0.485	0.489	0.494	0.513	0.52
F 统计量	38.438***	38.000***	37.050***	35.942***	31.871***	30.535***

如表 25 所示，当 *timedif* 取不同门限阀值时，风险投资机构的资质变

量 exp 的显著性发生变化。当设定阀值在 $700 \leqslant c \leqslant 900$ 时，变量 exp 的系数均显著为负，意味着风险投资机构的资质对创业企业成功 IPO 具有加速效应；当设定阀值 $c = 600$、1000 或 1100 时，变量 exp 的系数均不显著。通过上述简单的门限回归可以发现，应考虑剔除在大概不到两年时间就成功 IPO 的数据样本；同时，为了保持足够的样本量，也不宜剔除三年及以上时间内成功 IPO 的数据样本。

关于风险投资机构的资质和创业企业自身发展潜力对创业企业成功 IPO 是否具有加速效应的问题，通过简单 OLS 回归和门限回归，本章已经取得了初步结论：①在考虑到 $timedif$ 的门限效应时，即剔除了那些在获得首轮风险投资融资后就很快成功 IPO 的创业企业样本之后，风险投资机构的资质对于创业企业成功 IPO 具有加速效应。②但是，在上述的处理过程中，创业企业自身发展潜力指标 $turnnum$ 显著为正，显示出其对创业企业成功 IPO 具有减速效应，而这一结论明显违背常识。

正如前文研究设计中所提到的，需要考虑存在着“数据样本 C 到数据样本 B，再到数据样本 A”的复合嵌套式样本选择问题，这可能是导致上述问题的原因之一；另一方面，考虑到风险投资机构的一般投资周期及其对创业企业的发展与成长发挥效应所需要的时间基础，结合上述门限回归结果，也需要剔除那些在不到两(三)年时间内就成功 IPO 的数据样本。因此，在考虑到了复合嵌套式样本选择问题，并且对在较短时间内成功 IPO 的数据样本进行剔除处置之后，风险投资机构的资质变量 exp 的系数是否依然显著为负，以及创业企业自身发展潜力指标变量 $turnnum$ 是否显著及其符号，均是接下来将关注的焦点。

2.2　(扩展的)Sørensen-Heckman 三阶段回归分析

由于存在着从“数据样本 C 到数据样本 B，再到数据样本 A”的复合嵌套式样本选择问题，本章在接下来的实证分析中将采用扩展的 Sørensen-Heckman 三阶段回归模型形式。同时，还需要对在较短时间内成功 IPO 的数据样本进行剔除处置，而这一处理过程涉及对数据样本 B 与数据样本 A 进行同步样本剔除处理。具体处理方式如下：(1)直接使用数据样本 C 进行第一阶段匹配结构的离散选择模型回归。(2)对数据样本 B 与数据样本 A 进行同步修正样本剔除处理，即删除了那些获得首轮风投机构融资与其最终成功 IPO 时间间隔大致在两三年以内的样本(即剔除 $timedif$ 取值在特定范围之内的样本)，分别对这些新的修正样本进行第二阶段和第三阶段的回归。

表 26　扩展的 Sørensen-Heckman 三阶段回归结果

	全样本	修正样本 1	修正样本 2	修正样本 3	修正样本 4	修正样本 5
exp	0.0003	−0.003**	−0.004**	−0.005***	−0.005***	−0.004**
	(0.002)	(0.002)	(0.002)	(0.001)	(0.001)	(0.002)
turnnum	0.119	0.02	0.006	−0.012	−0.106**	−0.065
	(0.09)	(0.055)	(0.054)	(0.052)	(0.052)	(0.051)
*market*2	0.018	0.101	−0.180**	−0.159**	−0.118	−0.214***
	0.111	0.076	0.075	0.074	0.073	0.077
*market*3	−0.081	−0.068	−0.109	−0.108	−0.069	−0.124
	(0.118)	(0.079)	(0.078)	(0.077)	(0.077)	(0.084)
stage	0.858***	0.521***	0.495***	0.529***	0.520***	0.377***
	(0.187)	(0.098)	(0.093)	(0.088)	(0.08)	(0.076)
state	0.254*	0.14	0.198**	0.207**	0.311***	0.325***
	(0.134)	(0.09)	(0.088)	(0.082)	(0.084)	(0.089)
I_computer	0.376***	0.195**	0.182**	0.118	0.170**	0.13
	(0.135)	(0.087)	(0.085)	(0.081)	(0.081)	(0.082)
I_comelec	−0.235**	−0.1	−0.059	−0.121*	−0.176**	−0.158**
	(0.115)	(0.076)	(0.074)	(0.073)	(0.073)	(0.075)
I_medbioene	−0.134	−0.137	−0.088	−0.124	−0.102	−0.047
	(0.143)	(0.1)	(0.102)	(0.101)	(0.103)	(0.114)
I_Chinamain	0.612***	0.123	0.111	0.109	0.140*	0.173**
	(0.119)	(0.084)	(0.081)	(0.077)	(0.08)	(0.084)
IMR_2	−0.490*	−0.205	−0.246**	−0.336***	−0.539***	−0.438***
	(0.25)	(0.128)	(0.122)	(0.118)	(0.118)	(0.112)
常数项	6.608***	7.294***	7.435***	7.653***	8.064***	7.988***
	(0.342)	(0.216)	(0.211)	(0.213)	(0.219)	(0.216)
观测值	258	195	181	163	137	121
R^2	0.295	0.294	0.33	0.38	0.435	0.434
Adjusted R^2	0.264	0.251	0.287	0.335	0.385	0.377
残差标准误	0.688	0.406	0.382	0.357	0.328	0.319
F 统计量	9.379***	6.924***	7.577***	8.415***	8.756***	7.597***

表 26 仅展示了扩展的 Sørensen-Heckman 三阶段回归中的第三阶段 IPO 加速效应回归结果，而没有展示第一、二阶段的回归结果。如表 26 所示，第一列为分别使用数据样本 C、B、A 的全样本回归结果；第二至第六列为做了相应的修正样本剔除处理的回归结果，即分别删除 $timedif < c$（其中，c＝700、800、900、1000 和 1100）的五个修正样本的回归结果。

将全样本和修正样本回归结果进行对比可以发现，对数据样本 C、B、A 的全样本采用扩展的 Sørensen-Heckman 三阶段回归模型之后，在第三阶段的回归结果中，风投机构的资质变量 *exp*、创业企业自身发展潜力指标变量 *turnnum* 的回归系数都不显著，逆米尔斯之比 IMR_2 的系数显著。使用修正样本（数据样本 C 依然为全样本、数据样本 B 和数据样本 A 均为采纳剔除部分样本处理的修正样本）再进行扩展的 Sørensen-Heckman 三阶段回归分析，在第三阶段的回归结果中，风投机构的资质变量 *exp* 回归系数显著为负，逆米尔斯之比 IMR_2 的回归系数显著，而创业企业自身发展潜力指标变量 *turnnum* 的回归系数依然不显著。相对于全样本回归结果，修正样本的回归结果可以更好地避免样本选择与内生性问题。

对修正样本使用扩展的 Sørensen-Heckman 三阶段回归分析模型，第三阶段的回归结果显示，中国创业企业成功 IPO 的加速效应影响因素与前文的简单回归分析结果略有差异。

相关核心解释变量的回归结果显示：

关于风投机构的投资资质对企业成功 IPO 是否具有加速效应，在全样本回归中，风投机构资质变量 *exp* 的回归系数并不显著，但是在五个修正样本回归中，回归系数都是显著的且符号为负，这可能意味着风投机构的投资资质越高，会使得创业企业更快地成功 IPO，即风投机构对创业企业成功 IPO 可能具有加速效应。但是，与全样本回归结果不同，在六个修正样本回归模型中，风投机构的资质变量 *exp* 的回归系数都是显著为负的，基本已经支撑了“风险投资对创业企业成功 IPO 具有加速效应”的结论。

关于创业企业的发展潜力对企业成功 IPO 是否具有加速效应，无论是在全样本回归还是在修正样本回归中，解释变量 *turnnum* 的回归系数均不显著，也就是说创业企业自身发展潜力水平并不必然导致其可以更快地成功 IPO，即创业企业自身具有发展潜力对其成功 IPO 并不具有加速或减速效应。这一结论与上文的简单 OLS 回归结果并不一致，主要原因可能是简单 OLS 回归中存在着的严重样本选择问题。

关于相关控制变量对企业成功 IPO 是否具有加速效应，结合全样本和修正样本回归结果，结论如下：

关于行业因素对企业成功 IPO 是否具有加速效应，变量 $I\_computer$ 的回归系数在六个回归模型中有四个情形是显著为正的，变量 $I\_comelec$ 的回归系数在六个回归模型中有四个情形是显著为负的。这意味着，计算机相关行业的创业企业消耗在 IPO 上的时间相对更久一些；而通信、电子相关行业的创业企业能够相对更快地成功 IPO。

关于企业在中国大陆还是海外上市对企业成功 IPO 是否具有加速效应，回归结果与前文中的简单 OLS 回归结果一致，即创业企业若选择在海外上市，则上市速度相较于国内资本市场会更快一些。

关于创业企业首次获得融资时所处的发展阶段（获得融资较早还是较晚）对企业成功 IPO 是否具有加速效应，在六个回归模型中，虚拟变量 *stage* 的回归系数均为正数且显著，与前文中的简单 OLS 回归结果一致，即发展成熟阶段的创业企业更容易更快地成功实现 IPO，而处于初始阶段的创业企业在成功 IPO 上所花的时间上会更久一些。

关于风投机构的海外背景因素对企业成功 IPO 是否具有加速效应，虚拟变量 *state* 的回归结果均显著为正，这表明具有本土背景的风投机构能够促使创业企业更快地成功 IPO，而具有海外背景的风投机构对创业企业成功 IPO 则发挥了减速效应。可能的解释是，本土背景的风投机构更加熟悉中国的资本市场，而且可能受逐名效应影响（周翔翼等，2014），也更加热衷于推动创业企业更快地成功 IPO；海外背景的风投机构可能不太熟悉中国的资本市场，而且更加注重对创业企业的长期投资，从而实施“深耕细作”式投资，缺乏足够的动机使得创业企业更快地成功 IPO。

关于不同的资本市场环境对企业成功 IPO 是否具有加速效应，虚拟变量 $I\_chinamain$ 的回归结果均显著为正，这表明中国大陆的资本市场和海外更为成熟的资本市场对于创业企业成功 IPO 具有不同的加速（或减速）效应。具体而言，相对于在中国大陆资本市场上市而言，海外更为成熟的资本市场具有 IPO 加速效应，即在更为成熟的海外资本市场成功 IPO 的速度比中国大陆市场更快。这可能存在两个方面的原因：一方面，在国内 IPO 审核制度下，IPO 申报流程相对繁冗耗时；另一方面，A 股在历史上已经发生了九次 IPO 暂停，企业上市申报流程会因 IPO 暂停而中断、延后。

此外，区域因素对企业成功 IPO 并不具有明显且显著的加速或减速效应，这一结论与前文的简单 OLS 回归结果基本一致。

通过上述的实证研究可以看出，创业企业自身发展潜力并不会导致其更快或更慢地成功 IPO，而风投机构的资质对创业企业成功 IPO 具有加速效应。付辉和周方召(2017)通过实证研究,发现了创业企业能否成功 IPO,主要取决于创业企业自身的创造性贡献,风投机构的资质并没有发挥影响效应作用。但是,本章研究发现,对于成功 IPO 的创业企业而言,风投机构发挥了 IPO 加速效应,资质越高的风投机构会使得成功 IPO 的速度越快。因此,风投机构对中国创业企业的增值职能,虽然没有反映在企业 IPO 结果中,但是体现在了创业企业的 IPO 速度上。

2.3　进一步分析

在上文的实证研究中,我们分别使用了简单 OLS 回归、简单门限回归和扩展的 Sørensen-Heckman 三阶段回归形式。在不同的回归形式中,研究结果均支持了风投机构对创业企业成功 IPO 具有加速效应。但是,关于创业企业自身特质因素对企业成功 IPO 是否具有加速效应,上文不同的实证分析结果并不相同。在简单 OLS 回归中,无论是在全样本回归还是在修正样本回归中,创业企业的发展潜力解释变量 *turnnum* 的回归系数均显著为正数,其对应的经济学含义是具有 IPO 减速效应,或者说越好的创业企业越不着急去 IPO。在扩展的 Sørensen-Heckman 三阶段回归中,解释变量 *turnnum* 的回归系数均不显著,这可能意味着创业企业自身因素并不影响其成功 IPO 的速度。关于创业企业自身是否具有 IPO 加速效应,上述实证分析还未取得逻辑一致的研究结果,我们尝试进一步做深入研究,以探讨其可能存在的原因,主要考虑两个方面的因素:(1)与“好风投”相比,“坏风投”可能具有逐名效应动机,表现为具有强烈动机来推动企业尽早上市;(2)“好风投”“坏风投”分别与不同质量类型的创业企业匹配时,可能具有不同的影响效果。因此,我们尝试在上述实证模型中,增加解释变量 *turnnum* 的平方项,增加“好坏”风投机构与“好坏”创业企业匹配的差异度变量 *ddgree*,以及增加差异度变量 *ddgree* 与交叉项的三项联合乘积形式,即将 Sørensen-Heckman 三阶段模型的第三阶段回归形式修改为:

$$\begin{aligned} log(timedif) = & \alpha_1 + \alpha_2 exp + \alpha_3 turnnum + \alpha_4 turnnum^2 + \alpha_5 ddgree \\ & + \alpha_6 ddgree \times exp \times turnnum + \alpha_7 market2 + \alpha_8 market3 + \alpha_9 stage \\ & + \alpha_{10} state + \alpha_{11} I\_computer + \alpha_{12} I\_comelec + \alpha_{13} I\_medbioene \\ & + \alpha_{14} I\_Chinamain + \beta_{i12} IMR_2 + \varepsilon \end{aligned}$$

表 27 均为采用上述模型形式的回归结果。在增加了解释变量 turnnum 的平方项之后,风投机构发挥了 IPO 加速效应,而创业企业发展潜力对 IPO 速度的影响呈倒 U 型曲线形式。通过变量 turnnum 及其平

方项的系数可以看出：当 turnnum 大于某一个临界水平时，发展潜力越好的企业，成功 IPO 的速度会越快；同时，当 turnnum 小于某一个临界水平时，发展潜力较差的企业，成功 IPO 的速度也会加快。差异度变量 ddgree 的回归系数均为正数且显著，这表明风投机构与创业企业之间的匹配差异度会影响创业企业的 IPO 速度，差异度越大则影响越大，且体现为或者正向或者负向的影响。三项联合乘积项的回归系数也基本均显著为正，表明风投机构资质变量和创业企业发展潜力变量的交乘项仅决定影响效应数值大小，而双方匹配差异度变量则决定加速或减速的影响效应方向，从而进一步支持了风投机构与创业企业之间匹配差异度会显著影响企业成功 IPO 速度的结论。

表 27　扩展的 Sørensen-Heckman 三阶段回归结果 2

	全样本	修正样本 1	修正样本 2	修正样本 3	修正样本 4	修正样本 5
exp	−0.004	−0.008***	−0.008***	−0.008***	−0.008***	−0.007***
	(0.003)	(0.002)	(0.002)	(0.002)	(0.002)	(0.002)
turnnum	0.729***	0.399***	0.393***	0.309**	0.171	0.248*
	(0.222)	(0.136)	(0.131)	(0.127)	(0.13)	(0.135)
$turnnum^2$	−0.101**	−0.057**	−0.059**	−0.047**	−0.040*	−0.046**
	(0.039)	(0.024)	(0.023)	(0.022)	(0.021)	(0.021)
ddgree	0.403**	0.310**	0.277**	0.232**	0.135	0.122
	(0.185)	(0.123)	(0.118)	(0.117)	(0.117)	(0.133)
ddgree * *exp*	0.005	0.008*	0.007**	0.007**	0.006*	0.005
* turnnum	(0.007)	(0.004)	(0.004)	(0.004)	(0.004)	(0.004)
*market*2	0.012	−0.089	−0.178**	−0.154**	−0.124*	−0.200***
	(0.109)	(0.072)	(0.071)	(0.07)	(0.071)	(0.076)
*market*3	−0.027	−0.017	−0.073	−0.072	−0.059	−0.09
	(0.116)	(0.076)	(0.074)	(0.074)	(0.076)	(0.084)
stage	0.764***	0.477***	0.455***	0.488***	0.487***	0.351***
	(0.189)	(0.095)	(0.09)	(0.086)	(0.08)	(0.076)
state	0.162	0.048	0.106	0.119	0.225***	0.222**
	(0.133)	(0.087)	(0.084)	(0.08)	(0.085)	(0.094)

续表

	全样本	修正样本 1	修正样本 2	修正样本 3	修正样本 4	修正样本 5
I_computer	0.323**	0.196**	0.177**	0.121	0.155*	0.123
	(0.134)	(0.083)	(0.081)	(0.078)	(0.08)	(0.08)
I_comelec	−0.209*	−0.115	−0.075	−0.136*	−0.169**	−0.146*
	(0.115)	(0.073)	(0.071)	(0.071)	(0.072)	(0.075)
I_medbioene	−0.146	−0.148	−0.127	−0.176*	−0.139	−0.101
	(0.14)	(0.094)	(0.096)	(0.096)	(0.101)	(0.114)
I_Chinamain	0.624***	0.12	0.12	0.109	0.127	0.142*
	(0.118)	(0.081)	(0.078)	(0.075)	(0.079)	(0.085)
IMR_2	0.403**	0.310**	0.277**	0.232**	0.135	0.122
	(0.185)	(0.123)	(0.118)	(0.117)	(0.117)	(0.133)
常数项	0.005	0.008*	0.007**	0.007**	0.006*	0.005
	(0.007)	(0.004)	(0.004)	(0.004)	(0.004)	(0.004)
观测值	258	195	181	163	137	121
R^2	0.337	0.38	0.419	0.455	0.482	0.478
Adjusted R^2	0.299	0.332	0.37	0.403	0.423	0.409
残差标准误	0.671	0.384	0.359	0.338	0.318	0.311
F 统计量	8.837***	7.880***	8.557***	8.823***	8.120***	6.926***

具体而言，当“好风投”遇到“好企业”，或者“坏风投”遇到“坏企业”时，差异度变量取值近乎为 0，匹配差异度和三项联合乘积项的影响效应都较为微弱。当“坏风投”遇到“好企业”时，差异度变量取值为负数，这种匹配结果有助于推动企业更快地成功 IPO，这一结果支持了风投机构的逐名效应动机。同时，这一结果也表明，“坏风投”虽然具有逐名效应的强烈动机，但是这种动机能够有效实现的一个重要条件，是“坏风投”选择了“好企业”。当“好风投”遇到“坏企业”时，匹配差异度变量取值为正数，这种匹配结果反而会使得企业成功 IPO 的速度减慢，这主要是由于“好风投”对“坏企业”的帮扶、支持、改造等治理效应的发挥需要一个更长时间。但是，对于这些“坏企业”中相对更差的“坏企业”而言，三项联合乘积项的减速效应反而因企业更差而变弱。这一结果的可能原因在于，“好风投”对更差“坏

企业”的改善治理效应更加显著。因此,“好风投”更能够在更差的“坏企业”中发挥更好的作用,从而在一定程度上弱化减速效应。这两种反向的匹配差异度情形,也基本支撑了创业企业发展潜力对其 IPO 速度的影响呈倒 U 型曲线形式的结论。

3 稳健性检验:IPO 暂停的制度外生冲击

本章考察样本的时间区段是从 1999 年 1 月 1 日至 2014 年 12 月 31 日共 16 年的时间跨度,中国股票市场以上海证券交易所在 1990 年 12 月 19 日开业为标志。自 1994 年 7 月 21 日第一次 IPO 暂停以来,已经陆续有九次 IPO 暂停的经历,其中有五次发生在本章所考察的时间区段内,具体情况如表 28 所示。

表 28　中国沪深股市在 1999—2014 年 IPO 暂停回顾

时间	2001 年 7 月 31 日—2001 年 11 月 2 日	2004 年 8 月 26 日—2005 年 1 月 23 日	2005 年 5 月 25 日—2006 年 6 月 2 日	2008 年 12 月 6 日—2009 年 6 月 29 日	2012 年 11 月 3 日—2014 年 1 月 17 日
空窗期（日）	94	150	373	205	438

表 21 的描述性统计结果显示,本章所考察的数据样本中,有 56.20% 的创业企业 IPO 发生在中国大陆(上海或深圳)证券交易所,而本土以外的上市主要分布于美国、法国等发展更为成熟的资本市场。在本章所考察的时间区段内,先后有五次 IPO 暂停的经历。如表 28 所示,最短的 IPO 暂停空窗期为 94 天,最久为 438 天,次之为 373 天。在逻辑直觉上,IPO 暂停这一外生政策冲击,在一定程度上会造成企业在中国大陆上市时间的拖延与拉长,从而使得经历 IPO 暂停空窗期样本的因变量 $timedif$ 虚高。本章的稳健性分析则立足于更为细致地考察 IPO 暂停这一外生政策冲击现象,或者说通过考虑 IPO 暂停的政策冲击来调整因变量 $timedif$,以修正 IPO 暂停导致部分样本中因变量 $timedif$ 取值偏高的现象,进而重新对修正后的因变量进行回归,以分析风险投资是否对企业成功 IPO 具有加速效应。

IPO 暂停的直接影响是,具备上市条件的企业将无法及时成功上市,需要等到 IPO 重启之后才能开展相关的申报程序,从而导致因变量

$timedif$ 在数值上因外生冲击而偏大。具体而言，假如 IPO 暂停于时间点 t_1，IPO 重启于时间点 t_2，某企业在时间点 t_0 接受首轮风险资本投资，在时间点 t_2 之后的某一时间点 t 实现成功上市，那么由此引发一个问题：IPO 暂停的空窗期是否对该企业的上市进程具有实质影响？即该企业可能已经具备相关资质，但由于 IPO 暂停而无法实施上市申报的程序；也有可能并不具备相关资质条件，从而没有影响到其上市的进程。这表明，IPO 暂停的空窗期可能对部分企业 IPO 的进程造成影响，使得其需要更久的时间才能成功 IPO；也有可能对部分企业的 IPO 进程并没有产生实质的影响。对此，本章的应对思路是，如果该企业在 IPO 重启之后很快就成功上市，那么之前的 IPO 暂停就导致了该企业上市申报进程的拖延；如果该企业在 IPO 重启之后很久才成功上市，那么之前的 IPO 暂停可能并没有对该企业上市申报进程产生实质的影响与延误。基于中国股票市场中发生 IPO 暂停的政策冲击情境，可以对在中国大陆上市企业样本的因变量 $timedif$ 进行这样的调整：

$$timedif\_adj=\begin{cases} timedif-\alpha\left(1-\dfrac{t-t_2}{\Delta t}\right)\Delta t,\ t-t_2<\Delta t \\ timedif,\ t-t_2\geqslant \Delta t \end{cases}$$

其中，$\Delta t=min(t_2-t_1,\ t_2-t_0)$，$\alpha$ 表示 IPO 暂停对企业上市申报流程延误影响的权重，且满足 $0\leqslant\alpha\leqslant 1$。当参数取值 $\alpha=0$ 时，没有考虑到 IPO 暂停这一外生的政策冲击效应，没有对因变量 $timedif$ 做任何调整，隐含的含义是 IPO 暂停并没有延误后续企业的 IPO 进程，如表 27 的回归模型形式和结果；当参数取值 $\alpha=1$，是对因变量 $timedif$ 最为苛刻的调整，隐含的含义是在 IPO 暂停期间，接受首轮风险资本投资之后的企业就已经具备 IPO 的条件了，企业 IPO 真实花费的时间应该是因变量 $timedif$ 减去 IPO 暂停造成的全部延误时间。

以表 27 的回归形式作为参照，使用调整之后的因变量 $timedif\_adj$ 替换掉原模型中因变量 $timedif$，并调整 α 分别为不同的取值，进行相应的回归分析。表 29、表 30 分别取 $\alpha=0.3$、0.7，重复表 27（扩展的）Sørensen-Heckman 三阶段回归形式。如表 29 和表 30 所示，在 α 取不同值的情况下，回归结果基本一致。无论是全样本回归结果还是修正样本回归结果，均与表 27 的结果一致。这进一步支撑了前文中的实证结论，即对于成功 IPO 的创业企业而言，风险投资机构对创业企业成功 IPO 发挥了加速效应。同时，企业自身的“好坏”也会影响其成功 IPO 的速度，一方面，发展潜力较好的企业会更快地成功 IPO；另一方面，发展潜力较差的企业往往也会快速成功上市。

表 29　取 $\alpha=0.3$ 的稳健性检验

	全样本	修正样本 1	修正样本 2	修正样本 3	修正样本 4	修正样本 5
exp	−0.004	−0.007**	−0.007**	−0.008**	−0.007**	−0.007**
	(0.003)	(0.002)	(0.002)	(0.002)	(0.002)	(0.002)
turnnum	0.717***	0.386***	0.385***	0.304**	0.174	0.249*
	(0.219)	(0.138)	(0.132)	(0.128)	(0.129)	(0.134)
turnnum^2	−0.099**	−0.054**	−0.057**	−0.045**	−0.039*	−0.045**
	(0.039)	(0.024)	(0.023)	(0.022)	(0.021)	(0.021)
ddgree	0.396**	0.290**	0.262**	0.211*	0.116	0.108
	(0.182)	(0.125)	(0.12)	(0.118)	(0.117)	(0.132)
*ddgree * exp*	0.005	0.008*	0.008**	0.008**	0.006*	0.005
* turnnum	(0.006)	(0.004)	(0.004)	(0.004)	(0.004)	(0.004)
*market*2	0.03	−0.068	−0.160**	−0.134*	−0.102	−0.176**
	(0.107)	(0.073)	(0.071)	(0.071)	(0.07)	(0.075)
*market*3	−0.007	−0.015	−0.072	−0.069	−0.059	−0.087
	(0.115)	(0.077)	(0.075)	(0.075)	(0.075)	(0.084)
stage	0.734***	0.454***	0.427***	0.462***	0.457***	0.325***
	(0.187)	(0.096)	(0.091)	(0.087)	(0.08)	(0.076)
state	0.158	0.036	0.093	0.102	0.211**	0.212**
	(0.131)	(0.088)	(0.085)	(0.081)	(0.085)	(0.094)
I_computer	0.300**	0.182**	0.161*	0.109	0.139*	0.108
	(0.132)	(0.084)	(0.082)	(0.078)	(0.079)	(0.08)
I_comelec	−0.199*	−0.118	−0.077	−0.139*	−0.166*	−0.145*
	(0.113)	(0.074)	(0.072)	(0.071)	(0.072)	(0.074)
I_medbioene	−0.146	−0.139	−0.118	−0.170*	−0.125	−0.094
	(0.138)	(0.096)	(0.097)	(0.097)	(0.1)	(0.113)
I_Chinamain	0.728***	0.155*	0.159**	0.146*	0.168**	0.185**

续表

	全样本	修正样本 1	修正样本 2	修正样本 3	修正样本 4	修正样本 5
	(0.116)	(0.082)	(0.079)	(0.075)	(0.079)	(0.085)
IMR_2	−0.31	−0.132	−0.163	−0.246**	−0.426***	−0.308**
	(0.252)	(0.127)	(0.121)	(0.118)	(0.12)	(0.118)
常数项	5.990***	6.967***	7.081***	7.333***	7.730***	7.592***
	(0.397)	(0.25)	(0.241)	(0.245)	(0.257)	(0.26)
观测值	258	195	181	163	137	121
R^2	0.354	0.346	0.381	0.418	0.447	0.441
Adjusted R^2	0.317	0.295	0.329	0.363	0.384	0.367
残差标准误	0.662	0.39	0.363	0.341	0.316	0.309
F 统计量	9.504***	6.811***	7.301***	7.585***	7.049***	5.961***

表 30　取 α=0.7 的稳健性检验

	全样本	修正样本 1	修正样本 2	修正样本 3	修正样本 4	修正样本 5
exp	−0.004	−0.007***	−0.007***	−0.007***	−0.006***	−0.006**
	(0.003)	(0.002)	(0.002)	(0.002)	(0.002)	(0.002)
turnnum	0.707***	0.370**	0.375***	0.297**	0.178	0.250*
	(0.218)	(0.143)	(0.137)	(0.133)	(0.132)	(0.137)
$turnnum^2$	−0.097**	−0.051**	−0.054**	−0.043*	−0.039*	−0.044**
	(0.039)	(0.025)	(0.024)	(0.023)	(0.022)	(0.022)
ddgree	0.388**	0.266**	0.243*	0.186	0.092	0.09
	(0.182)	(0.130)	(0.124)	(0.122)	(0.119)	(0.135)
ddgree * *exp*	0.004	0.008*	0.008*	0.008**	0.006*	0.005
* turnnum	(0.006)	(0.004)	(0.004)	(0.004)	(0.004)	(0.004)
market2	0.047	−0.042	−0.139*	−0.109	−0.075	−0.148*
	(0.107)	(0.076)	(0.074)	(0.073)	(0.072)	(0.077)
market3	0.012	−0.013	−0.07	−0.066	−0.06	−0.085
	(0.114)	(0.080)	(0.078)	(0.078)	(0.077)	(0.086)

续表

	全样本	修正样本 1	修正样本 2	修正样本 3	修正样本 4	修正样本 5
stage	0.699***	0.428***	0.393***	0.431***	0.421***	0.293***
	(0.186)	(0.100)	(0.094)	(0.090)	(0.081)	(0.077)
state	0.153	0.021	0.078	0.082	0.195**	0.200**
	(0.131)	(0.091)	(0.088)	(0.084)	(0.086)	(0.096)
I_computer	0.276**	0.166*	0.142*	0.094	0.121	0.089
	(0.132)	(0.088)	(0.085)	(0.081)	(0.081)	(0.082)
I_comelec	−0.189*	−0.121	−0.08	−0.144*	−0.163**	−0.143*
	(0.113)	(0.077)	(0.074)	(0.074)	(0.073)	(0.076)
I_medbioene	−0.147	−0.128	−0.107	−0.164	−0.107	−0.084
	(0.138)	(0.100)	(0.101)	(0.101)	(0.102)	(0.116)
I_Chinamain	0.845***	0.195**	0.204**	0.190**	0.215***	0.235***
	(0.116)	(0.085)	(0.082)	(0.078)	(0.081)	(0.087)
IMR_2	−0.27	−0.111	−0.134	−0.218*	−0.395***	−0.278**
	(0.252)	(0.132)	(0.125)	(0.122)	(0.123)	(0.121)
常数项	5.957***	6.966***	7.064***	7.312***	7.693***	7.550***
	(0.396)	(0.259)	(0.250)	(0.253)	(0.262)	(0.267)
观测值	258	195	181	163	137	121
R^2	0.374	0.303	0.33	0.366	0.396	0.386
Adjusted R^2	0.338	0.249	0.273	0.306	0.327	0.305
残差标准误	0.66	0.405	0.376	0.354	0.322	0.317
F 统计量	10.365***	5.594***	5.839***	6.108***	5.715***	4.769***

表 29 和表 30 的回归结果还显示，在剔除部分样本来获取修正样本的过程中，剔除的阈值设定为 $timedif < c = 1000$ 时，即删除了那些获得首轮风险投资机构融资与其最终成功 IPO 时间间隔（*timedif*）不到 1000 天的样本，得到的修正样本所对应的回归结果显著水平是较为理想的。如表 31 所示，固定在这一阈值水平下，分别调整 $\alpha = 0.1$、0.2、0.5、0.9、1，重新进行回归。在对 IPO 暂停赋予不同权重的情况下，模型回归结果与表 27、表 29 和表 30 基本保持了一致：风险投资机构的资质变量 *exp* 的回归

系数均显著为负，创业企业自身的发展潜力变量 *turnnum* 及其平方项的回归系数分别为正数和负数，且基本都显著。这些实证结果都进一步支持了前面的研究结论。

表 31　固定修正样本调整 α 的稳健性检验

	$\alpha=0.1$	$\alpha=0.2$	$\alpha=0.5$	$\alpha=0.9$	$\alpha=1$
exp	−0.008***	−0.008***	−0.008***	−0.007***	−0.007***
	(0.002)	(0.002)	(0.002)	(0.002)	(0.002)
turnnum	0.194	0.195	0.2	0.207	0.21
	(0.148)	(0.148)	(0.148)	(0.153)	(0.155)
$turnnum^2$	−0.045**	−0.045**	−0.044**	−0.044*	−0.044*
	(0.022)	(0.022)	(0.022)	(0.023)	(0.023)
ddgree	0.144	0.138	0.12	0.098	0.092
	(0.123)	(0.123)	(0.124)	(0.127)	(0.129)
ddgree * *exp*	0.008**	0.008**	0.008**	0.008*	0.008*
* turnnum	(0.004)	(0.004)	(0.004)	(0.004)	(0.004)
market2	−0.098	−0.091	−0.072	−0.049	−0.044
	(0.074)	(0.074)	(0.074)	(0.077)	(0.077)
market3	−0.051	−0.051	−0.052	−0.053	−0.054
	(0.079)	(0.078)	(0.079)	(0.081)	(0.082)
stage	0.512***	0.501***	0.468***	0.427***	0.416***
	(0.109)	(0.109)	(0.109)	(0.113)	(0.114)
state	0.253**	0.247**	0.230**	0.209*	0.204*
	(0.109)	(0.109)	(0.109)	(0.113)	(0.114)
I_computer	0.163*	0.157*	0.141	0.122	0.117
	(0.085)	(0.085)	(0.085)	(0.088)	(0.089)
I_comelec	−0.179**	−0.178**	−0.173**	−0.168**	−0.167**
	(0.079)	(0.078)	(0.079)	(0.081)	(0.082)
I_medbioene	−0.142	−0.137	−0.123	−0.106	−0.102
	(0.104)	(0.103)	(0.104)	(0.107)	(0.108)

续表

	$\alpha=0.1$	$\alpha=0.2$	$\alpha=0.5$	$\alpha=0.9$	$\alpha=1$
I_Chinamain	0.180**	0.193**	0.228***	0.268***	0.278***
	(0.082)	(0.082)	(0.082)	(0.084)	(0.085)
IMR_2	−0.497**	−0.485**	−0.451**	−0.407*	−0.396*
	(0.209)	(0.208)	(0.209)	(0.215)	(0.218)
常数项	7.774***	7.761***	7.721***	7.667***	7.652***
	(0.370)	(0.369)	(0.370)	(0.382)	(0.386)
观测值	137	137	137	137	137
R^2	0.438	0.427	0.391	0.342	0.331
Adjusted R^2	0.374	0.361	0.321	0.267	0.254
残差标准误	0.326	0.325	0.326	0.336	0.34
F 统计量	6.798***	6.489***	5.589***	4.534***	4.304***

4 本章小结

风险投资已经成为当今世界经济发展创新的重要推动力。在协同创业企业发展成长的过程中，风投机构到底发挥着怎样的角色与功能，是值得研究的理论与现实问题。关于风险投资对创业企业成功 IPO 这一成长结果是否发挥作用的研究议题，现有文献基于不同的研究样本和模型方法，得出了不同结论。本章则关注并研究了与之紧密相关的另一个重要问题：风投机构对于成功 IPO 的创业企业而言，是否发挥着 IPO 加速效应？在这一问题的研究中，本章关注到风投机构和创业企业自身的特质因素，在创业企业发展成长过程的不同阶段，均可能具有选择效应与选择行为，从而提出了两阶段选择效应所引发的复合嵌套式样本选择问题。传统 Heckman 两阶段回归方法只能解决（简单）样本选择问题的缺陷，为了解决复合嵌套式样本选择问题，本章进一步将 Sørensen-Heckman 两阶段回归模型扩展为三阶段回归形式，以考察风投机构对中国创业企业成功 IPO 是否发挥加速效应。

本章通过实证研究发现，资质更高的风投机构能使得中国创业企业更快地成功 IPO，这是风投机构对创业企业价值增值服务的一种体现形式。同时，创业企业自身的“好坏”也会影响其成功 IPO 的速度。一方面，发展潜力较好的企业会更快地成功 IPO；另一方面，发展潜力较差的企业往往也更快地成功上市融资。本章研究还发现，风投机构与创业企业之间匹配差异度也会影响企业 IPO 速度。匹配差异度的不同结果，如“坏风投”与“好企业”匹配、“好风投”与“坏企业”匹配，分别对企业 IPO 速度发挥加速和减速影响作用。

无论是理论界还是实务界，都比较倾向于认为风险投资对创业企业发挥价值增值作用。事实上，这种价值增值作用可能体现在使创业企业成功 IPO 这一结果上，也有可能体现在对企业成功 IPO 的加速效应上。本章研究发现，在中国资本市场中，风投机构很好地发挥了推动创业企业更快 IPO 的加速效应职能，这是风投机构对创业企业价值增值服务的一种体现形式。综上，本章的研究有助于丰富风投机构增值效应作用机制的研究。

第九章　匹配结构视角下风险投资对企业IPO抑价的影响机制

大量文献研究表明，创业企业往往面临着融资能力不足的问题，不太容易获得传统金融机构的资金支持，而风险投资机构以专业的服务职能，填补了创业企业容易遭遇“信贷配给”问题的市场空缺，参与创业企业的管理，发挥增值职能，促进企业成长。风投进入企业的主要目的，是帮助企业成长、实现价值增值，从而顺利退出并最大化投资收益，然后再开启新一轮的对创业企业的投资过程。风险投资机构的投资实践正是围绕着“价值发现—价值创造—价值实现”而形成“投、管、退”的三个阶段（李曜和王秀军，2015）。被投资企业成功首次公开发行（Initial Public Offerings，简称IPO，即发行新股上市），是风险投资机构获取投资回报的最理想、最成功的退出方式。现有国外文献主要聚焦于风投在“管”阶段对企业发挥监管与增值职能的作用机理，并强调风投在“投”阶段所具有的甄别（Screening）选择效应（Sørensen，2007；Peneder，2010；Dai et al.，2012；Knockaert and Vanacker，2013；Dutta and Folta，2015；Bernstein et al.，2016）。然而，究竟是风投有效发挥监督增值职能并改善企业，还是仅发挥了甄别效应并搭上企业发展“顺风车”，则仍是一个存在争议的问题；更进一步地，风投对企业IPO定价效率的具体影响机制或渠道究竟如何作用，特别是“好风投”是否更能够有效发挥监管和增值职能，更有助于降低企业IPO抑价等内容，就更是经验研究不可回避的议题。根据风投机构的“投、管、退”三个阶段划分，本章聚焦于考察风投机构对创业企业IPO抑价的影响及在三个步骤中的不同作用机制，从而有助于揭示和深刻理解中国风险投资机构在影响创业企业IPO抑价率中的作用和效果，丰富本领域的研究文献，并为风投机构和创业企业的共同发展提供经验借鉴。

尽管IPO抑价在资本市场专题与公司金融领域已有广泛探讨，但是仍存一定争议，尤其是风投在IPO抑价问题中所发挥的监督增值职能与甄别选择效应的作用机制仍有待深入探讨。大量文献研究了风投在“管”

阶段对企业所发挥的监督(Monitoring)与增值职能(Barry et al.，1990；Sapienza et al.，1996；Kaplan and Strömberg，2001；Sørensen，2007)。因参与企业监管而熟悉企业内部信息,风投可以向资本市场传递出企业质量信号,从而发挥认证(Certification)效应(Megginson and Weiss，1991)，但年轻的风投会因为有强烈动机去推动企业尽早上市而表现出逐名(Grandstanding)效应(Gompers，1996)。在研究方法上,较为普遍地使用有风投背景和无风投背景的上市企业样本进行研究(Barry et al.，1990；Kaplan and Strömberg，2001;Puri and Zarutskie，2012；Guo and Jiang，2013；Croce et al.，2013),以试图识别风投对企业的监督与增值作用。国内学者也多采用有风投背景和无风投背景的样本,就风投机构的监督增值职能对 IPO 抑价的影响及相关表现(陈工孟等,2011;张学勇和廖理,2011;汪炜等,2013;周翔翼等,2014;李曜和王秀军,2015;许昊等,2015;张学勇和张叶青,2016)等方面进行了大量研究与探讨。也有研究尝试使用倾向得分匹配和 Heckman 模型来解决内生性问题(赵静梅等,2015;李曜和王秀军,2015)。但正如 Bernstein et al.(2016)所指出的,如果直接使用有风投背景和无风投背景的上市企业样本,那么并未很好解决甄别效应所导致的样本选择问题。有无风投背景的企业可能彼此之间就存在着异质性的差异,尤其体现为风投机构可能倾向于挑选好的企业投资,而无风投背景的企业极可能由于发展潜力欠佳而难以获得风投青睐。

最新的文献已经开始考虑风投所具有的甄别选择效应(Sørensen，2007；Peneder，2010；Dai et al.，2012；Knockaert and Vanacker，2013；Bernstein et al.，2016；Dutta and Folta，2016),其首先强调了风投提供融资服务的职能,然后关注到风投在“投”阶段的甄别选择效应,最后聚焦于风投在“管”阶段对企业 IPO 发挥了监管与增值职能。国内文献也开始关注风投在“投”阶段的选择效应和“管”阶段的增值效应之区分(王秀军和李曜,2016;董静和汪立,2017;付辉和周方召,2017)。Bernstein et al.(2016)认为,要想有效识别风投的甄别效应所引发的样本选择问题,应该直接使用有风投背景的企业样本进行研究。该观点倾向于以 Sørensen(2007)和 Bottazzi et al.(2008)为代表的研究方法,即直接使用有风投参与的企业数据样本,研究风投的甄别选择效应和监督增值效应。需要指出的是,现有文献有关风投对企业 IPO 抑价的研究,尚未涉及直接使用有风投参与的企业数据样本,更缺乏风投机构的监督增值职能和甄别选择效应对于企业 IPO 抑价影响机制的探讨。

在风投机构对被投资企业 IPO 抑价的影响机制方面，Megginson and

Weiss(1991)关注到风险投资机构提供专业化增值服务的能力，会向市场传递和鉴证被投资企业的成长性，从而提出了风险投资机构的认证效应；同时，Megginson and Weiss(1991)也指出，在被投资企业上市的过程中，风险投资机构的广泛关系网络，有助于吸引更好的第三方机构的参与，如承销商、律师团队、审计师和会计师事务所等。这实际上就意味着，风投的认证效应也可能会影响到企业 IPO 定价效率。这种认证效应就是风险投资机构在“管”阶段的影响机制的具体体现，本质上也是风险投资机构监督与增值职能的延续，因此也被称作认证监督假说。Chemmanur and Loutskina(2006)还发现，风投对企业 IPO 抑价具有一定的市场力量效应。由于风险投资的参与，新股在发行过程中会吸引更高资质的承销商和投资者参与，从而影响新股发行定价和二级市场的价格表现，这实际上反映了风险投资机构“退”阶段对企业 IPO 抑价的影响机制。因此，针对风险投资机构与企业 IPO 定价效率问题，本章同时关注风险投资机构在“投”“管”“退”三部曲中均可能具有的作用机制，即以上所论及的监督增值职能、甄别选择行为和市场力量效应的影响机制，重点考察风险投资机构的监督增值职能对企业 IPO 抑价的影响方向和程度。

本章直接使用具有风投机构背景的企业 IPO 抑价样本，分别以代理变量来实证研究风投机构的监管增值职能、甄别选择行为和市场力量效应对企业 IPO 抑价的作用机制，区别于现有文献更多地基于有无风投背景的企业 IPO 抑价样本数据的研究。研究发现，风投机构的增值职能对企业 IPO 定价效应具有显著性影响，“好风投”更能降低企业 IPO 抑价率；风投的甄别选择效应则会提高被投资企业的 IPO 抑价水平；而风投机构的市场力量效应并没有显著影响企业 IPO 定价效率。

借鉴已有文献的方法，并针对经验研究所存在的问题，我们直接使用具有风投机构背景的企业 IPO 抑价样本，构建代理变量来分别实证研究风投机构的监管增值职能、甄别选择行为和市场力量效应对企业 IPO 抑价的作用机制。本章研究发现，风投机构的增值职能对企业 IPO 定价效应具有显著性影响，“好风投”更能降低企业 IPO 抑价率；风投的甄别选择效应则会提高被投资企业的 IPO 抑价水平；而风投机构的市场力量效应并没有显著影响企业 IPO 定价效率。

本章的边际贡献可能主要体现在三个方面：(1) 在研究视角上，将现有文献广为关注的监督甄别效应进行分离，关注风投机构在“投”“管”“退”三部曲之中可能对企业 IPO 抑价的影响机制，将甄别选择效应、监督增值效应和市场力量效应，分别作为风投机构在“投”“管”“退”三部曲中影响企业IPO抑价水平的作用机制,实证检验风投机构对企业IPO抑价所发挥的具体影响。(2)有关风投机构对创业企业IPO抑价影响的现有研究中,主要使用有无风投背景的创业企业IPO抑价样本,这可能导致严重的样本选择问题;本章直接使用了有风投机构背景的企业IPO样本,在减轻样本选择偏误的基础上,揭示"好风投"与"差风投"的监督增值效应、甄别选择效应、市场力量效应对企业IPO抑价的具体影响,从而更为稳健和深入地理解风投对企业IPO抑价的影响机制。(3)本章通过将风投机构的监督增值效应与甄别选择效应进行分离,取得了新的研究发现:风投机构的监督增值效应会显著降低被投资企业IPO抑价水平;甄别选择效应虽然会提高企业IPO抑价,但是经测算发现,就经济意义而言,其影响却是微乎其微的;风投机构的市场力量效应对企业IPO的影响,在统计意义上并不显著,且经济意义上与风投机构的监督增值效应相比,也较为微弱。

1　文献回顾与研究假设

现有文献对IPO抑价现象已有广泛探讨,就此问题基本形成了两个主要的理论解释。其一,从一级市场的视角来看,信息非对称导致IPO抑价现象。在一级市场上,承销商给予企业上市的发行价格低于其内在价值,从而表现为其发行价相对其上市首日在二级市场收盘价格的抑价表现。究其原因主要在于,根据有效市场假说,股票的市场价格应当反映公司的全部信息,但由于信息非对称的原因,如逆向选择的作用,承销商期望在一级市场上以更低的发行价来吸引更多的投资者,并作为信号机制来吸引二级市场投资者(Allen and Faulhaber, 1989; Grinblatt and Hwang, 1989; Welch, 1989)。其二,在二级市场上,投资者的非理性行为引发IPO抑价。在上市首日,股票价格的高收益源于投资者的非理性行为,其乐观投资需求超出正常的预期,从而体现为金融市场异象,冲击着有效市场假说。针对中国股票市场的现实情况,本章综合上述两个主要理论解释的重要方面,形成这样的基本逻辑:在一级市场上,由于信息非对称,承销商倾向于给予企业上市的发行价格低于内在价值,造成IPO抑价现象;而在二级市场上,个人投资者占据大量的投资比例,市场相对并不成熟,投资者的非理性行为较为普遍,也会助推IPO抑价现象。除了普通企业的IPO抑价现象之外,风投机构参与的创业企业IPO抑价问题更是吸引了学术界的关注。由于前文所提及的风投机构"投、管、退"三部曲的存在,创业企业

IPO 抑价可能呈现出更为复杂和有趣的现象，特别是风投机构在不同阶段对创业企业发展成长的影响机制研究，已经成为本领域关注的热点问题。

1.1 风投机构在“投”阶段的甄别(Screening)与选择效应对企业 IPO 抑价的作用机制

已有文献关注到了风投机构在“投”阶段对创业企业的甄别效应(Tyebjee and Bruno，1984；Amit et al.，1990a，1990b)，认为风险投资家在项目挑选阶段，会依据创业企业家的能力做投资决策，这实质上也反映了风投的甄别挑选作用。风险投资机构对创业企业具有甄别(Screening)效应，反映了风投机构对更具发展潜力的创业企业的挑选和青睐(Barry et al.，1990；Kaplan and Strömberg，2001)，这实际上是风投机构在寻找创业企业阶段的选择效应，但这种选择效应不能体现风投机构的监管与增值职能。

Sørensen(2007)指出，风险投资对创业企业具有(单边的)排序选择效应和价值增值效应。排序选择效应表现为：投资经验更加丰富的风投机构，倾向于挑选更具发展前景的企业；价值增值效应表现为：投资经验更加丰富的风投机构，更能促进企业的价值增值。付辉(2015)通过对风投机构与创业企业之间匹配结构模式的研究发现，二者之间存在着“门当户对”式的匹配结构。这意味着，甄别与选择效应体现为风投对创业企业高发展潜力的价值发现与挖掘。付辉和周方召(2017)将风投机构与创业企业之间存在着“门当户对”式的匹配结构作为样本选择问题的根本来源，进一步研究发现创业企业是否能够成功 IPO 主要取决于创业企业自身，风险投资机构对此并没有发挥价值增值贡献，这意味着风险投资机构更多地发挥着选择效应，即挑选了更具发展潜力的创业企业。由此可见，风投机构的甄别与选择效应可能也会影响创业企业 IPO 抑价。但是，现有文献也尚未涉及风投机构的甄别与选择效应对创业企业 IPO 抑价的作用机制。事实上，基于风投机构与被投资企业之间存在着“门当户对”式的匹配结构之观点(付辉，2015)，风投机构的甄别与选择效应的最直接经济后果，是风投机构更倾向于投资更具有发展潜力的创业企业，这样的企业在 IPO 之后更容易获得二级市场投资者的青睐和追捧。因此，风投机构的甄别和选择效应，体现为对更具发展潜力创业企业的挑选与青睐，从而具有发展前景的创业企业在 IPO 之后会更容易获得二级市场投资者的关注与认可，进而会导致其更高的 IPO 抑价表现。本章持有的理论前提，侧重于风险投资机构在“投”阶段的甄别和选择效应会传递被投资企业发展潜力与前景的优质信号，推动和加剧投资者对该公司股票投资与追逐的非理性行为，从而有助于提高被投资企业 IPO 抑价水平。因此，本章提出了甄别与选择效应假设：

假设 1：风险投资机构在“投”阶段的甄别与选择效应，会提高被投资企业 IPO 抑价水平。

1.2　风投机构在“管”阶段的监督与增值职能对企业 IPO 抑价的作用机制

风险投资机构对创业企业的监督与增值职能，其作用机制主要体现为两个方面。一方面，体现为发挥监督和管理职能。风投机构在获得被投资企业的董事会席位之后，参与公司的监督管理工作，通过投资契约安排，参与企业重大决策制定与战略选择实施，从而有效地促进企业成长（Sahlman，1990；Lerner，1995；Kaplan and Strömberg，2004）。另一方面，体现为提供专业的增值服务机制。风投机构通过积累的大量丰富的投资经验和关系网络，帮助被投资企业与上下游合作厂商、广大消费者等不同主体建立更加紧密的联系（Macmillan et al.，1989；Steier and Greenwood，1995；Hsu，2006），为创业企业提供商业模式、市场开发、公司治理、再融资、发展战略等全方位的增值服务（Gorman and Sahlman，1989；Busenitz et al.，2004；Park and Steensma，2012；Vanacker et al.，2013），提高企业创新创业的成功率。因此，风投机构的监督与增值职能在创业企业成长方面扮演着重要的培育角色，风投机构为创业企业提供了专业化的增值服务和有效的监督管理职能，从而影响了创业企业的成长与发展。由于风投参与了企业发展，能够有效降低信息非对称问题，因此 Megginson and Weiss（1991）提出了风投对企业 IPO 发挥着认证（Certification）效应，可以缓解内部人与外部投资者之间的信息非对称，进而能够使得被投资企业 IPO 定价更加接近于内在价值，从而有效降低企业 IPO 抑价。认证效应发挥作用的根源，正是其监督效应和增值效应的有效性。

Heeley et al.（2007）基于信息非对称的视角，实证研究发现企业的创新能力有助于外部投资者更好地了解企业信息，以及应对企业的信息非对称问题，从而降低 IPO 抑价率。张学勇等（2014）的研究证实，具有风险投资背景的企业，其 IPO 抑价水平会更低；同时，他们还发现，有券商背景的风投更能发挥认证监督效应。李曜和宋贺（2016）的研究证实，风投机构与券商保荐机构的长期合作关系，将有助于风投机构更好地发挥认证监督作用。Cho and Lee（2013）研究发现，企业的 R&D 投资所引发的不确定性，会加剧企业信息不对称问题，提高其 IPO 抑价率，而风投机构的参与会发挥认证作用,从而有效降低企业 IPO 抑价程度。

从研究样本特征来看,Barry et al.(1990)基于有风投和无风投背景的企业样本,通过研究发现,风投机构的参与有助于企业内部管理和治理结构的改善,有助于应对企业的信息非对称问题,从而有效降低企业 IPO 抑价率。Sørensen(2007)和 Bottazzi et al.(2008)使用具有风投背景的创业企业样本,研究发现风投发挥着增值效应职能,且经验越丰富、资质越高、越活跃的风投具有越高的价值增值作用,从而使得企业更容易成功 IPO,但是他们在研究中尚未涉及 IPO 抑价问题。Gompers(1996)提出了风投机构的声誉(逐名)效应,即年轻的、知名度较低的风险投资机构为了提高知名度和良好市场声誉,可能促使未成熟企业提前发行上市,从而造成被投资企业较高的 IPO 抑价率。这些研究结果可以放置于一个逻辑一致的分析情境之中,即高资质(experienced)的"好风投"更能够有效发挥监督和增值职能,从而倾向于降低创业企业 IPO 抑价率;低资质(inexperienced)的"差风投"则表现为相对更高的 IPO 抑价率。本章延续 Sørensen(2007)的研究,基于具有风投背景的创业企业样本,关注不同风投机构的监督管理与价值增值职能对创业企业 IPO 抑价的影响机制。风险投资机构在"管"阶段能够发挥监督管理与价值增值职能,将有助于应对被投资企业发行上市时在一级市场中的信息非对称问题,从而有效降低被投资企业 IPO 抑价水平。因此,本章提出了监督与增值效应假设:

假设 2:风险投资机构在"管"阶段的监督管理与价值增值职能,会有效降低被投资企业 IPO 抑价水平。

在假设 2 中,本章提出了风投机构的监督管理和价值增值职能对被投资企业 IPO 抑价的作用机制,并将现有文献广泛关注的认证效应和逐名效应放置于这一作用机制研究框架之中。认证效应是高资质的"好风投"因其更加专业的监管与增值服务能力,更容易被二级市场投资者认可,从而有效降低企业 IPO 抑价影响效应;逐名效应是低资质的"差风投",往往是年轻的风投机构,为了尽快取得较好的业绩表现和建立市场声誉,更倾向于使得被投资企业尽快上市,从而导致了被投资企业 IPO 时较高的 IPO 抑价水平。年轻的风投机构往往自身缺乏足够的经验,表现为专业的监管与增值服务能力不足,从而极可能未能有效发挥增值职能。总之,假设 2 是对"好风投"更能降低企业 IPO 抑价的检验。因此,本章将风投机构的监督、增值、认证、声誉与逐名效应统一到监督与增值效应假说框架之下,并且将现有文献广为关注的监督与甄别效应进行分离,从而进一步关注到风投机构的甄别与选择效应对企业 IPO 抑价可能具有的影响机制。

1.3　风投机构在“退”阶段的市场力量效应对企业 IPO 抑价的作用机制

Chemmanur and Loutskina(2006)提出了风投机构的市场力量效应假说，强调了风投机构有助于吸引更好的以承销商为代表的第三方机构来帮助企业上市，以及吸引更高质量市场参与者的参与，使得市场中的投资者对公司更加充满信心，以引致二级市场对其更高的企业估价，从而使得被投资企业出现更高的 IPO 抑价现象。正如 Nahata(2008)所指出的，风投机构的声誉区别于其监督管理与增值职能，良好的声誉有助于风投机构以更低的成本来更便利地向基金中的有限合伙人募集到足够的资金，有助于风投机构同创业企业家、律师与会计师事务所、投资银行等相关机构建立更加密切而广泛的合作关系。同时，风投机构的市场声誉可能会强化市场力量效应的作用，从而有助于本章选取风投机构市场力量的代理变量。本章持有的理论前提，侧重于风险投资机构在“退”阶段的市场力量效应，从而导致两个方面的作用机制：一方面，更高质量市场参与者的参与，使得被投资企业在一级市场发行定价更高，表现为更加接近于其内在价值，从而有助于降低 IPO 抑价水平；另一方面，加剧二级市场中投资者的非理性行为，提高二级市场股票交易价格，从而有助于提高 IPO 抑价水平。因此，综合这两方面因素，本章提出了三个待检验的市场力量效应假设：

假设 3－1：风险投资机构在“退”阶段的市场力量效应，会提高被投资企业 IPO 抑价水平。

假设 3－2：风险投资机构在“退”阶段的市场力量效应，会降低被投资企业 IPO 抑价水平。

假设 3－3：风险投资机构在“退”阶段的市场力量效应，并不会显著影响被投资企业 IPO 抑价水平。

2　研究设计

2.1　数据来源

首先，依托于清科私募通数据库中“投资事件”数据子库，本章选取了从 1999 年 1 月 1 日至 2010 年 12 月 31 日共 12 年间，风险投资机构向创业企业提供融资的事件。为了确保样本中风投参与的完整性，本章借鉴 Bottazzi et al.(2008)的处理方式，企业样本必须至少包含从 A 轮或 B 轮融资开始的事件，以保证企业样本接受风投机构投资信息的完整性；同时，删除在整个样本期内，风险投资机构只有过一次投资经历的样本。这些风险投资机构严重缺乏活跃性，因此要减少这种特殊样本所带来的偏差。此外，还要剔除重要信息缺失的数据样本。在此基础上，得到588家风险投资机构向3552家创业企业提供融资的样本数据集。

其次，根据清科私募通数据库中"机构"数据子库，获取风险投资机构相应的特征变量，并通过核对，将其补充到样本数据集中；同时，将"退出事件"数据子库提供的企业成长结果信息，如"IPO""并购""公司回购""股权转让""清算"等信息，也补充到原始数据集中。在此基础上，得到截至2016年6月30日的样本数据集，其中包括创业企业成功上市的865个企业子样本，在中国A股市场上市的样本有560个。

然后，要考虑到只有一次投资经历的样本所对应的风险投资机构严重缺乏活跃性，并不能够反映市场中正常风险投资机构的行为特征。为了减少这种特殊样本所带来的偏差，本章并没有将其纳入研究样本。同时，本章删除掉在整个样本期内，风险投资机构（领投者）首次投资经历的样本，即获得710个上市企业样本，其中在A股上市的企业样本数为440个。

最后，将在A股上市的企业样本与国泰安CSMAR数据库进行匹配来获取IPO相关财务数据，并且与Wind金融资讯数据库匹配来获取上市与承销等相关数据。此外，部分缺失数据与色诺芬CCER金融数据库进行比对补充。至此，本章的研究范围涉及开始于2001年，截至2016年6月30日，在中国A股市场上市的440个企业样本。

2.2 变量定义

（1）因变量：IPO抑价率

IPO抑价表示企业在首次公开发行时的发行价相对于其上市首日的收盘价的折价表现。我们使用变量upr来度量IPO抑价表现：

$$upr = (\text{上市首日收盘价} - \text{发行价}) / \text{发行价}$$

本章在稳健性检验中，分别采用上市第五个交易日和第十个交易日的收盘价相对于发行价的回报率upr_5、upr_{10}，作为替代变量来衡量IPO抑价表现。

（2）自变量：风险投资的监督与增值效应

① 本章选取了反映风险投资机构资质的指标变量exp。exp是Sørensen(2007)所提出的衡量对于任意一个创业企业而言，其接受风险投

资机构投资时，风险投资机构自 1999 年 1 月 1 日以来所累计参与项目投资的次数。*exp* 是对风险投资机构资质的实时度量，每个风险投资机构的投资次数是随时间趋增的，反映了风险投资机构在投资该项目时的历史经验和投资实力，是从实时视角对风险投资机构“好与坏”资质的度量。

② 风险投资联合投资行为中的领投者。在某一具体的融资轮次中，往往有多个风险投资机构同时出资，联合参与一个创业企业的融资项目。我们将风险投资机构中的领投者(leader investor)作为多个风险投资联合的代表，这也与 Sørensen(2007)的处理方法相似。具体而言，选取投资金额最大者作为领投者；在极少数情况下，若多个风险投资机构在一个创业项目中投资额相等，则选取资质最高者为领投者。对于创业企业而言，有可能会经历多个轮次的融资，每个轮次均可能由于联合投资而产生领投者，此时我们选取不同轮次领投者中的投资额最大者作为最终领投者代表；若领投者投资额相等，则选取资质最高者为领投者代表。

现有相关文献(Bottazzi et al.，2008；Nahata，2008)采用风险投资机构在被投资创业企业成功 IPO 与风投机构(领投者)成立之间的时间长度(以日为单位)*vcage* 作为风险投资机构资质的代理变量，本章也采纳和沿用这一变量。

一般而言，风险投资机构在创业企业的发展与成长方面，可能会发挥价值增值作用，这是其“监督与增值效应”的具体体现。那么，风险投资机构的这种作用机制能否有效，进而影响到 IPO 抑价表现呢？这是本章关注的核心问题之一。

(3) 自变量：风险投资的甄别与选择效应

付辉(2015)采用样本期内创业企业获得融资的轮次 *turnnum* 来度量创业企业自身的发展状况与潜力，这是从事后的视角来度量创业企业的发展潜力。关于创业企业发展潜力的识别与判断，风险投资机构是最专业、最积极的“伯乐”群体，而创业企业越具有发展潜力，就越容易获得风险投资机构的关注和青睐。一般而言，创业企业在成功 IPO 之前，往往也会经历好几轮的风险资本融资。一方面，这是企业在不同发展阶段对资本的现实需要；另一方面，这也是风险投资机构面临不同投资对象时，对该企业当前发展阶段的认可与接纳。在本章看来，融资轮次变量 *turnnum* 表面上是衡量企业在 IPO 之前的发展状况，实质上则是风险投资机构对其发展状况的评估结果，或者说是风险投资机构甄别与选择效应的具体体现。越是好的创业项目，创业项目发展状况也越理想，从而容易获得更多轮次的融资。付辉(2015)也指出，风险投资机构与创业企业之间存在着“门当户对”式的匹配结构,即发展潜力高的企业更容易获得风投的投资。付辉和周方召(2017)则进一步基于双边选择效应的视角,通过实证研究发现,创业企业 IPO 主要取决于自身发展潜力,而无关乎风投机构的增值职能。这意味着,可以考虑将创业企业发展潜力指标变量作为风险投资机构甄别与选择效应的代理变量。因此,本章借鉴付辉(2015)、付辉和周方召(2017)使用的融资轮次变量 *turnnum*,将其作为风险投资机构甄别与选择效应的代理变量。

同时,本章在稳健性检验中还提出,将融资次数 *turnnum* 除以(从首轮融资到成功 IPO 的时间长度)融资月数(以 30 天计)得到的融资速度比 *turnratio* 作为风投机构甄别与选择效应的代理变量。创业企业样本包含 A 轮或 B 轮的投资事件,当创业企业样本 A 轮融资数据缺失时,我们以 B 轮融资事件作为首轮事件代表,即将(自 B 轮融资到成功 IPO 共获得的)融资轮数 *turnnum*－1 除以(从 B 轮融资到成功 IPO 之间的时间长度)融资月数作为融资速度比 *turnratio* 的度量变量。

(4) 自变量:风险投资的市场力量效应

风险投资机构对创业企业所发挥的市场力量效应,体现为风险投资机构以自身的专业服务职能、业界声誉等软条件,凸显所投资创业企业的发展潜力与成长性,并能够在一定程度上影响资本市场上其他投资者对创业企业的认识,尤其是更容易吸引市场投资者的关注与参与。借鉴 Nahata(2008)采用风险投资机构所投资企业的 IPO 资本份额作为其声誉的度量变量,本章使用风险投资机构在投资某企业成功 IPO 之时,累计投资企业在国内外证券市场成功 IPO 的数目,作为其市场力量的度量变量 *iponum*。这是对风险投资机构领投者所投资的一家创业企业成功 IPO 之时,累计投资企业上市数目的实时度量,反映了投资机构在资本市场的市场力量。

在本章中,我们还选取了风投机构自 1999 年 1 月 1 日至投资某企业成功 IPO 之时,累计参与投资创业企业的总次数,并将其作为风投机构推动该企业 IPO 之时,其市场力量的度量变量 *expnewt*。变量 *iponum* 是累计投资企业成功 IPO 的数目,而变量 *expnewt* 则是累计投资企业总数目,二者都在一定程度上反映了风投机构在资本市场中的市场力量。

(5) 其他控制变量

①发行规模(*Grsprc*),以新股发行实际募集资金总额(单位:亿元)的自然对数来表示。②上市首日换手率(*Tnovfstd*),这是反映上市首日二级市场投资者情绪影响的代理变量。③新股发行中签率(*Plotonln*),以新股发行网上中签率(市值配售中签率)来衡量股票热销程度。④盈利能力

(roe),用公司上市前一年的净资产收益率来衡量。⑤发行费率(Fee),以实际发行总费用占实际募集资金总额的比率来衡量。⑥企业发展历史时间(age),公司成立至公开上市之间的自然日间隔,同样以其自然对数表示。⑦招股承销商声誉,根据新股发行前一年承销商在市场份额中的排名,将排名前十的承销商定义为具有声誉的承销商,以虚拟变量 $ratiodum$ 表示。⑧企业上市时的创新能力($patent$),在招股说明书中披露的截至招股时点,公司获得国家知识产权局授权的专利数目,该数据通过招股说明书来手工搜集。⑩接受首轮风投之时,创业企业所处的发展阶段的虚拟变量,一般包括三个阶段:种子与初创期、扩张期和成熟期。若创业企业处于种子期或初创期,$stagesetup=1$,否则取值为 0;若创业企业处于扩张期,$stageexpand=1$,否则取值为 0;若创业企业处于成熟期,$stagemature=1$,否则取值为 0。⑪领投的风险投资机构是否具有外资背景的虚拟变量。$state=1$ 表示具有(混合)外资背景;$state=0$ 表示完全本土背景。⑫股权制衡($shcon$),第一大股东持股比例与第二至第十大股东持股比例总和之比。⑬公司资产规模($asset$),用企业上市前一年的总资产(单位:万元)的自然对数表示。⑭财务杠杆($leverage$),用公司上市前一年的资产负债率来衡量。⑮企业上市板块选择。若创业企业最终在深圳证券交易所创业板上市,则取值 $ChiNex=1$,否则取值为 0。⑯新股招股至上市之间的时间间隔($deltatime$),反映新股招股与上市之间的滞后时间,市场在此期间将会对发行新股给予相应关注热度,也以自然对数表示。⑰行业虚拟变量 $industry$,主要按照计算机及相关行业、通信电子相关行业、生物医药能源相关行业及其他行业共四个大类进行划分。按照创业企业 IPO 发生时间,年度虚拟变量 $year$ 主要区分为 2012 年以前、2012 年、2014 年及 2015 年四个年度。其中,2016 年半个年度的上市时间样本并入 2015 年,2013 年整个年度的中国 A 股市场遭遇 IPO 暂停。这样的年度划分除了考虑到样本分布情况之外,还兼顾到 2012 年创业板开通、IPO 暂停的时间分布特征等情况。

2.3　模型设定

本章采用如下回归模型来考察风投机构的监督与增值效应、甄别与选择效应和市场力量效应对创业企业 IPO 抑价的影响效应:

$$upr=\alpha+\beta_1 log(exp)+\beta_2 log(turnnum)+\beta_3 log(iponum)+\beta_4 log(turnnum)\times log(patent)+\beta_5 log(Grsprc)+\beta_6 Tnovfstd+\beta_7 Plotonln+\beta_8 roe+\beta_9 Fee+\beta_{10} log(age)+\beta_{11} ratiodum+$$

$$\beta_{12} state + \beta_{13} deltatime + \beta_{14} shcon + \beta_{15} stagesetup +$$
$$\beta_{16} stageexpand + \Sigma year + \Sigma industry + \varepsilon$$

在实证分析中，本章也使用 *vcage* 替代 *exp* 作为监督与增值效应的代理变量，使用 *turnratio* 替代 *turnnum* 作为甄别与选择效应的代理变量，使用 *expnewt* 替代 *iponum* 作为市场力量效应的代理变量。因此，我们重点关注回归系数 β_1 是否显著小于 0，β_2 是否显著大于 0，以及 β_3 是否显著。

3 实证分析结果

3.1 描述性统计分析

表 32 提供了主要变量的描述性统计结果。可以看出，样本中的 IPO 抑价率最低为 83.32%，最高达到 528.25%，平均抑价率达到 150.50%；每个创业企业 IPO 时，平均获得 1.548 轮融资；风投机构的平均成立年龄长达约 10 年(3781 天)；企业融资速度比平均值为 0.0454，即创业企业平均 22.22 个月获得一轮融资；风投机构投资某一个企业时，累计参与项目投资的平均次数为 30 次，中位数为 13 次；获得首轮风投资金支持的企业中，发生在初创期的占比为 12.05%，发生在扩张期的占比为 57.27%；风投机构具有外资背景的比例为 16.82%；企业上市时的平均专利数为 38 件；新股发行平均募集资金规模为 100.295 亿元；上市首日平均换手率为 53.25%；公司上市前一年的净资产收益率为 23.81%；平均发行费率为 8.07%；企业自成立至上市平均需要 9.27 年。

表 32 主要变量的描述性统计

	观测值	最小值	1/4 分位数	中位数	均值	3/4 分位数	最大值	标准差
upr	440	0.8332	1.149	1.4396	1.505	1.533	5.2825	0.6537
exp	440	2	4	13	30	36	290	43.8821
vcage	440	26	1792	3154	3781	4322	53504	4393.219
turnnum	440	1	1	1	1.548	2	8	0.9437
turnratio	440	0.0075	0.024	0.037	0.0454	0.0606	0.2381	0.0306
iponum	440	1	1	4	9.234	11	84	13.5299
expnewt	440	1	8	24	56	68	592	81.6412

续表

	观测值	最小值	1/4 分位数	中位数	均值	3/4 分位数	最大值	标准差
patent	440	0	4	13	38	36	1654	123.1055
Grsprc	440	10000	35630	54335	100295	93155	3005775	241265.6
Tnovfstd	440	0	0.22	0.68	0.5325	0.83	0.96	0.3372
Plotonln	440	0.018	0.3806	0.6786	1.2962	1.1793	65.52084	3.5409
roe	440	0.0415	0.1723	0.2107	0.2381	0.2669	3.4286	0.183
Fee	440	0.0106	0.0551	0.0747	0.0807	0.0994	0.2231	0.0357
age	440	252	2050	3248	3385	4637	8869	1825.193
ratiodum	440	0	1	0.7	1	1	0.4588	
state	440	0	0	0.1682	0	1	0.3745	
deltatime	440	7	9	10	11	13	35	4.3077
shcon	440	0.1789	0.5488	0.8959	1.3465	1.4944	38.0762	2.1739
stagesetup	440	0	0	0.1205	1	0.3259		
stageexpand	440	0	1	0.5727	1	0.4952		
asset	440	1.096	3.322	5.82	56.623	11.518	53.2	394.0178
leverage	440	4.373	31.283	43.568	44.158	57.709	98.203	18.7308
ChiNex	440	0		0	0.4		1	0.4905

3.2　回归分析

表 33 列出了实证回归结果。八个模型回归结果显示，风投机构的监督与增值效应代理变量回归系数均显著为负，风投机构的甄别与选择效应代理变量绝大部分显著为正，风投机构的市场力量效应代理变量回归系数有一半不显著。这说明，风投机构的监督与增值效应有利于缓解信息不对称现象，发挥着认证效应，从而有效降低企业 IPO 抑价率；尤其是“好风投”比“坏风投”更能有效发挥监督与增值职能，从而更有利于降低 IPO 抑价率。风投机构的甄别与选择效应显著提高了企业 IPO 抑价率，其主要原因可能是风投机构助长了市场投资者对被投资企业股票价值的非理性投机行为。本章对风投机构的监督与增值效应、甄别与选择效应、市场力量效应，分别选取了两组代理变量，回归结果基本支撑了本章的假设 1、假设 2，即风投机构的监督与增值效应降低了企业 IPO 抑价，并且风投机构的甄别与选择效应提高了企业 IPO 抑价；而对假设 3 的验证并不充分，其中四个模型支撑假设 3 - 1，四个模型支撑假设 3 - 3。

表 33　回归结果

	(1)	(2)	(3)	(4)	(5)	(6)	(7)	(8)
log(*exp*)	−0.046**	−0.055**		−0.088**		−0.135**		
	(0.022)		(0.022)		(0.041)		(0.041)	
log(*vcage*)		−0.074**		−0.061*		−0.077**		−0.063*
		(0.032)		(0.033)		(0.035)		(0.036)
log(*turnnum*)	0.326***	0.359***			0.299***	0.357***		
	(0.100)	(0.099)			(0.102)	(0.100)		
log(1+*turnratio*)			2.597*	2.181			3.278**	2.329
			(1.338)	(1.354)			(1.344)	(1.352)
log(*iponum*)	0.053**	0.041*	0.050**	0.033				
	(0.024)	(0.023)	(0.025)	(0.024)				
log(*expnewt*)					0.056	0.009	0.092***	0.007
					(0.034)	(0.019)	(0.035)	(0.019)
log(*turnnum*)×	−0.068**	−0.074**			−0.069**	−0.078**		
log(*patent*+1)	(0.033)	(0.032)			(0.033)	(0.033)		
log(1+*turnratio*)×			−0.364	−0.405			−0.38	−0.457

续表

	(1)	(2)	(3)	(4)	(5)	(6)	(7)	(8)
log(*patent*+1)			(0.361)	(0.362)			(0.358)	(0.361)
Tnovfstd	0.922***	0.919***	0.878***	0.885***	0.918***	0.921***	0.868***	0.885***
	(0.147)	(0.147)	(0.149)	(0.150)	(0.148)	(0.148)	(0.149)	(0.150)
roe	0.264*	0.254*	0.205	0.194	0.301**	0.275*	0.248*	0.212
	(0.149)	(0.148)	(0.150)	(0.151)	(0.149)	(0.148)	(0.149)	(0.150)
Plotonln	−0.004	−0.003	−0.007	−0.006	−0.004	−0.003	−0.006	−0.006
	(0.008)	(0.008)	(0.008)	(0.008)	(0.008)	(0.008)	(0.008)	(0.008)
log(*Grsprc*)	−0.363***	−0.360***	−0.337***	−0.332***	−0.370***	−0.369***	−0.344***	−0.340***
	(0.046)	(0.046)	(0.046)	(0.046)	(0.046)	(0.046)	(0.045)	(0.046)
Fee	−3.883***	−3.872***	−3.651***	−3.611***	−4.059***	−4.107***	−3.795***	−3.802***
	(1.129)	(1.128)	(1.140)	(1.145)	(1.126)	(1.124)	(1.127)	(1.139)
ratiodum	−0.152***	−0.161***	−0.157***	−0.165***	−0.154***	−0.165***	−0.156***	−0.168***
	(0.057)	(0.056)	(0.057)	(0.057)	(0.057)	(0.057)	(0.057)	(0.057)
log(*shcon*)	0.070*	0.067*	0.056	0.053	0.068*	0.064*	0.060*	0.051
	(0.036)	(0.036)	(0.036)	(0.036)	(0.036)	(0.036)	(0.036)	(0.036)

续表

	(1)	(2)	(3)	(4)	(5)	(6)	(7)	(8)
deltatime	0.026***	0.027***	0.023***	0.025***	0.026***	0.028***	0.023***	0.025***
	(0.006)	(0.006)	(0.006)	(0.006)	(0.006)	(0.006)	(0.006)	(0.007)
log(age)	−0.098**	−0.091**	−0.078*	−0.077*	−0.112***	−0.101**	−0.087**	−0.084**
	(0.041)	(0.041)	(0.041)	(0.041)	(0.040)	(0.041)	(0.041)	(0.041)
state	0.155**	0.155**	0.175**	0.165**	0.149**	0.152**	0.166**	0.161**
	(0.072)	(0.072)	(0.073)	(0.073)	(0.072)	(0.073)	(0.072)	(0.074)
stagesetup	0.211**	0.237**	0.301***	0.326***	0.162	0.227**	0.219**	0.315***
	(0.095)	(0.095)	(0.095)	(0.095)	(0.099)	(0.095)	(0.098)	(0.095)
stageexpand	0.062	0.076	0.105*	0.114*	0.038	0.067	0.071	0.106*
	(0.059)	(0.060)	(0.060)	(0.060)	(0.060)	(0.060)	(0.060)	(0.060)
I_ computer	−0.183**	−0.196**	−0.174**	−0.184**	−0.177**	−0.189**	−0.179**	−0.181**
	(0.086)	(0.086)	(0.087)	(0.087)	(0.086)	(0.086)	(0.087)	(0.088)
I_ comelec	−0.059	−0.058	−0.086	−0.083	−0.056	−0.059	−0.079	−0.083
	(0.059)	(0.059)	(0.060)	(0.060)	(0.059)	(0.059)	(0.060)	(0.060)
I_ medbioene	−0.069	−0.052	−0.077	−0.062	−0.061	−0.05	−0.059	−0.059

续表

	(1)	(2)	(3)	(4)	(5)	(6)	(7)	(8)
	(0.114)	(0.114)	(0.115)	(0.116)	(0.115)	(0.115)	(0.115)	(0.116)
*ipoyear*2014	0.615***	0.621***	0.600***	0.587***	0.564***	0.603***	0.550***	0.572***
	(0.134)	(0.134)	(0.137)	(0.137)	(0.135)	(0.134)	(0.136)	(0.137)
*ipoyear*201516	0.706***	0.719***	0.694***	0.690***	0.641***	0.686***	0.636***	0.663***
	(0.136)	(0.136)	(0.139)	(0.140)	(0.136)	(0.135)	(0.138)	(0.139)
常数项	5.656***	6.018***	5.246***	5.540***	5.903***	6.283***	5.401***	5.749***
	(0.659)	(0.680)	(0.662)	(0.688)	(0.645)	(0.665)	(0.645)	(0.673)
观测值	440	440	440	440	440	440	440	440
R^2	0.373	0.374	0.362	0.357	0.37	0.37	0.366	0.354
Adjusted R^2	0.341	0.343	0.329	0.325	0.338	0.338	0.334	0.322
残差标准误	0.531	0.53	0.535	0.537	0.532	0.532	0.533	0.538
F 统计量	11.826***	11.893***	11.270***	11.055***	11.673***	11.678***	11.489***	10.920***

在相关控制变量中，企业创新能力代理变量与风投机构甄别与选择效应代理变量交乘项回归系数为负，表明好企业的创新能力能够有效缓解信息不对称现象，从而降低企业 IPO 抑价率；企业上市首日换手率和盈利能力变量的回归系数均显著为正，从而正向影响企业 IPO 抑价率；发行规模、发行费率和承销商声誉变量均会显著降低企业 IPO 抑价率；第一大股东相对第二至第十大股东股权占比的股权制衡结构和新股招股至上市之间的时间间隔，均会显著正向影响企业 IPO 抑价；企业成立的历史时间越长，越有助于降低企业 IPO 抑价；有外资背景风投机构投资的企业，IPO 抑价会更高；企业接受首轮融资越早，IPO 抑价率也会越高。

3.3 进一步的分析

本章进一步探索风投机构在“投、管、退”三个阶段的作用机制可能对企业特质因素的影响，如风投机构在“管”阶段的监督与增值效应可能会显著影响和改变被投资企业在 IPO 之时的企业规模、财务杠杆率、上市板块等特质因素，从而导致风投机构的监管与增值变量可能与这些控制变量存在着内生性关系。我们尝试分析和检验风险投资机构是否会影响和改变被投资企业的一些特质因素 y，实证分析模型形式如下：

$$y = \alpha + \beta_1 log(exp) + \beta_2 log(turnnum) + \beta_3 log(iponum) + \beta_4 log(age) + \beta_5 state + \beta_6 stagesetup + \beta_7 stageexpand + \Sigma year + \Sigma industry + \varepsilon$$

为了对比，我们使用“好坏风投”的另一组代理变量 $vcage$ 来替换代理变量 exp，重新进行上述回归分析。

表 34 列出了相应的实证回归结果。可以看出，风投机构的监督与增值效应代理变量 $log(exp)$ 对企业规模和财务杠杆率具有反向影响，即“好风投”使得企业在上市时的规模相对更小，从而可能会使得企业更容易成功 IPO，也有助于降低企业财务杠杆率；风投机构的监督与增值效应代理变量 $log(exp)$ 对企业是否在创业板上市具有正向影响，即“好风投”更容易使得被投资企业在深圳证券交易所的创业板成功上市。这意味着，风投机构的监督与增值效应确实会显著改变和影响企业在 IPO 时的特质，尤其表现为对企业规模、财务杠杆率、上市板块等方面的影响。风投机构通过监督与增值职能来发挥作用，从而影响到了企业 IPO 之时的企业规模、财务杠杆率和上市板块选择，这是一种后天特质的影响与改变，是风投机构监督与增值效应的经济后果。风投机构的甄别与选择效应则是对被投资企业先天特质的选择与挑选，这种挑选更多地取决于风投机构对被投资企

业的发展潜力与前景(Sørensen，2007;付辉和周方召,2017)的预期与估值。

表 34　回归结果

	log(asset)	*leverage*	*ChiNex*	*log(asset)*	*leverage*	*ChiNex*
	OLS	OLS	Probit	OLS	OLS	Probit
	(1)	(2)	(3)	(4)	(5)	(6)
log(exp)	−0.128***	−1.879***	0.251***			
	(0.044)	(0.726)	(0.057)			
log(vcage)				0.006	−1.609	0.081
				(0.067)	(1.092)	(0.083)
log(iponum)	−0.008	0.669	−0.218***	−0.051	0.102	0.132**
	(0.049)	(0.804)	(0.063)	(0.047)	(0.772)	(0.058)
log(turnnum)	0.248**	1.709	0.23	0.266**	2.241	0.165
	(0.121)	(1.985)	(0.151)	(0.123)	(1.999)	(0.148)
log(age)	0.164**	0.086	0.186*	0.136	0.055	0.210**
	(0.081)	(1.330)	(0.103)	(0.083)	(1.351)	(0.102)
state	0.573***	4.663*	−0.536***	0.473***	4.026*	−0.354*
	(0.146)	(2.388)	(0.190)	(0.147)	(2.397)	(0.184)
stagesetup	0.007	1.806	−0.163	0.045	2.672	−0.235
	(0.192)	(3.136)	(0.243)	(0.194)	(3.152)	(0.240)
stageexpand	−0.061	−0.801	0.236	−0.07	−0.545	0.238
	(0.122)	(1.991)	(0.152)	(0.124)	(2.016)	(0.151)
I_computer	−1.101***	−15.841***	1.287***	−1.127***	−16.323***	1.274***
	(0.172)	(2.812)	(0.220)	(0.174)	(2.824)	(0.214)
I_comelec	−0.375***	−5.006**	0.728***	−0.368***	−5.004**	0.693***
	(0.121)	(1.975)	(0.150)	(0.122)	(1.987)	(0.147)
I_medbioene	−0.856***	−14.046***	1.452***	−0.809***	−13.363***	1.316***
	(0.234)	(3.824)	(0.296)	(0.236)	(3.835)	(0.291)
*ipoyear*2014	0.605***	1.198	−0.382	0.532***	0.746	−0.267
	(0.187)	(3.058)	(0.234)	(0.189)	(3.074)	(0.232)

续表

	log(*asset*)	*leverage*	*ChiNex*	*log*(*asset*)	*leverage*	*ChiNex*
*ipoyear*201516	0.399**	1.957	−0.117	0.343**	1.809	−0.047
	(0.169)	(2.764)	(0.209)	(0.172)	(2.795)	(0.206)
常数项	1.075	50.252***	−2.618***	1.006	58.946***	−2.914***
	(0.674)	(11.012)	(0.865)	(0.781)	(12.703)	(0.979)
观测值	440	440	440	440	440	440
R^2	0.198	0.108		0.182	0.099	
Adjusted R^2	0.175	0.083		0.159	0.074	
对数似然值			−248.018			−257.846
AIC			522.036			541.692
残差标准误	1.097	17.933		1.108	18.027	
F 统计量	8.771***	4.329***		7.923***	3.911***	

在传统的企业 IPO 抑价文献中，被投资企业规模、财务杠杆率、上市板块等控制变量普遍被采纳，但是在具有风投背景的创业企业 IPO 抑价问题中，这些控制变量与风投机构监督与增值效应代理变量 *log*(*exp*)之间存在着因果关系。因此，被投资企业的一些特征变量与风投机构的监督与增值效应变量 *log*(*exp*)(反映了风投的“好坏”，Sørensen，2007；付辉和周方召，2017)之间存在内生性，尤其是风险投资机构的监督与增值效应确实会显著改变和影响企业在 IPO 时的特质，如被投资企业规模、财务杠杆率、上市板块等方面可能存在着显著性差异，表 34 中的回归结果已经显著支撑了这一结论。事实上，通过多重共线性方法来检查，如果要保留 *log*(*exp*)，那么就要剔除被投资企业规模、财务杠杆率、上市板块等控制变量，这主要是由于变量 *log*(*exp*)之中已经包含了被投资企业规模、财务杠杆率、上市板块等信息。

log(*exp*)与被投资企业规模、财务杠杆率、上市板块有内生性，而 log(vcage)与被投资企业规模、财务杠杆率、上市板块则近似于免疫和外生。主要原因在于，*log*(*exp*)是风投的投资经验，反映了其市场生存能力，更好地代表了风投的好坏(付辉和周方召，2017)；而变量 *log*(*vcage*)反映了风投从业的时间长度，但工作经验丰富的人，其工作能力不一定强，因此 *log*(*vcage*)是一个比较弱地反映风投好坏的变量。有鉴于此，风险投资机

构的监督与增值效应的另一个代理变量 *log*（*vcage*）对于被投资企业规模、财务杠杆率、上市板块等特质因素而言，相对外生和独立。在此基础上，我们进一步重点使用监督与增值效应代理变量 *log*（*vcage*），并将被投资企业规模、财务杠杆率、上市板块等重要控制变量加入到影响创业企业 IPO 抑价表现的实证模型之中，重新进行回归分析，结果如表 35 所示。回归结果显示，风投机构的监督与增值效应变量的回归系数显著为负，风投机构的甄别与选择效应代理变量回归系数显著为正，而风投机构的市场力量效应代理变量回归系数并不显著，这表明风投机构的监督与增值效应降低了企业 IPO 抑价，风投机构的甄别与选择效应提高了企业 IPO 抑价，但是风投机构的市场力量效应对企业 IPO 抑价并没有发挥有效影响。这意味着，风投机构在"投"阶段的甄别与选择效应对企业 IPO 抑价具有正向影响效应，在"管"阶段的监督与增值效应有助于降低企业 IPO 抑价，而在"退"阶段的市场力量效应并没有有效影响企业 IPO 抑价。因此，假设 1、假设 2 和假设 3—3 得到有效验证。

基于表 35 的回归结果，我们可以看出，风投机构的甄别与选择效应、监督与增值效应和市场力量效应对 IPO 抑价影响效应的最后结果是：风投机构的甄别与选择效应代理变量 *turnnum* 从其均值（1.548）变化一个单位标准差（0.9437），对 IPO 抑价产生的结果是－1.762%（0.304×*log*（0.9437））；风投机构的监督与增值效应代理变量 *vcage* 从其均值（3781）变化一个单位标准差（4393.219），对 IPO 抑价产生的结果是－57.876%（－0.069×*log*（4393.219））；风投机构的市场力量效应代理变量 *iponum* 从其均值（9.234）变化一个单位标准差（13.5299），对 IPO 抑价产生的结果是 8.857%（0.034×*log*（9.234））。风投机构的市场力量效应对企业 IPO 抑价影响并不显著；风投机构的甄别与选择效应、监督与增值效应和市场力量效应同时发生一个同方向单位标准差的变化，最终对企业 IPO 抑价影响的总结果是－59.64%；风投机构的监督与增值效应对企业 IPO 抑价发挥着主导作用，"好风投"确实更能够降低企业 IPO 抑价率。

表 35　回归结果

	(1)	(2)	(3)	(4)
log(*exp*)	−0.069**	−0.075**	−0.053	−0.060*
	(0.032)	(0.034)	(0.032)	(0.035)
log(*vcage*)	0.304***	0.304***		

续表

	(1)	(2)	(3)	(4)
	(0.098)	(0.099)		
log(*turnnum*)			2.618**	2.760**
			(1.325)	(1.320)
log(1+*turnratio*)	0.034		0.026	
	(0.023)		(0.023)	
log(*iponum*)		0.014		0.012
		(0.019)		(0.019)
log(*expnewt*)	−0.056*	−0.059*		
	(0.032)	(0.032)		
log(*turnnum*)×			−0.346	−0.388
log(*patent*+1)			(0.352)	(0.350)
log(1+*turnratio*)×	0.850***	0.853***	0.809***	0.811***
log(*patent*+1)	(0.145)	(0.145)	(0.146)	(0.146)
Tnovfstd	0.391***	0.409***	0.343**	0.357**
	(0.147)	(0.147)	(0.148)	(0.148)
roe	−0.003	−0.003	−0.006	−0.006
	(0.008)	(0.008)	(0.008)	(0.008)
Plotonln	−0.526***	−0.530***	−0.525***	−0.528***
	(0.065)	(0.065)	(0.066)	(0.066)
log(*Grsprc*)	−3.564***	−3.687***	−3.412***	−3.490***
	(1.119)	(1.117)	(1.131)	(1.129)
Fee	−0.160***	−0.163***	−0.167***	−0.169***
	(0.055)	(0.055)	(0.056)	(0.056)
ratiodum	0.055	0.052	0.04	0.039
	(0.035)	(0.035)	(0.035)	(0.035)
log(*shcon*)	0.024***	0.024***	0.021***	0.021***
	(0.006)	(0.006)	(0.007)	(0.007)

续表

	(1)	(2)	(3)	(4)
deltatime	−0.094**	−0.101**	−0.082**	−0.086**
	(0.040)	(0.040)	(0.041)	(0.041)
log(age)	0.139**	0.133*	0.143**	0.137*
	(0.070)	(0.071)	(0.071)	(0.071)
state	0.203**	0.192**	0.293***	0.282***
	(0.092)	(0.093)	(0.092)	(0.092)
stagesetup	0.083	0.077	0.123**	0.117**
	(0.058)	(0.058)	(0.059)	(0.059)
stageexpand	0.143***	0.141***	0.164***	0.162***
	(0.047)	(0.047)	(0.047)	(0.047)
leverage	−0.001	−0.001	−0.001	−0.001
	(0.002)	(0.002)	(0.002)	(0.002)
ChiNex	−0.146**	−0.159**	−0.148**	−0.160**
	(0.062)	(0.062)	(0.063)	(0.063)
I_computer	−0.06	−0.053	−0.043	−0.04
	(0.088)	(0.088)	(0.089)	(0.089)
I_comelec	0.006	0.008	−0.014	−0.011
	(0.059)	(0.059)	(0.059)	(0.060)
I_medbioene	0.089	0.098	0.096	0.105
	(0.114)	(0.115)	(0.116)	(0.116)
*ipoyear*2014	0.391***	0.373***	0.349**	0.335**
	(0.143)	(0.143)	(0.144)	(0.144)
*ipoyear*201516	0.518***	0.491***	0.483***	0.463***
	(0.142)	(0.142)	(0.144)	(0.143)
常数项	7.672***	7.856***	7.453***	7.579***
	(0.870)	(0.862)	(0.883)	(0.876)

续表

	(1)	(2)	(3)	(4)
观测值	440	440	440	440
R^2	0.412	0.41	0.403	0.401
Adjusted R^2	0.378	0.376	0.368	0.367
残差标准误	0.515	0.516	0.52	0.52
F 统计量	12.136***	12.017***	11.651***	11.592***

3.4 稳健性检验

为了保证研究结论的可靠性，本章从以下三个方面进行了稳健性检验：

（1）因变量的替换

上文采取上市收益相对发行价的回报率来衡量 IPO 抑价表现，我们在此基础上进一步分别将上市第五、第十个交易日的收盘价相对于发行价的回报率 upr_5、upr_{10} 作为替代变量来衡量 IPO 抑价表现（见表 36）。回归结果与上文表 4 的回归结果基本一致。八个模型中，风投机构的监督与增值效应代理变量的回归系数均显著为负，表明有助于降低企业 IPO 抑价，即假设 1 成立；风投机构的甄别与选择效应的两组代理变量，部分回归系数不显著，因此假设 2 并没有得到充分支撑；风投机构的市场力量效应的两组代理变量，大部分回归系数不显著，因此假设 3－3 基本得到支撑。

（2）数据样本的进一步筛选

上文将风险投资机构在整个样本期内只有过一次投资经历的样本剔除，我们在此基础上进一步尝试删除在整个样本期内风险投资机构少于三次、五次投资经历的样本，并分别进行相应回归分析（见表 37）。研究结果与上文表 4 的研究结论基本一致。八个模型中，风投机构的监督与增值效应代理变量的回归系数均显著为负，假设 1 得到验证；风投机构的甄别与选择效应代理变量有四个回归系数显著为正，假设 2 勉强得到支撑；风投机构的市场力量效应代理变量的回归系数均不显著，假设 3－3 得到验证。

表 36　因变量替换的稳健性检验

	upr_5				upr_{10}			
	(1)	(2)	(3)	(4)	(5)	(6)	(7)	(8)
log(*vcage*)	−0.081**	−0.094***	−0.070**	−0.083**	−0.092**	−0.084**	−0.084**	−0.076*
	(0.032)	(0.035)	(0.033)	(0.036)	(0.037)	(0.040)	(0.038)	(0.041)
log(*turnnum*)	0.241**	0.241**			0.175	0.174		
	(0.100)	(0.101)			(0.116)	(0.116)		
log(1+*turnratio*)			1.858	2.073			1.435	1.651
			(1.350)	(1.346)			(1.550)	(1.545)
log(*iponum*)	0.048**		0.040*		0.043		0.036	
	(0.023)		(0.023)		(0.027)		(0.027)	
log(*expnewt*)		0.024		0.023		−0.006		−0.007
		(0.019)		(0.019)		(0.022)		(0.022)
log(*turnnum*)×	−0.035	−0.04			−0.022	−0.026		
log(*patent*+1)	(0.033)	(0.033)			(0.038)	(0.038)		
log(1+*turnratio*)×			−0.415	−0.477			−0.446	−0.514
log(*patent*+1)			(0.359)	(0.357)			(0.412)	(0.410)
Tnovfstd	0.639***	0.643***	0.600***	0.603***	0.509***	0.510***	0.476***	0.476***

续表

	upr_5				upr_{10}			
	(1)	(2)	(3)	(4)	(5)	(6)	(7)	(8)
	(0.148)	(0.148)	(0.149)	(0.149)	(0.170)	(0.171)	(0.171)	(0.171)
roe	0.366**	0.391***	0.335**	0.355**	0.468***	0.493***	0.448**	0.470***
	(0.150)	(0.150)	(0.151)	(0.151)	(0.173)	(0.173)	(0.173)	(0.173)
Plotonln	−0.008	−0.008	−0.01	−0.01	−0.01	−0.011	−0.012	−0.013
	(0.008)	(0.008)	(0.008)	(0.008)	(0.009)	(0.009)	(0.009)	(0.009)
log(Grsprc)	−0.503***	−0.508***	−0.500***	−0.503***	−0.574***	−0.585***	−0.570***	−0.579***
	(0.066)	(0.067)	(0.067)	(0.067)	(0.077)	(0.077)	(0.077)	(0.077)
Fee	−3.399***	−3.548***	−3.215***	−3.317***	−1.435	−1.7	−1.255	−1.476
	(1.141)	(1.141)	(1.152)	(1.151)	(1.316)	(1.316)	(1.322)	(1.322)
ratiodum	−0.143**	−0.147***	−0.147***	−0.150***	−0.142**	−0.145**	−0.144**	−0.145**
	(0.056)	(0.056)	(0.057)	(0.057)	(0.065)	(0.065)	(0.065)	(0.065)
log(shcon)	0.054	0.05	0.042	0.04	0.03	0.025	0.021	0.019
	(0.036)	(0.036)	(0.036)	(0.036)	(0.041)	(0.041)	(0.041)	(0.041)
deltatime	0.020***	0.021***	0.017***	0.018***	0.012	0.012	0.01	0.01
	(0.007)	(0.007)	(0.007)	(0.007)	(0.008)	(0.008)	(0.008)	(0.008)

续表

	upr_5				upr_{10}			
	(1)	(2)	(3)	(4)	(5)	(6)	(7)	(8)
log(age)	−0.097**	−0.106***	−0.092**	−0.097**	−0.120**	−0.130***	−0.117**	−0.124***
	(0.041)	(0.041)	(0.042)	(0.041)	(0.047)	(0.047)	(0.048)	(0.048)
state	0.134*	0.124*	0.140*	0.129*	0.111	0.112	0.115	0.115
	(0.072)	(0.072)	(0.072)	(0.073)	(0.082)	(0.083)	(0.083)	(0.083)
stagesetup	0.186**	0.168*	0.256***	0.238**	0.195*	0.188*	0.245**	0.238**
	(0.094)	(0.095)	(0.094)	(0.094)	(0.109)	(0.109)	(0.108)	(0.108)
stageexpand	0.088	0.078	0.118**	0.108*	0.093	0.086	0.114*	0.107
	(0.059)	(0.060)	(0.060)	(0.060)	(0.069)	(0.069)	(0.069)	(0.069)
log(asset)	0.140***	0.137***	0.154***	0.151***	0.193***	0.190***	0.202***	0.198***
	(0.048)	(0.048)	(0.047)	(0.047)	(0.055)	(0.055)	(0.054)	(0.055)
leverage	−0.001	−0.001	−0.001	−0.001	−0.002	−0.002	−0.002	−0.002
	(0.002)	(0.002)	(0.002)	(0.002)	(0.002)	(0.002)	(0.002)	(0.002)
ChiNex	−0.154**	−0.174***	−0.151**	−0.170***	−0.164**	−0.176**	−0.161**	−0.172**
	(0.063)	(0.063)	(0.064)	(0.064)	(0.073)	(0.073)	(0.074)	(0.073)
I_computer	−0.013	−0.005	−0.003	0.00002	0.067	0.083	0.07	0.081

续表

	upr_5				upr_{10}			
	(1)	(2)	(3)	(4)	(5)	(6)	(7)	(8)
	(0.089)	(0.090)	(0.090)	(0.090)	(0.103)	(0.103)	(0.104)	(0.104)
I_comelec	−0.047	−0.042	−0.059	−0.054	−0.035	−0.037	−0.042	−0.043
	(0.060)	(0.061)	(0.061)	(0.061)	(0.069)	(0.070)	(0.070)	(0.070)
I_medbioene	0.07	0.085	0.071	0.087	0.136	0.135	0.135	0.134
	(0.117)	(0.117)	(0.118)	(0.118)	(0.134)	(0.135)	(0.135)	(0.136)
*ipoyear*2014	0.759***	0.731***	0.712***	0.689***	1.088***	1.077***	1.047***	1.041***
	(0.146)	(0.146)	(0.146)	(0.147)	(0.168)	(0.169)	(0.168)	(0.169)
*ipoyear*201516	1.074***	1.036***	1.028***	0.997***	1.818***	1.785***	1.774***	1.748***
	(0.145)	(0.145)	(0.147)	(0.146)	(0.167)	(0.167)	(0.168)	(0.168)
常数项	7.677***	7.936***	7.555***	7.745***	8.690***	8.939***	8.612***	8.799***
	(0.887)	(0.880)	(0.900)	(0.893)	(1.023)	(1.015)	(1.033)	(1.026)
观测值	440	440	440	440	440	440	440	440
R^2	0.443	0.439	0.435	0.433	0.594	0.592	0.592	0.591
Adjusted R^2	0.41	0.407	0.402	0.4	0.571	0.568	0.569	0.567
Residual Std. Error	0.526	0.527	0.529	0.53	0.606	0.608	0.608	0.609
F Statistic	13.736***	13.538***	13.318***	13.211***	25.326***	25.070***	25.114***	24.944***

表 37　数据样本调整的稳健性检验

	(1)	(2)	(3)	(4)	(5)	(6)	(7)	(8)
log(*vcage*)	−0.081**	−0.083**	−0.065*	−0.066	−0.141***	−0.139***	−0.132***	−0.131***
	(0.037)	(0.040)	(0.038)	(0.040)	(0.044)	(0.046)	(0.045)	(0.047)
log(*turnnum*)	0.273**	0.270**			0.303**	0.301**		
	(0.108)	(0.109)			(0.124)	(0.124)		
log(1+*turnratio*)			2.109	2.205			0.839	0.925
			(1.458)	(1.454)			(1.720)	(1.718)
log(*iponum*)	0.027		0.02		0.027		0.019	
	(0.026)		(0.026)		(0.027)		(0.027)	
log(*expnewt*)		0.003		0.001		−0.003		−0.001
		(0.023)		(0.023)		(0.026)		(0.027)
log(*turnnum*)×	−0.05	−0.053			−0.049	−0.052		
log(*patent*+1)	(0.036)	(0.036)			(0.039)	(0.039)		
log(1+*turnratio*)×			−0.247	−0.286			−0.13	−0.169
log(*patent*+1)			(0.385)	(0.382)			(0.403)	(0.400)
Tnovfstd	0.806***	0.801***	0.755***	0.750***	0.808***	0.798***	0.757***	0.751***
	(0.164)	(0.164)	(0.165)	(0.165)	(0.170)	(0.170)	(0.172)	(0.172)

续表

	(1)	(2)	(3)	(4)	(5)	(6)	(7)	(8)
roe	0.348**	0.365**	0.306*	0.319**	0.350**	0.367**	0.325**	0.338**
	(0.155)	(0.155)	(0.157)	(0.156)	(0.155)	(0.154)	(0.157)	(0.157)
Plotonln	−0.028	−0.030*	−0.034*	−0.034**	−0.039*	−0.040*	−0.045**	−0.046**
	(0.017)	(0.017)	(0.017)	(0.017)	(0.021)	(0.021)	(0.021)	(0.021)
log(*Grsprc*)	−0.530***	−0.536***	−0.531***	−0.535***	−0.503***	−0.507***	−0.510***	−0.512***
	(0.073)	(0.073)	(0.073)	(0.073)	(0.077)	(0.077)	(0.078)	(0.079)
Fee	−3.499***	−3.675***	−3.427***	−3.554***	−3.145**	−3.289**	−3.143**	−3.237**
	(1.253)	(1.246)	(1.267)	(1.259)	(1.314)	(1.308)	(1.336)	(1.331)
ratiodum	−0.181***	−0.187***	−0.183***	−0.186***	−0.177**	−0.183***	−0.190***	−0.193***
	(0.063)	(0.063)	(0.063)	(0.063)	(0.069)	(0.068)	(0.069)	(0.069)
log(*shcon*)	0.047	0.045	0.031	0.03	0.022	0.019	0.006	0.005
	(0.041)	(0.041)	(0.041)	(0.041)	(0.044)	(0.044)	(0.044)	(0.044)
deltatime	0.024***	0.024***	0.021***	0.021***	0.031***	0.031***	0.029***	0.029***
	(0.008)	(0.008)	(0.008)	(0.008)	(0.009)	(0.009)	(0.009)	(0.009)
log(*age*)	−0.108**	−0.115**	−0.095**	−0.099**	−0.108**	−0.116**	−0.107**	−0.112**
	(0.047)	(0.046)	(0.047)	(0.047)	(0.049)	(0.049)	(0.050)	(0.050)

续表

	(1)	(2)	(3)	(4)	(5)	(6)	(7)	(8)
state	0.124	0.121	0.131^{*}	0.129^{*}	0.164^{**}	0.162^{**}	0.183^{**}	0.181^{**}
	(0.075)	(0.075)	(0.076)	(0.076)	(0.077)	(0.078)	(0.078)	(0.078)
stagesetup	0.207^{**}	0.200^{*}	0.297^{***}	0.289^{***}	0.129	0.123	0.199^{*}	0.192^{*}
	(0.105)	(0.105)	(0.104)	(0.104)	(0.111)	(0.111)	(0.114)	(0.114)
stageexpand	0.085	0.08	0.125^{*}	0.120^{*}	0.078	0.075	0.106	0.102
	(0.065)	(0.065)	(0.066)	(0.066)	(0.067)	(0.067)	(0.069)	(0.068)
log(asset)	0.163^{***}	0.163^{***}	0.181^{***}	0.180^{***}	0.158^{***}	0.157^{***}	0.185^{***}	0.184^{***}
	(0.052)	(0.052)	(0.052)	(0.052)	(0.055)	(0.055)	(0.055)	(0.055)
leverage	−0.001	−0.001	−0.001	−0.001	−0.001	−0.001	−0.002	−0.002
	(0.002)	(0.002)	(0.002)	(0.002)	(0.002)	(0.002)	(0.002)	(0.002)
ChiNex	-0.140^{**}	-0.148^{**}	-0.140^{**}	-0.147^{**}	-0.127^{*}	-0.134^{*}	−0.103	−0.109
	(0.069)	(0.069)	(0.070)	(0.070)	(0.075)	(0.074)	(0.076)	(0.076)
I_computer	−0.052	−0.045	−0.038	−0.034	−0.029	−0.023	−0.008	−0.006
	(0.094)	(0.094)	(0.095)	(0.095)	(0.104)	(0.104)	(0.105)	(0.105)
I_comelec	0.013	0.013	−0.006	−0.005	0.03	0.027	0.015	0.014
	(0.066)	(0.066)	(0.066)	(0.066)	(0.070)	(0.071)	(0.071)	(0.072)

续表

	(1)	(2)	(3)	(4)	(5)	(6)	(7)	(8)
I_medbioene	0.118	0.122	0.122	0.124	0.042	0.041	0.037	0.037
	(0.137)	(0.137)	(0.138)	(0.138)	(0.142)	(0.143)	(0.145)	(0.145)
*ipoyear*2014	0.316**	0.299*	0.264*	0.254	0.348**	0.334**	0.271*	0.261
	(0.160)	(0.160)	(0.159)	(0.160)	(0.162)	(0.162)	(0.162)	(0.163)
*ipoyear*201516	0.428***	0.401**	0.381**	0.362**	0.472***	0.445***	0.387**	0.368**
	(0.163)	(0.162)	(0.164)	(0.162)	(0.170)	(0.168)	(0.171)	(0.169)
常数项	7.994***	8.197***	7.793***	7.929***	8.117***	8.282***	8.156***	8.260***
	(0.985)	(0.968)	(1.002)	(0.988)	(1.044)	(1.033)	(1.073)	(1.064)
观测值	386	386	386	386	329	329	329	329
R^2	0.411	0.409	0.403	0.402	0.413	0.411	0.399	0.397
Adjusted R^2	0.371	0.37	0.363	0.362	0.366	0.364	0.351	0.35
Residual Std. Error	0.538	0.539	0.542	0.542	0.522	0.523	0.528	0.529
F Statistic	10.480***	10.402***	10.138***	10.096***	8.901***	8.828***	8.392***	8.356***

(3) 采用 Heckman 两阶段回归模型应对样本选择问题

现有文献已发展并形成了 Sørensen-Heckman 两阶段回归模型来应对风投机构可能具有的选择效应所引发的样本选择问题(Sørensen，2007；Bottazzi 等,2008)。这种选择效应主要体现为,风投机构可能会挑选更好的企业进行投资,从而使得被投资企业更容易显著影响 IPO 抑价表现。为了有效克服样本选择问题,需要建立两阶段回归模型,以考察风投对企业 IPO 抑价表现的影响机制。具体模型可以从两个视角来分别构建：①是否成功 IPO 的视角。在第一阶段中,考察影响企业能否成功 IPO 的影响因素(若成功 IPO,则取值为 ipo=1,否则取值为 0),并计算得到一个逆米尔斯之比 IMR,将其作为一个重要解释变量,引入到第二阶段影响 IPO 抑价率的回归模型之中。(2)是否在中国大陆上市的视角(若在沪深股市成功 IPO,则取值为 $I\_Chinamain=1$,否则取值为 0)。在第一阶段回归中,考察中国创业企业选择在中国 A 股市场上市还是在海外市场上市的影响因素,并通过回归结果,计算一个逆米尔斯之比,将其作为解释变量,纳入到第二阶段的回归模型中(见表 38)。研究结果与上文表 35 和表 37 的研究结论基本相同,假设 1 得到验证,假设 2 也基本得到支撑,假设 3-3 得到验证。

(4) 考虑中国证券市场 IPO 暂停政策冲击的影响

核心解释变量 $log(vcage)$可能受国内 IPO 暂停等外生政策的冲击,从而导致其数值大小趋高,因此需要进行调整。假如 IPO 暂停于时间点 t_1,IPO 重启于时间点 t_2,被投资企业在时间点 t_2 之后的某一时间点 t 实现成功上市,那么此时需要关注 IPO 暂停的政策冲击情境,对变量 $vcage$ 进行这样的调整与修正：

$$vcage\_adj=\begin{cases} vcage-\alpha(t_2-t_1),\ t-t_2<t_2-t_1<vcage \\ vcage,\ t-t_2\geqslant min\{t_2-t_1,\ vcage\} \end{cases}$$

重新进行回归分析发现,实证结果保持稳健(见表 39)。因此,政策冲击可能产生更多的外生随机性影响,但并没有诱发较为严重的内生性问题。

本节通过一系列的回归分析与稳健性检验分析,形成这样具有稳健性的结论：风投机构的监督与增值效应能够有效发挥作用,缓解被投资企业的信息不对称问题,从而降低了企业 IPO 抑价;风投机构的甄别与选择效应体现为更倾向于投资好企业,这实际上是市场对企业发展潜力的预期,会提高企业 IPO 抑价率;风投机构的市场力量效应对企业 IPO 抑价并没

表 38　考虑样本选择的稳健性检验

	ipo	upr				I_Chinamain	upr			
	(1)	(1)	(2)	(3)	(4)	(1)	(1)	(2)	(3)	(4)
exp	−0.001					−0.001				
	(0.001)					(0.001)				
turnnum	0.343***					−0.057				
	(0.032)					(0.058)				
log(*vcage*)		−0.071**	−0.081**	−0.064**	−0.072**		−0.082***	−0.088**	−0.073**	−0.077**
		(0.032)	(0.034)	(0.032)	(0.035)		(0.032)	(0.034)	(0.032)	(0.035)
log(*turnnum*)		0.108	0.105				0.215**	0.212**		
		(0.159)	(0.160)				(0.102)	(0.103)		
log(1+*turnratio*)				2.026	2.237*				2.641**	2.762**
				(1.327)	(1.321)				(1.303)	(1.298)
log(*iponum*)		0.036		0.034			0.028		0.022	
		(0.023)		(0.023)			(0.023)		(0.023)	
log(*expnewt*)			0.017		0.016			0.01		0.009
			(0.019)		(0.019)			(0.018)		(0.018)

续表

	ipo	upr				I_Chinamain	upr			
log(*turnnum*)×		−0.052	−0.056*				−0.048	−0.05		
log(*patent*+1)		(0.032)	(0.032)				(0.032)	(0.032)		
log(1+*turnratio*)×				−0.371	−0.425				−0.257	−0.292
log(*patent*+1)				(0.349)	(0.347)				(0.347)	(0.345)
Tnovfstd		0.838***	0.841***	0.823***	0.825***		0.886***	0.889***	0.869***	0.871***
		(0.145)	(0.145)	(0.145)	(0.145)		(0.144)	(0.144)	(0.144)	(0.144)
roe		0.405***	0.424***	0.381**	0.397***		0.384***	0.399***	0.342**	0.354**
		(0.147)	(0.147)	(0.147)	(0.147)		(0.146)	(0.145)	(0.146)	(0.145)
Plotonln		−0.002	−0.003	−0.004	−0.004		−0.002	−0.002	−0.004	−0.004
		(0.008)	(0.008)	(0.008)	(0.008)		(0.008)	(0.008)	(0.008)	(0.008)
log(*Grsprc*)		−0.529***	−0.533***	−0.527***	−0.531***		−0.506***	−0.509***	−0.501***	−0.504***
		(0.065)	(0.065)	(0.065)	(0.065)		(0.065)	(0.065)	(0.065)	(0.065)
Fee		−3.500***	−3.615***	−3.432***	−3.535***		−3.279***	−3.374***	−3.146***	−3.219***
		(1.117)	(1.116)	(1.120)	(1.119)		(1.114)	(1.112)	(1.114)	(1.112)
ratiodum		−0.155***	−0.158***	−0.154***	−0.157***		−0.140**	−0.141**	−0.138**	−0.140**

续表

	ipo	upr				I_Chinamain	upr			
		(0.055)	(0.055)	(0.055)	(0.055)		(0.055)	(0.055)	(0.055)	(0.055)
log(shcon)		0.057	0.054	0.057	0.055		0.052	0.05	0.044	0.043
		(0.035)	(0.035)	(0.035)	(0.035)		(0.035)	(0.035)	(0.034)	(0.035)
deltatime		0.022***	0.023***	0.021***	0.021***		0.022***	0.022***	0.019***	0.019***
		(0.007)	(0.007)	(0.007)	(0.007)		(0.006)	(0.006)	(0.006)	(0.006)
log(age)		−0.089**	−0.095**	−0.075*	−0.080**		−0.090**	−0.095**	−0.074*	−0.077*
		(0.040)	(0.040)	(0.041)	(0.040)		(0.040)	(0.040)	(0.040)	(0.040)
state	−0.150***	0.184**	0.177**	0.171**	0.162**	−1.510***	−0.455**	−0.476**	−0.618***	−0.627***
	(0.056)	(0.076)	(0.076)	(0.071)	(0.071)	(0.116)	(0.220)	(0.219)	(0.206)	(0.206)
stagesetup	−0.849***	0.388***	0.378**	0.387***	0.369***	0.108	0.156*	0.145	0.205**	0.195**
	(0.069)	(0.149)	(0.150)	(0.096)	(0.096)	(0.184)	(0.093)	(0.093)	(0.093)	(0.093)
stageexpand		0.069	0.061	0.081	0.075		0.047	0.04	0.065	0.06
		(0.059)	(0.059)	(0.060)	(0.060)		(0.059)	(0.059)	(0.060)	(0.059)
log(asset)		0.147***	0.145***	0.153***	0.151***		0.142***	0.140***	0.155***	0.153***
		(0.047)	(0.047)	(0.046)	(0.046)		(0.046)	(0.046)	(0.046)	(0.046)

续表

	ipo	upr				I_Chinamain	upr			
leverage		−0.001	−0.001	−0.001	−0.001		−0.002	−0.002	−0.002	−0.002
		(0.002)	(0.002)	(0.002)	(0.002)		(0.002)	(0.002)	(0.002)	(0.002)
ChiNex		−0.132**	−0.146**	−0.145**	−0.161**		−0.143**	−0.153**	−0.153**	−0.162***
		(0.063)	(0.062)	(0.062)	(0.062)		(0.061)	(0.061)	(0.062)	(0.062)
I_computer	−0.262***	−0.007	−0.0001	−0.016	−0.013	−0.085	−0.111	−0.107	−0.118	−0.116
	(0.073)	(0.094)	(0.094)	(0.088)	(0.088)	(0.168)	(0.089)	(0.089)	(0.089)	(0.089)
I_comelec	0.224***	−0.059	−0.057	−0.055	−0.05	0.261*	0.069	0.073	0.073	0.076
	(0.063)	(0.072)	(0.072)	(0.060)	(0.061)	(0.137)	(0.063)	(0.063)	(0.063)	(0.063)
I_medbioene	−0.317***	0.156	0.169	0.158	0.167	−0.23	−0.011	−0.007	−0.023	−0.017
	(0.095)	(0.122)	(0.123)	(0.116)	(0.117)	(0.220)	(0.118)	(0.119)	(0.118)	(0.118)
*year*2006	−0.035					0.022				
	(0.114)					(0.230)				
*year*2007	0.053					0.603***				
	(0.087)					(0.177)				
*year*2008	−0.169*					0.315				

续表

	ipo	upr				I_Chinamain	upr			
	(0.090)					(0.192)				
*year*2009	−0.201**					0.483**				
	(0.091)					(0.199)				
*year*2010	−0.345***					0.724***				
	(0.083)					(0.198)				
*ipoyear*2014		0.404***	0.384***	0.394***	0.374***		0.455***	0.442***	0.464***	0.454***
		(0.143)	(0.143)	(0.143)	(0.143)		(0.143)	(0.144)	(0.144)	(0.145)
*ipoyear*201516		0.531***	0.502***	0.526***	0.498***		0.566***	0.545***	0.578***	0.562***
		(0.142)	(0.141)	(0.143)	(0.142)		(0.142)	(0.141)	(0.144)	(0.143)
IMR		−0.342	−0.348	−0.297***	−0.285***					
		(0.218)	(0.220)	(0.099)	(0.098)					
IMR^2							0.721***	0.741***	0.913***	0.918***
							(0.253)	(0.252)	(0.233)	(0.233)
常数项	−0.900***	8.171***	8.373***	7.893***	8.039***	0.674***	7.375***	7.517***	7.045***	7.149***
	(0.087)	(0.924)	(0.920)	(0.887)	(0.883)	(0.188)	(0.869)	(0.862)	(0.874)	(0.868)

续表

	ipo	upr				I_Chinamain	upr			
观测值	3552	440	440	440	440	710	440	440	440	440
R^2		0.416	0.414	0.415	0.413		0.424	0.422	0.424	0.423
调整 R^2		0.381	0.378	0.38	0.378		0.389	0.387	0.389	0.388
对数似然值	−1578.78					−328.889				
AIC	3183.568					683.778				
残差标准误		0.514	0.515	0.515	0.516		0.511	0.512	0.511	0.511
F 统计量		11.791***	11.678***	11.766***	11.663***		12.176***	12.093***	12.186***	12.137***

表 39　考虑 IPO 暂停的稳健性检验

	$\alpha=0.2$	$\alpha=0.4$	$\alpha=0.6$	$\alpha=0.8$	$\alpha=1$
log(vcage_adj)	−0.068**	−0.067**	−0.066**	−0.065**	−0.064***
	(0.031)	(0.031)	(0.031)	(0.031)	(0.030)
log(turnnum)	0.304***	0.303***	0.303***	0.303***	0.302***
	(0.098)	(0.098)	(0.098)	(0.098)	(0.098)
log(iponum)	0.034	0.034	0.034	0.034	0.033
	(0.023)	(0.023)	(0.023)	(0.023)	(0.023)
log(turnnum)×	−0.056*	−0.056*	−0.056*	−0.056*	−0.056*
log(patent+1)	(0.032)	(0.032)	(0.032)	(0.032)	(0.032)
Tnovfstd	0.850***	0.850***	0.850***	0.850***	0.850***
	(0.145)	(0.145)	(0.145)	(0.145)	(0.145)
roe	0.391***	0.391***	0.391***	0.391***	0.391***
	(0.147)	(0.147)	(0.147)	(0.147)	(0.147)
Plotonln	−0.003	−0.003	−0.003	−0.003	−0.003
	(0.008)	(0.008)	(0.008)	(0.008)	(0.008)
log(Grsprc)	−0.526***	−0.526***	−0.526***	−0.526***	−0.526***
	(0.065)	(0.065)	(0.065)	(0.065)	(0.065)
Fee	−3.563***	−3.561***	−3.559***	−3.556***	−3.551***
	(1.119)	(1.119)	(1.119)	(1.119)	(1.119)
ratiodum	−0.160***	−0.160***	−0.160***	−0.159***	−0.159***
	(0.055)	(0.055)	(0.055)	(0.055)	(0.055)
log(shcon)	0.055	0.055	0.055	0.055	0.055
	(0.035)	(0.035)	(0.035)	(0.035)	(0.035)
deltatime	0.024***	0.024***	0.024***	0.024***	0.024***
	(0.006)	(0.006)	(0.006)	(0.006)	(0.006)
log(age)	−0.094**	−0.094**	−0.094**	−0.094**	−0.093**
	(0.040)	(0.040)	(0.040)	(0.040)	(0.040)

续表

	α=0.2	α=0.4	α=0.6	α=0.8	α=1
state	0.139**	0.139**	0.139**	0.139**	0.138**
	(0.070)	(0.070)	(0.070)	(0.070)	(0.070)
stagesetup	0.203**	0.203**	0.203**	0.203**	0.203**
	(0.092)	(0.092)	(0.092)	(0.092)	(0.092)
stageexpand	0.084	0.084	0.084	0.084	0.085
	(0.058)	(0.058)	(0.058)	(0.058)	(0.058)
log(asset)	0.143***	0.143***	0.143***	0.143***	0.143***
	(0.047)	(0.047)	(0.047)	(0.047)	(0.047)
leverage	−0.001	−0.001	−0.001	−0.001	−0.001
	(0.002)	(0.002)	(0.002)	(0.002)	(0.002)
ChiNex	−0.147**	−0.147**	−0.147**	−0.147**	−0.148**
	(0.062)	(0.062)	(0.062)	(0.062)	(0.062)
I_computer	−0.06	−0.06	−0.06	−0.06	−0.061
	(0.088)	(0.088)	(0.088)	(0.088)	(0.088)
I_comelec	0.006	0.006	0.006	0.006	0.006
	(0.059)	(0.059)	(0.059)	(0.059)	(0.059)
I_medbioene	0.089	0.089	0.089	0.089	0.089
	(0.114)	(0.114)	(0.114)	(0.114)	(0.114)
*ipoyear*2014	0.389***	0.387***	0.385***	0.383***	0.381***
	(0.143)	(0.143)	(0.143)	(0.143)	(0.143)
*ipoyear*201516	0.517***	0.516***	0.515***	0.514***	0.513***
	(0.142)	(0.142)	(0.142)	(0.142)	(0.142)
常数项	7.667***	7.660***	7.653***	7.643***	7.627***
	(0.869)	(0.869)	(0.868)	(0.868)	(0.866)
观测值	440	440	440	440	440
R^2	0.412	0.412	0.412	0.412	0.412

续表

	$\alpha=0.2$	$\alpha=0.4$	$\alpha=0.6$	$\alpha=0.8$	$\alpha=1$
调整 R^2	0.378	0.378	0.378	0.378	0.378
残差标准误	0.515	0.515	0.515	0.515	0.515
F 统计量	12.134***	12.132***	12.130***	12.127***	12.123***

有发挥显著性的影响。此外，风投机构的监督与增值效应对被投资企业的某些特质因素具有影响，这一结论也得到了经验支撑，且特别明显地体现在被投资企业规模、财务杠杆率、上市板块等特质因素方面。与此同时，在这些因素中，被投资企业规模与上市板块分别非常显著地正向和负向影响着企业 IPO 抑价率。

4 本章小结

在现有文献的研究基础之上，本章聚焦于风投机构在“投、管、退”三个阶段所发挥的作用机制，将风投机构在“管”阶段的监督、增值、认证、声誉与逐名效应统一到监督与增值效应假说框架之下，并且分离现有文献广为关注的监督与甄别效应，将“管”阶段的监督与增值效应、“投”阶段的甄别与选择效应和“退”阶段的市场力量效应作为风投机构影响企业 IPO 抑价的作用机制来源，进而实证检验风投机构对企业 IPO 抑价可能具有的影响效应。在实证研究方面，本章使用具有风投机构背景的上市企业数据样本，通过研究发现：风投机构对被投资企业 IPO 抑价发挥着监督与增值效应，有助于缓解被投资企业发行上市时在一级市场中的信息非对称问题，从而有效降低被投资企业 IPO 抑价水平，尤其表现为“好风投”更能有效降低被投资企业 IPO 抑价率；风投机构的甄别与选择效应传递着被投资企业发展潜力与前景的优质信号，推动和加剧投资者对该公司股票投资与追逐的非理性行为，从而有助于提高被投资企业 IPO 抑价水平；而风投机构的市场力量效应对企业 IPO 抑价并未有效发挥显著性的影响效应。

本章基于实证模型估计得到的回归系数，进一步测算了风投机构的甄别与选择效应、监督与增值效应和市场力量效应分别对企业 IPO 抑价影响的总体效果，结果发现，就经济意义而言，风投机构的监督与增值效应的影响占据主导作用，风投机构的甄别与选择效应和市场力量效应几乎可以忽略。因此,“好风投”确实能够有效降低被投资企业的 IPO 抑价水平。同时,研究发现,除了风投机构对好企业的甄别与选择行为,是对企业特质先天禀赋条件的挑选之外,风投机构的监督与增值职能也确实会显著改变和影响企业在 IPO 时的特质,尤其表现为对企业规模、财务杠杆率、上市板块等方面的影响。风投机构“好坏”特质与被投资企业上市时的企业规模、财务杠杆率、上市板块选择等方面特质并非独立无关,而是存在着内生性关系。在这些因素中,企业规模和上市板块的选择结果,显著影响着企业 IPO 抑价率。

本章研究具有重要的理论和现实意义。本章分离了现有文献广为关注的监督与甄别效应,并且通过理论分析,关注到风投机构在“投、管、退”三部曲之中均可能具有的作用机制,即风投机构对企业 IPO 抑价可能具有的监督与增值效应、甄别与选择效应和市场力量效应假说。本章的实证分析有助于深化、扩展风投机构对被投资企业上市表现发挥影响机制的研究。此外,本章探讨风投机构在“投、管、退”三部曲之中对被投资企业 IPO 抑价的作用机制与影响效应,从而有助于深化和扩展风投机构影响机制的研究,有利于理解和认识风投机构的监督与增值职能,并且为 IPO 抑价的后续研究提供了新的思路和视角。

第十章 结论

本书建立了一个理论分析框架，尝试研究具有双边道德风险情境的风险投资相关问题，该研究框架探讨并回答了双边道德风险情境下创业企业向风险投资机构融资的最优合约问题，以及两大群体之间的稳定匹配问题。传统的公司金融理论主要关注企业融资的资本结构问题与企业融资能力问题，这两个问题构成了公司金融理论框架中的基本问题。本书关于风险投资的最优合约与市场稳定匹配问题，实际上回答或涉及了创业企业向风险投资机构融资时的最优资本结构和创业企业融资能力问题，具体表现为：(1)本书关于创业企业与风险投资机构之间的最优合约关系的观点是，要么是完全的股权性质，要么是股权与债务的联合形式，这实质上也是回答了创业企业向风险投资机构融资时的最优资本结构问题。(2)本书认为风险投资市场中众多拥有创业计划的创业企业和众多具有雄厚资金实力的风险投资机构之间的市场均衡的匹配结构是，符合正向选择配对(Positive Assortative Matching)原则，即高资质的风险投资机构与高质量的创业企业匹配结合，较弱的风险投资者与较弱的创业企业匹配结合，这实质上是回答了创业企业向风险投资机构融资的能力问题，即越是高资质的企业，其企业融资能力越强。以上这些结论也在本书中得到了经验证据的支撑。

本书关注风险投资领域中的公司金融理论问题，构建的理论分析框架给出了一种基于合约分析视角的资本结构观点。在本书的分析框架中，合约分析视角构建在完全合约世界中，并且也没有涉及产权与控制权问题；或者说，在本书的完全合约框架中，产权与控制权问题是中性与外生独立的。具体而言，针对产权和控制权问题，本书的整个分析框架并没有给予关注与讨论。对此，这里给出两点原因：(1)可以认为，交易双方在签订合约之前就已经达成事前一致的外生变量，权属问题早已界定清晰；(2)也可以认为，专业化的风险投资机构倾向于退出创业成功的企业来兑现投资价值，其并不具有强烈的激励去在意企业的所有权与控制权，且更关注于发掘、投资、扶植更多的具有发展潜力的新创业公司，即越是高资质和专业化的风险投资机构，就越是风险投资项目的挖掘者与伯乐，而非对某一创业企业所有权的掠夺者与觊觎者。[①] 其实，过多扮演掠夺者与觊觎者角色的风险投资机构，在市场中也会获得较低的声誉评价，从而也会降低其在市场匹配竞争中的竞争力，甚至最终可能会被市场竞争所淘汰；而企业家在创业企业中的核心技术往往具有专业方向的唯一性与固定性，企业家对于自己一手创办的企业，更为关注企业的所有权与控制权。[②] 总之，在一个健康有序的风险投资市场中，创业企业与风险投资机构各自的专业属性特征，决定了二者对创业企业的所有权与控制权存在着截然不同的偏好态度。对于创业企业的所有权与控制权，创业企业与风险投资机构并不存在不可调和的冲突与矛盾。因此，上述两个方面的观点决定了本书对产权与控制权问题的处理态度。此外，现有部分文献对风险投资问题的研究，尝试采用不完全合约分析视角，并考虑到产权与控制权问题。这些也可以作为本书继续研究的尝试方向。

本书关于风险投资领域中的市场匹配结构的研究，构建出的理论分析框架给出了一种合约分析与讨价还价博弈相结合的市场匹配结构观点。Tirole(2001，2006)在企业融资的固定投资模型中关于“信贷配给”发生界限的界定，实质上将企业家群体划分为两类，即获得融资的企业和因“信贷配给”而无法获得融资的企业。在同质性的投资者市场中，只有部分企业能够通过与投资者匹配而获得融资，因“信贷配给”而无法获得融资的企业止步于融资市场的“大门”之外。在风险投资市场中，无论是创业企业还是风险投资机构，均是(绝对)异质性的个体，这一特征与双边道德风险问题相契合。在这样的风险投资市场环境中，本书回答了创业企业与风险投资机构之间如何实现稳定匹配的问题，即符合正向选择的匹配模式。实际上，未能找到匹配对象的创业企业或风险投资机构可能刚好处于市场的边界附近，这个边界对于风险投资机构而言是进入风险投资市场或退出风险

① 对于处在市场末端的低资质的风险投资机构，由于其市场投资回报非常之低，甚至接近于0，因此其可能会对有幸投资的创业企业的所有权与控制权感兴趣，甚至愿意放弃继续寻找新的风险投资之机会，专注于介入当前所投资的创业企业的所有权与控制权之争。

② 创业企业与风险投资机构之间典型存在着双重股权结构设置的情形，即创业企业家为了保证控制权，采用不同表决权股份结构，以给予自己更高权重的投票权。例如，Google、京东、小米等科技创新型企业都采取了双重股权结构设置，以保证创始人的控制权。有一个问题或许值得关注，即在企业蓬勃发展阶段，双重股权结构确保了创始人对企业发展的控制与引领，但是当企业发展成熟且创始人将高投票权股份留给继承人之后，公司或许已经变为普通企业。此时，若双重股权结构依然存在，则丧失合理性，因此才会存在关于股权架构失效年限的设定，即“日落条款”。

投资市场的临界，对于创业企业而言则是其能够通过风险投资市场来获得融资的临界。

本书的理论框架建立在博弈分析方法论基础之上，特别是通过引入讨价还价博弈过程，并通过提出条件社会剩余的概念，设计出具有双边道德风险的风险投资合约，进而将最优合约作为风险投资市场中的共同知识，同时进一步将纳什程序的讨价还价博弈中的讨价还价还价能力参数内生化，回答了风险投资市场中的稳定匹配与讨价还价能力均衡配置这样两个内生性问题。因此，除了关注风险投资市场的稳定匹配问题之外，本书同时也回答了在市场竞争性匹配视角下，交易双方的讨价还价能力是如何均衡决定的问题。在讨价还价博弈模型中，讨价还价能力往往作为一个外生参数给定，还未发现有文献关注并回答纳什程序的讨价还价能力是如何内生决定的，而本书则从市场竞争均衡的视角出发，关注并回答了纳什程序的讨价还价能力配置的内生性决定问题。

当然，本书的研究也存在一些不足与进一步深入研究的地方。可以在本书分析模型的基础上，进一步构建一般性的数学模型框架，如对项目产出函数以更为一般性的凸函数形式表征，甚至对创业企业和风险投资机构的效用函数采用更为广泛化的形式。由于数据样本的获取限制，本书在研究过程中，未能取得欧美等更为成熟的风险投资市场的数据样本，因此今后也可以考虑对这些市场展开相关的经验研究。

参考文献

[1] 蔡卫星，胡志颖，何枫. 政治关系、风险投资与 IPO 机会——基于创业板申请上市公司的经验分析[J]. 财经研究，2013，39(5)：51—61.

[2] 陈逢文，徐纯琪，张宗益. 基于创投双方潜在努力的最优融资契约研究[J]. 系统工程理论与实践，2013，33(3)：642—649.

[3] 陈工孟，俞欣，寇祥河. 风险投资参与对中资企业首次公开发行折价的影响——不同证券市场的比较[J]. 经济研究，2011，46(5)：74—85.

[4] 邓艳红，陈宏民. 风险投资中的双向道德风险与帕累托有效的合约区间——讨价还价的视角[J]. 经济学(季刊)，2006(2)：923—938.

[5] 董静，汪立. 风险投资会影响创业企业战略选择吗？——文献评述与理论架构[J]. 外国经济与管理，2017，39(2)：36—46.

[6] 冯慧群. 风险投资是民营企业 IPO 的“救星”吗[J]. 财贸经济，2016(8)：66—80.

[7] 付辉. “好风投”更能降低企业 IPO 抑价率吗？——基于“投、管、退”三部曲的视角[J]. 上海财经大学学报，2018，20(2)：73—88.

[8] 付辉. 基于合约视角的风险投资市场稳定匹配理论[D]：暨南大学 2015a.

[9] 付辉. 风险投资与创业企业的匹配结构——来自中国的经验证据[J]. 金融学季刊，2015b，(2)：149—166.

[10] 付辉，黄建康. 风险投资与创业企业合约关系述评：基于双边道德风险的视角[J]. 学海，2017(2)：168—173.

[11] 付辉，周方召. 创业企业 IPO 靠自己还是靠“风投”？——基于双边选择效应视角的经验证据[J]. 财经研究，2017，43(5)：130—144.

[12] 付辉，周方召，范允奇等. “好风投”能使创业企业更快成功 IPO 吗？来自中国的经验证据[J]. 南开经济研究，2018(2)：164—185.

[13] 付雷鸣，万迪昉，张雅慧. VC 是更积极的投资者吗？——来自创业板上市公司创新投入的证据[J]. 金融研究，2012(10)：125—138.

[14] 郭文新. 基于金融合约理论的风险投资资本结构研究[D]：电子科技大学 2009.

[15] 郭文新，苏云，曾勇. 风险规避、双边道德风险与风险投资的融资结构[J]. 系统工程理论与实践，2010，30(3)：408—418.

[16] 黄福广，彭涛，田利辉. 风险资本对创业企业投资行为的影响[J]. 金融研究，2013(8)：180—192.

[17] 贾宁，李丹. 创业投资管理对企业绩效表现的影响[J]. 南开管理评论，2011，14(1)：96—106.

[18] 李曜，宋贺. 风险投资与券商联盟对创业板上市公司 IPO 首发折价率的影响研究

[J]. 财经研究，2016，42(7)：40—51.

[19] 李曜，王秀军. 我国创业板市场上风险投资的认证效应与市场力量[J]. 财经研究，2015，41(2)：4—14.

[20] 理查德·布林. 删截、选择性样本及截断数据的回归模型[M]. 郑冰岛译：格致出版社，2012.

[21] 罗必良，何一鸣. 博弈均衡、要素品质与契约选择——关于佃农理论的进一步思考[J]. 经济研究，2015，50(8)：162—174.

[22] 孟卫东，代建生，熊维勤等. 基于纳什谈判的供应商—销售商联合促销线性合约设计[J]. 系统工程理论与实践，2013，33(4)：870—877.

[23] 苏农，刘玲. 关于排序不等式的一个简单证明[J]. 高等数学研究，2011，14(1)：49—50.

[24] 孙杨，许承明，夏锐. 风险投资机构自身特征对企业经营绩效的影响研究[J]. 经济学动态，2012(11)：77—80.

[25] 汪炜，于博，宁宜希. 创投对中小板公司 IPO 折价的影响：监督认证，还是市场力量[J]. 经济评论，2014(1)：141—150.

[26] 王秀军，李曜. VC 投资：投前筛选还是投后增值[J]. 上海财经大学学报，2016，18(4)：83—96.

[27] 文胜. 双边匹配理论及在中国银行信贷市场中的运用[D]：华中科技大学 2006.

[28] 吴斌，徐小新，何建敏. 双边道德风险与风险投资企业可转换债券设计[J]. 管理科学学报，2012，15(1)：11—21.

[29] 吴超鹏，吴世农，程静雅等. 风险投资对上市公司投融资行为影响的实证研究[J]. 经济研究，2012，47(1)：105—119.

[30] 徐欣，夏芸. 风险投资特征、风险投资 IPO 退出与企业绩效——基于中国创业板上市公司的实证研究[J]. 经济管理，2015，37(5)：97—107.

[31] 许昊，万迪昉，徐晋. 风险投资辛迪加成员背景、组织结构与 IPO 抑价——基于中国创业板上市公司的经验研究[J]. 系统工程理论与实践，2015，35(9)：2177—2185.

[32] 殷林森. 双边道德风险、股权契约安排与相机谈判契约[J]. 管理评论，2010，22(8)：10—18.

[33] 殷林森. 基于双边道德风险的创业投资契约设计研究[D]：上海交通大学 2008.

[34] 于蔚，汪淼军，金祥荣. 政治关联和融资约束：信息效应与资源效应[J]. 经济研究，2012，47(9)：125—139.

[35] 张矢的，魏东旭. 风险投资中双重道德风险的多阶段博弈分析[J]. 南开经济研究，2008(6)：142—150.

[36] 张学勇，廖理. 风险投资背景与公司 IPO：市场表现与内在机理[J]. 经济研究，2011，46(6)：118—132.

[37] 张学勇，廖理，罗远航. 券商背景风险投资与公司 IPO 抑价——基于信息不对称的视角[J]. 中国工业经济，2014(11)：90—101.

[38] 张学勇，张叶青. 风险投资、创新能力与公司 IPO 的市场表现[J]. 经济研究，2016，51(10)：112—125.

[39] 赵静梅，傅立立，申宇. 风险投资与企业生产效率：助力还是阻力？[J]. 金融研究，2015(11)：159—174.

[40] 赵西亮. 风险投资中的契约关系研究[D]：清华大学 2005.

[41] 周翔翼,孙文秀,肖晟. 中国风险投资行业的逐名效应[J]. 金融学季刊,2014,8(1):88—126.

[42] Agrawal, P. Double moral hazard, monitoring, and the nature of contracts[J]. Journal of Economics, 2002, 75(1): 33 - 61.

[43] Allen F, Faulhaber G R. Signalling by underpricing in the IPO market[J]. Journal of Financial Economics, 1989, 23(2): 303 - 323.

[44] Amit R, Glosten L, Muller E. Does Venture Capital Foster the Most Promising Entrepreneurial Firms? [J]. California Management Review, 1990a, 32(3): 102 - 111.

[45] Amit R, Glosten L, Muller E. Entrepreneurial ability, venture investments, and risk sharing[J]. Management Science, 1990b, 36(10): 1232 - 1245.

[46] Autnann, R. J. An axiomatization of the non-transferable utility value[J]. Econometrica, 1985, 53(3): 599 - 612.

[47] Barry C B, Muscarella C J, Peavy J W 等. The role of venture capital in the creation of public companies: Evidence from the going-public process[J]. Journal of Financial economics, 1990, 27(2): 447 - 471.

[48] Bernstein S, Giroud X, Townsend R R. The Impact of Venture Capital Monitoring[J]. The Journal of Finance, 2016, 71(4): 1591 - 1622.

[49] Binmore, K. G., A. Rubinstein, and A. Wolinsky. The Nash bargaining solution in economic modelling[J]. The RAND Journal of Economics, 1986, 17(2): 176 - 188.

[50] Binmore, K. G., M. J. Herrero. Matching and bargaining in dynamic markets[J]. The review of economic studies, 1988, 55(1): 17 - 31.

[51] Blair, C. The lattice structure of the set of stable matchings with multiple partners[J]. Mathematics of operations research, 1988, 13(4): 619 - 628.

[52] Bloch, F., M. O. Jackson. Definitions of equilibrium in network formation games[J]. International Journal of Game Theory, 2006, 34(3): 305 - 318.

[53] Bolton P. A., and M. A. Dewatripont, Contract Theory. Massachusetts: MIT press, 2004.

[54] Bottazzi L., Marco D. R., Hellmann T. Who Are the Active Investors? Evidence from Venture Capital[J]. Journal of Financial Economics, 2008, 89(3): 488 - 512.

[55] Britz, V., P. Herings, A. Predtetchinski. Non-cooperative support for the asymmetric Nash bargaining solution[J]. Journal of Economic Theory, 2010, 145(5): 1951 - 1967.

[56] Busenitz L W, Fiet J O, Moesel D D. Reconsidering the venture capitalists' "value added" proposition: An interorganizational learning perspective[J]. Journal of Business Venturing, 2004, 19(6): 787 - 807.

[57] Calvó-Armengol, A. Bargaining power in communication networks[J]. Mathematical Social Sciences, 2001, 41(1): 69 - 87.

[58] Casamatta, C. Financing and advising: optimal financial contracts with venture capitalists[J]. The Journal of Finance, 2003, 58(5): 2059 - 2086.

[59] Chakrabarti, S., R. P. Gilles. Network potentials[J]. Review of Economic

Design, 2007, 11(1): 13 - 52.

[60] Chemmanur T J, Loutskina E. The role of venture capital backing in initial public offerings: certification, screening, or market power? [J]. SSRN Working Paper, 2006.

[61] Cheung, S. N. S., The Theory of Share Tenancy, Chicago: University of Chicago Press, 1969. Reprinted in June 2000 by Acadia Press.

[62] Cho J, Lee J. The venture capital certification role in R&D: Evidence from IPO underpricing in Korea[J]. Pacific-Basin Finance Journal, 2013, 23: 83 - 108.

[63] Cooper, R., and T. W. Ross. Monopoly provision of product quality with uninformed buyers[J]. International Journal of Industrial Organization, 1985, 3 (4): 439 - 449.

[64] Croce A., Martí J., Murtinu S. The Impact of Venture Capital on the Productivity Growth of European Entrepreneurial Firms: 'Screening' or 'Value Added' Effect? [J]. Journal of Business Venturing, 2013, 28(4): 489 - 510.

[65] Cumming, Douglas, and N. Dai. Why Do Entrepreneurs Switch Lead Venture Capitalists? [J]. Entrepreneurship Theory & Practice, 2013, 37(5): 999 - 1017.

[66] Dai N., Jo H., Kassicieh S. Cross-border Venture Capital Investments in Asia: Selection and exit performance[J]. Journal of Business Venturing, 2012, 27(6): 666 - 684.

[67] De Bettignies, J. E., Brander, J. A.. Financing entrepreneurship: bank finance versus venture capital[J]. Journal of Business Venturing, 2007, 22(6): 808 - 832.

[68] De Bettignies, J-E. Financing the entrepreneurial venture [J]. Management Science, 2008, 54(1): 151 - 166.

[69] De Fraja, G., J. Sakovics. Walras retrouvé: Decentralized trading mechanisms and the competitive price[J]. Journal of Political Economy, 2001, 109(4): 842 - 863.

[70] Demski, J. S., D. E. M. Sappington. Resolving double moral hazard problems with buyout agreements[J]. The RAND Journal of Economics, 1991, 232 - 240.

[71] Diamond, P. A. A model of price adjustment[J]. Journal of economic theory, 1971, 3(2): 156 - 168.

[72] Dutta S., Folta T. B. A Comparison of the Effect of Angels and Venture Capitalists on Innovation and Value Creation[J]. Journal of Business Venturing, 2016, 31(1): 39 - 54.

[73] Echenique, F., J. A. Oviedo. A theory of stability in many-to-many matching markets[J]. Theoretical Economics, 2006, 1(2): 233 - 273.

[74] Fairchild, R. An entrepreneur's choice of venture capitalist or angel-financing: A behavioral game-theoretic approach". Journal of Business Venturing, 2011a, 26 (3): 359 - 374.

[75] Fairchild R. Fairness Norms and Self-interest in Venture Capital/Entrepreneur Contracting and Performance[J]. International Journal of Behavioural Accounting and Finance, 2011b, 2(1): 4 - 20.

[76] Fenn, G., N. Liang, S. Prowse. The role of angel investors in financing high-

tech start-ups[J]. Mimeo, CEPR, 1998.
[77] Fu, H., Yang, J., and An, Y. Made for each other: Perfect matching in venture capital markets[J]. Journal of Banking and Finance, 2019a, 100(3): 346 - 358.
[78] Fu, H., Yang, J., and An, Y. Contracts for venture capital financing with double-sided moral hazard[J]. Small Business Economics, 2019b, 53(1): 129 - 144.
[79] Gale, D. Limit theorems for markets with sequential bargaining[J]. Journal of Economic Theory, 1987, 43(1): 20 - 54.
[80] Gale, D., L. S. Shapley. College Admissions and the Stability of Marriage[J]. The American Mathematical Monthly, 1962, 69(1): 9 - 15.
[81] Gompers, Paul A. Grandstanding in the venture capital industry[J]. Journal of Financial Economics, 1996, 42(1): 133 - 156.
[82] Gorman M, Sahlman W A. What do venture capitalists do? [J]. Journal of Business Venturing, 1989, 4(4): 231 - 248.
[83] Goyal, S., F. Vega-Redondo. Structural holes in social networks[J]. Journal of Economic Theory, 2007, 137(1): 460 - 492.
[84] Grinblatt M, Hwang C Y. Signalling and the Pricing of New Issues[J]. The Journal of Finance, 1989, 44(2): 393 - 420.
[85] Grossman, S. J., O. D. Hart. An analysis of the principal-agent problem[J]. Econometrica, 1983, 51(1): 7 - 45.
[86] Guo D., Jiang K. Venture Capital Investment and the Performance of Entrepreneurial Firms: Evidence from China[J]. Journal of Corporate Finance, 2013, 22: 375 - 395.
[87] Hart, S., A. Mas-Colell. Bargaining and value[J]. Econometrica, 1996, 64(2): 357 - 380.
[88] Hatfield, J. W., P. R. Milgrom. Matching with contracts[J]. American Economic Review, 2005, 95(4): 913 - 935.
[89] Heckman, James J. Sample Selection Bias as a Specification Error[J]. Econometrica, 1979, 47(1): 153 - 161.
[90] Heeley M B, Matusik S F, Jain N. Innovation, Appropriability, and the Underpricing of Initial Public Offerings[J]. Academy of Management Journal, 2007, 50(1): 209 - 225.
[91] Hellmann, T. A theory of strategic venture investing[J]. Journal of Financial Economics, 2002, 64(2): 285 - 314.
[92] Hellmann, T. IPOs, acquisitions, and the use of convertible securities in venture capital[J]. Journal of Financial Economics, 2006, 81(3): 649 - 679.
[93] Hellmann, T. On the existence and uniqueness of pairwise stable networks[J]. International Journal of Game Theory, 2013, 42(1): 211 - 237.
[94] Hellmann, T. The allocation of control rights in venture capital contracts[J]. The Rand Journal of Economics, 1998, 29(1): 57 - 76.
[95] Herings, P., A. Predtetchinski. On the asymptotic uniqueness of bargaining equilibria[J]. Economics Letters, 2011, 111(3): 243 - 246.

[96] Hochberg, Yael V., A. Ljungqvist, and L. U. Yang. Whom You Know Matters: Venture Capital Networks and Investment Performance[J]. The Journal of Finance, 2007, 62(1): 251-301.

[97] Holmstrom, B. Moral hazard and observability[J]. The Bell Journal of Economics, 1979, 10(1): 74-91.

[98] Holmstrom, B., and P. Milgrom. Aggregation and linearity in the provision of intertemporal incentives[J]. Econometrica, 1987, 55(2): 303-328.

[99] Holmstrom, Bengt. Moral Hazard in Teams[J]. The Bell Journal of Economics, 1982, 13(2): 324-340.

[100] Houben, E. Venture capital, double-sided adverse selection, and double-sided moral hazard[J]. SSRN Electronic Journal, 2002.

[101] Hsu D H. Venture Capitalists and Cooperative Start-up Commercialization Strategy[J]. Management Science, 2006, 52(2): 204-219.

[102] Hsu H. C. S. Technology Timing of IPOs and Venture Capital Incubation[J]. Journal of Corporate Finance, 2013(19): 36-55.

[103] Inderst, R., and H. M. Muller. The effect of capital market characteristics on the value of start-up firms[J]. Journal of Financial Economics, 2004, 72(2): 319-356.

[104] Kaplan S N, Strömberg P. Characteristics, Contracts, and Actions: Evidence From Venture Capitalist Analyses[J]. The Journal of Finance, 2004, 59(5): 2177-2210.

[105] Kaplan S N, Strömberg P. Venture capitalists as principals: Contracting, screening, and monitoring[J]. American Economic Review, 2001, 91(2): 426-430.

[106] Kaplan, S. N., and P. Stromberg. Financial contracting theory meets the real world: An empirical analysis of venture capital contracts[J]. The Review of Economic Studies, 2003, 70(2): 281-315.

[107] Knockaert M., Vanacker T. The Association between Venture Capitalists' Selection and Value Adding Behavior: Evidence from Early Stage High Tech Venture Capitalists[J]. Small Business Economics, 2013, 40(3): 493-509.

[108] Laruelle, A., F. Valenciano. Noncooperative foundations of bargaining power in committees and the Shapley-Shubik index[J]. Games and Economic Behavior, 2008, 63(1): 341-353.

[109] Lauermann, S. Dynamic matching and bargaining games: A general approach [J]. The American Economic Review, 2013, 103(2): 663-689.

[110] Legros, P., A. F. Newman. Beauty is a beast, frog is a prince: assortative matching with nontransferabilities[J]. Econometrica, 2007, 75(4): 1073-1102.

[111] Lerner J. Venture Capitalists and the Oversight of Private Firms[J]. The Journal of Finance, 1995, 50(1): 301-318.

[112] Macmillan I C, Kulow D M, Khoylian R. Venture capitalists' involvement in their investments: Extent and performance[J]. Journal of Business Venturing, 1989, 4(1): 27-47.

[113] Martinez, R. , J. Masso, A. Neme, and J. Oviedo. An algorithm to compute the full set of many-to-many stable matchings[J]. Mathematical Social Sciences, 2004, 47(2): 187 - 210.

[114] Mathewson, G. F. , R. A. Winter. The economics of franchise contracts[J]. Journal of Law and Economics, 1985, 28(3): 503 - 526.

[115] Megginson, William L. , and K. A. Weiss. Venture Capitalist Certification in Initial Public Offerings[J]. The Journal of Finance,1991, 46(3): 879 - 903.

[116] Mirrlees, J. A. An exploration in the theory of optimum income taxation[J]. The Review of Economic Studies, 1971, 38(2): 175 - 208.

[117] Mirrlees, J. A. The optimal structure of incentives and authority within an organization[J]. The Bell Journal of Economics, 1976, 7(1): 105 - 131.

[118] Mirrlees, J. A. The theory of moral hazard and unobservable behaviour: Part I [J]. The Review of Economic Studies, 1999, 66(1): 3 - 21.

[119] Miyakawa, T. Non-cooperative Foundation of n-Person Asymmetric Nash Bargaining Solution[J]. Osaka University of Economics, working paper No. 2006 - 2, 2006.

[120] Nahata R. Venture Capital Reputation and Investment Performance[J]. Journal of Financial Economics, 2008, 90(2): 127 - 151.

[121] Nash, J. The bargaining problem[J]. Econometrica, 1950, 18(2): 155 - 162.

[122] Nash, J. Two-person cooperative games[J]. Econometrica, 1953, 21(1): 128 - 140.

[123] Osborne, M. J. , Rubinstein A. , A course in game theory. Massachusetts: MIT press, 1994.

[124] Osintsev, Y. Venture financing of start-ups: A model of contract between Vc fund And entrepreneur[J]. Economic annals, 2010, 55(187): 61 - 86.

[125] Park H D, Steensma H K. When does corporate venture capital add value for new ventures? [J]. Strategic Management Journal, 2012, 33(1): 1 - 22.

[126] Peneder M. The Impact of Venture Capital on Innovation Behaviour and Firm Growth[J]. Venture Capital, 2010, 12(2): 83 - 107.

[127] Predtetchinski, A. One-Dimensional Bargaining With a General Voting Rule[J]. Maastricht University, Research Memorandum RM/07/045, 2007.

[128] Puri M. , Zarutskie R. On the Life Cycle Dynamics of Venture-capital-financed and Non-venture-capital-financed Firms[J]. The Journal of Finance, 2012, 67 (6): 2247 - 2293.

[129] Reid, J. D. The Theory of Share Tenancy Revisited-Again[J]. The Journal of Political Economy, 1977, 85(2): 403 - 407.

[130] Repullo, R. , and J. Suarez. Venture capital finance: A security design approach [J]. Review of Finance, 2004, 8(1): 75 - 108.

[131] Roth A E, and Sotomayor M. The college admissions problem revisited[J]. Econometrica, 1989, 57(3): 559 - 570.

[132] Roth A E. The college admissions problem is not equivalent to the marriage problem[J]. Journal of Economic Theory, 1985, 36(2): 277 - 288.

[133] Roth A. E. , and M. A. O. Sotomayor. Two-sided matching: A study in game-

theoretic modeling and analysis[J]. Cambridge University Press, 1992.
[134] Roth, A. E. The evolution of the labor market for medical interns and residents: A case study in game theory", Journal of Political Economy, 1984, 92(6): 991 - 1016.
[135] Roth, A. E. , Axiomatic models of bargaining, New York: Springer, 1979. (Lecture Notes in Economics and Mathematical Systems.)
[136] Rubinstein, A. Perfect equilibrium in a bargaining model[J]. Econometrica, 1982, 50(1): 97 - 109.
[137] Sahlman W A. The structure and governance of venture-capital organizations[J]. Journal of Financial Economics, 1990, 27(2): 473 - 521.
[138] Sapienza H J, Manigart S, Vermeir W. Venture capitalist governance and value added in four countries[J]. Journal of Business Venturing, 1996, 11(6): 439 - 469.
[139] Satterthwaite, M. , A. Shneyerov. Dynamic Matching, Two-Sided Incomplete Information, and Participation Costs: Existence and Convergence to Perfect Competition[J]. Econometrica, 2007, 75(1): 155 - 200.
[140] Schmidt, K. M. Convertible securities and venture capital finance[J]. The Journal of Finance, 2003, 58(3): 1139 - 1166.
[141] Sørensen, M. How smart is smart money? A two-sided matching model of Venture Capital[J]. The Journal of Finance, 2007, 62(6): 2725 - 2762.
[142] Sørensen, M. , An economic and econometric analysis of market sorting with an application to venture capital[D]. California: Stanford University, 2005.
[143] Sotomayor, M. Three remarks on the many-to-many stable matching problem [J]. Mathematical social sciences, 1999, 38(1): 55 - 70.
[144] Spence, M. Job market signaling[J]. The Quarterly Journal of Economics, 1973, 87(3): 355 - 374.
[145] Steier L, Greenwood R. Venture capitalist relationships in the deal structuring and post-investment stages of new firm creation[J]. Journal of Management Studies, 1995, 32(3): 337 - 357.
[146] Tian X. The Role of Venture Capital Syndication in Value Creation for Entrepreneurial Firms[J]. Review of Finance, 2012, 16(1): 245 - 283.
[147] Tirole, J. Corporate Governance[J]. Econometrica, 2001, 69(1): 1 - 35.
[148] Tirole, J. , The Theory of Corporate Finance. New Jersey: Princeton University Press, 2006.
[149] Tyebjee T T, Bruno A V. A Model of Venture Capitalist Investment Activity [J]. Management Science, 1984, 30(9): 1051 - 1066.
[150] Tykvová T. The Decision of Venture Capitalists on Timing and Extent of IPOs [R]. ZEW-Zentrum für Europäische Wirtschaftsforschung/Center for European Economic Research Discussion Papers, No. 03 - 12, 2003.
[151] Vanacker T, Collewaert V, Paeleman I. The Relationship between Slack Resources and the Performance of Entrepreneurial Firms: The Role of Venture Capital and Angel Investors[J]. Journal of Management Studies, 2013, 50(6): 1070 - 1096.

[152] Welch I. Seasoned Offerings, Imitation Costs, and the Underpricing of Initial Public Offerings[J]. The Journal of Finance, 1989, 44(2): 421-449.
[153] Wolinsky, A. Matching, search, and bargaining[J]. Journal of Economic Theory, 1987, 42(2): 311-333.
[154] Yousfi, O. Does PLS solve moral hazard problems? [J]. Journal of Islamic Economics, Banking and Finance, 2013, 9(3): 11-26.

图书在版编目(CIP)数据

风险投资市场匹配结构理论研究/付辉著. —上海:上海三联书店,2023. 3
ISBN 978-7-5426-7655-9

Ⅰ. ①风… Ⅱ. ①付… Ⅲ. ①风险投资—金融市场—研究—中国 Ⅳ. ①F832. 5

中国版本图书馆 CIP 数据核字(2021)第 276166 号

风险投资市场匹配结构理论研究

著　者 / 付　辉

责任编辑 / 宋寅悦
装帧设计 / 一本好书
监　制 / 姚　军
责任校对 / 王凌霄

出版发行 / 上海三联书店
(200030)中国上海市漕溪北路 331 号 A 座 6 楼
邮　箱 / sdxsanlian@sina.com
邮购电话 / 021-22895540
印　刷 / 上海惠敦印务科技有限公司

版　次 / 2023 年 3 月第 1 版
印　次 / 2023 年 3 月第 1 次印刷
开　本 / 710 mm × 1000 mm　1/16
字　数 / 250 千字
印　张 / 15.5
书　号 / ISBN 978-7-5426-7655-9/F・856
定　价 / 85.00 元

敬启读者,如发现本书有印装质量问题,请与印刷厂联系 021-63779028